新编21世纪高等职业教育精品教材
智慧财经系列

# 数智基础会计



主　审◎张玉明
主　编◎张素云　高　洁
副主编◎高海燕　孙俊玲　张瑞平
张凤菊　王艳丽　王　盛　刘启航

中国人民大学出版社
·北京·

图书在版编目（CIP）数据

数智基础会计 / 张素云，高洁主编. --北京：中国人民大学出版社，2025. 9. --（新编21世纪高等职业教育精品教材）. --ISBN 978-7-300-33981-8

Ⅰ. F233-39

中国国家版本馆CIP数据核字第202580K929号

新编21世纪高等职业教育精品教材·智慧财经系列

**数智基础会计**

主　审　张玉明

主　编　张素云　高　洁

副主编　高海燕　孙俊玲　张瑞平　张凤菊　王艳丽　王　盛　刘启航

Shuzhi Jichu Kuaiji

| | | | |
|---|---|---|---|
| **出版发行** | 中国人民大学出版社 | | |
| **社　　址** | 北京中关村大街31号 | **邮政编码** | 100080 |
| **电　　话** | 010-62511242（总编室） | | 010-62511770（质管部） |
| | 010-82501766（邮购部） | | 010-62514148（门市部） |
| | 010-62511173（发行公司） | | 010-62515275（盗版举报） |
| **网　　址** | http://www.crup.com.cn | | |
| **经　　销** | 新华书店 | | |
| **印　　刷** | 北京宏伟双华印刷有限公司 | | |
| **开　　本** | 787 mm×1092 mm　1/16 | **版　　次** | 2025年9月第1版 |
| **印　　张** | 16.25 | **印　　次** | 2025年9月第1次印刷 |
| **字　　数** | 370 000 | **定　　价** | 45.00元 |

# 前　言

PREFACE

“数智基础会计”是会计专业学生入门的必修课程，可为学生今后学习专业会计和相关管理课程提供必要的理论基础。随着数智化的普及与科学技术的快速发展，现代社会对会计信息的依赖程度和质量要求越来越高，我们需要对会计学的理论与实践不断进行总结与完善。本书以我国2006年颁布的会计准则及2014年、2017年等近年来修订及颁布的新准则为基础，在数智背景下及教育部提出的地方本科院校要向应用技术型大学转型、加强校企合作和产教政城融合的背景下编写而成。

近年来，随着数智化的普及与社会经济深入发展，会计准则不断进行补充和修订，国家税收政策多次发生调整变化。2019年3月20日，财政部、税务总局、海关总署发布的《关于深化增值税改革有关政策的公告》（财政部公告2019年第39号），规定纳税人在发生增值税应税行为时，原适用16%税率的调整为13%，原适用10%税率的调整为9%，自2019年4月1日起执行。2019年4月30日，财政部发布了《关于修订印发2019年度一般企业财务报表格式的通知》（财会〔2019〕6号），对一般企业财务报表格式进行了修订。本书除体现以上变化外，还在每章中融入大数据与人工智能元素，体现了数智化的普及及其对会计核算体系的影响，从而对《基础会计》教材的诸多内容进行了创新。另外，本教材体现了全国高校思想政治工作会议精神，融入党的二十大精神、强国教育及习近平总书记关于教育的一系列重要讲话精神等，体现了为党育人、为国育才要求，发挥了本课程的育人功能。

整体而言，本书具有以下特点：

1. 内容体现数智化转型特色。本书从数智会计工作的实际出发，较大幅度地融入数智化内容，在新会计循环即数智核算体系普及之前，将传统会计核算体系与数智核算体系有机融合，每个章节多处体现了数智化元素，逻辑性强，案例丰富，实用性强，能够满足应用型高校对教材的应用性与技术性的突出需求。

2. 体现素质教育要求。本教材融入最新税法变动的内容；融入诚信教育、遵纪守法教育、爱国教育以及辩证法等哲学思想。

3. 体现最新会计准则的修订。体现了2014年以来对会计准则修订的部分内容。2023

年8月，财政部发布了《企业数据资源相关会计处理暂行规定》，该规定已于2024年1月1日正式施行。大数据时代，企业的数据已作为一项资产入账入表。数据资产入表是指将数据确认为企业资产负债表中“资产”一项，在财务报表中体现其真实价值与业务贡献。

4. 体例新颖，易教易学。本书内容丰富，重点突出，理论适量，难度适中，举例翔实。每章章首都设有“本章知识点”和“学习目标”；每章章末都设有“本章复习思维导图”“讨论与思考”“案例分析”“客观题”“实训题”。体例设置全面并且有特色，既方便学生学习理论知识，巩固应用技能，也方便教师教学。

5. 本教材配套课程资源丰富。配有主编教师使用多年且融入数智化元素的课件，配有课程团队的授课视频，各种课程资源如课件、视频、讨论题、客观题等已在高校联盟课程上线，教师和学生可按需下载使用。

选用本教材的授课老师，可参考下表安排教学（以48学时为例）。文中标有※的内容为机动内容，可根据具体情况选教、选学。

**教学安排参考建议**

| 章序 | 学习内容 | 课时安排 | |
|---|---|---|---|
| | | 理论课时 | 实验、实训及课堂讨论答疑课时 |
| 第一章 | 总论 | 4 | |
| 第二章 | 会计核算基础及其受数智化的影响 | 2 | |
| 第三章 | 会计账户与借贷记账法 | 4 | 2（1实训作业辅导+1讨论答疑） |
| 第四章 | 借贷记账法的运用——工业企业主要业务的核算 | 12 | 3（2实训作业辅导+1讨论答疑） |
| 第五章 | 会计凭证与及其智能化 | 2 | 4（填写凭证实验） |
| 第六章 | 会计账簿与及其智能化 | 2 | 3（登记账簿实验） |
| 第七章 | 成本计算与财产清查及其受数智化的影响 | 2 | 2（对账等实验+讨论答疑） |
| 第八章 | 财务与管理会计报告 | 2 | 2（编制报表实验） |
| 第九章 | 会计管理与数字化 | 2 | 阅读课外资料 |
| | 合计 | 32 | 16 |

本书由张素云担任第一主编，负责全书的体例设计、内容与章节的构成等逻辑架构；高洁担任第二主编，负责对全书的内容和意识形态问题进行审核，张玉明担任主审，对会计智能化进行指导；高海燕、孙俊玲、张瑞平、张凤菊、王艳丽、王盛、刘启航担任副主编。其中第一、第二、第三章由张素云编写，第四章由高海燕与王艳丽编写，第五、第六章由孙俊玲与张凤菊编写，第七、第八、第九章由高海燕、张瑞平、王盛、刘启航编写，每章的数智化内容由中企数智教育科技（山东）有限公司李本涛经理指导。

在编写过程中，我们参考了大量的文献资料，在此向这些作者表示诚挚的谢意。由于编者水平有限，书中疏漏与不当之处在所难免，敬请广大读者批评指正。

本书配有山东省高校在线联盟课程优质视频与题库等教学资源，任课教师和学生可以登录智慧树学习。同时在超星学习通建有本课程团队的录课视频、教案、课件、题库等教学资源，任课教师与学生可以登录超星学习通学习。

**编者**

# 目　录
CONTENTS

# 第一章 总论

## 职业能力目标

### 本章知识点

- 会计的产生与发展
- 会计研究对象与会计要素（难点）
- 会计的职能与目标（重点）
- 会计核算体系（难点）
- 数智化对会计的影响
- 会计规范体系

### 学习目标

- 了解会计的产生与发展
- 理解会计的研究对象及会计要素、传统与数智会计核算体系
- 了解会计规范体系和数智化对会计的影响
- 理解并掌握会计的传统及数智职能与目标

# 第一节 会计的产生与发展

## 一、会计的产生与发展概述

### （一）会计的产生

物质资料的生产是人类社会存在和发展的基础。人类很早就意识到，在进行物质资料生产的同时，有必要记录、计算和汇总生产过程的内容，控制生产过程，方便以最少的劳动耗费取得最大的经济效益，这就产生了早期的会计。当然，早期的会计仅仅是作为生产职能的附带部分。[①] 随着社会生产力的发展，它逐渐从生产职能中分离出来，成为特殊的、专门的独立职能。在人类早期会计的发展过程中，中国、古印度、古埃及、古巴比伦、古罗马和古希腊等文明古国曾处在世界先进行列。

### （二）会计的发展

**1. 我国会计的发展**

我国远古时期就曾出现过“结绳记事”“刻木为记”等最原始的会计行为。据《周礼》记载，西周就出现了“会计”一词，并设有“司会”官职，专门核算、掌管周王朝的财赋收支，并形成“以参互考日成，以月要考月成，以岁会考岁成”这种比较严格的会计钩稽制度。此后，官厅会计得到一定程度的发展。到了宋代，把财政收支分为“元管、新收、已支、现在”四个部分，以计算财产物资的增减变化。该法在元代传入民间，后经不断完善至明代形成了众所周知的“四柱清册”，通过“旧管＋新收＝开除＋实在”的平衡公式进行结账，检查会计记录的正确性，这一计算方法类似于现代会计中的“期初余额＋本期收入＝本期支出＋期末余额”。

明末清初，商业和手工业渐趋繁荣。为适应这一环境，我国出现了以四柱为基础的“龙门账”。龙门账将全部账目分为“进、缴、存、该”四大类，分别反映各项收入、各项支出、各项资产、各项负债和资本，运用“进－缴＝存－该”的平衡公式计算盈亏，分别编制“进缴表”和“存该表”。两表计算得出的盈亏数应当相等，称为“合龙门”，以此钩稽全部账目的正误。

进入清代，商品货币经济进一步发展，资本主义经济关系逐渐萌芽，产生了“天地合账”。按照这种方法，一切账项，包括现金出纳、商品购销、内外往来等，都要在账簿上记录两笔，既登记“来账”，又登记“去账”，以反映同一账项的来龙去脉。账簿采用垂直书写，直行分上下两格，上格记收，称为“天方”，下格记付，称为“地方”，上下两格所记数额必须相等，即所谓“天地合”。四柱清册、龙门账与天地合账显示了我国历史上各

---

① 马克思在《资本论》中所提到的印度公社的记账员在生产之余所从事的简单的刻画、记录行为，是对人类早期会计特点的生动描绘。

个时期传统中式簿记的特色。

中华人民共和国成立前，我国会计采用中西并存的会计模式。中华人民共和国成立后，财政部设置了会计制度司和会计制度审议委员会，先后制定了《总预算会计制度》《国营企业统一会计科目及会计报表格式》等多种统一的会计制度。1985年5月1日起正式施行中华人民共和国成立后的第一部《中华人民共和国会计法》①，加强和改善了我国的会计工作。1992—1993年，我国对财务会计制度进行了重大改革，颁布实施了《企业会计准则》《企业财务通则》及分行业的财务会计制度，这次改革堪称我国会计理论和会计实务发展的重要里程碑，标志着我国会计走上了与国际接轨的道路。

为进一步提高会计信息质量，增强会计信息透明度，财政部自1997年开始陆续发布《关联方关系及其交易的披露》等多项具体会计准则；2000年12月29日发布《企业会计制度》，该制度结合我国国情，借鉴国际惯例，是一个跨行业、跨经济成分，融准则与制度于一体，统一通用的会计核算制度。

2006年2月15日，财政部颁布了包括《企业会计准则——基本准则》和《企业会计准则第1号——存货》等38项具体准则在内的新的一整套企业会计准则体系，使得我国企业会计准则与国际会计准则理事会指定的国际财务会计报告准则之间实现了“实质性趋同”。诚如葛家澍教授所言，“这是中国会计发展史上又一个新的里程碑。”在2006年颁布的准则的基础上，2014年初，财政部又陆续颁布了修订或新增的7项准则，如对《企业会计准则第2号——长期股权投资》《企业会计准则第9号——职工薪酬》《企业会计准则第30号——财务报表列报》《企业会计准则第33号——合并财务报表》进行了修订，新增了《企业会计准则第39号——公允价值计量》《企业会计准则第40号——合营安排》《企业会计准则第41号——在其他主体中权益的披露》三项准则等，并于2014年7月1日在原执行企业会计准则的企业执行。

财政部2017年印发了《企业会计准则第22号——金融工具确认和计量》（财会〔2017〕7号）、《企业会计准则第23号——金融资产转移》（财会〔2017〕8号）、《企业会计准则第24号——套期会计》（财会〔2017〕9号）、《企业会计准则第37号——金融工具列报》（财会〔2017〕14号）（以下称新金融准则）、《企业会计准则第14号——收入》（财会〔2017〕22号，以下称新收入准则），自2018年1月1日起分阶段实施。

为解决执行企业会计准则的企业在财务报告编制中的实际问题，规范企业财务报表列报，提高会计信息质量，针对2019年1月1日起分阶段实施的《企业会计准则第21号——租赁》（财会〔2018〕35号，以下称新租赁准则），以及企业会计准则实施中的有关情况，财政部对一般企业财务报表格式进行了修订。执行企业会计准则的非金融企业中，未执行新金融准则、新收入准则和新租赁准则的企业应当按照企业会计准则和相关规定编制财务报表；已执行新金融准则、新收入准则和新租赁准则的企业应当按照企业会计准则和相关规定编制财务报表；已执行新金融准则但未执行新收入准则和新租赁准则的企业，或已执行新金融准则和新收入准则但未执行新租赁准则的企业，应当结合

① 根据发展市场经济的需要分别于1993年、1999年、2017年、2024年进行了修正与修订。

相关要求对财务报表项目进行相应调整。企业对不存在相应业务的报表项目可结合本企业的实际情况进行必要删减，企业根据重要性原则并结合本企业的实际情况可以对确需单独列示的内容增加报表项目。执行企业会计准则的金融企业应当按照《财政部关于修订印发2018年度金融企业财务报表格式的通知》（财会〔2018〕36号）的要求编制财务报表，结合该通知的格式对金融企业专用项目之外的相关财务报表项目进行相应调整。财政部于2018年6月15日发布的《财政部关于修订印发2018年度一般企业财务报表格式的通知》（财会〔2018〕15号）同时废止。

随着我国经济形势的不断变化与发展，数智化的不断普及，推进了会计核算技术的智能化。近年会计业务技术已从会计信息化、网络化、云财务发展到大数据会计、智能会计等。由于新的业务会不断出现，2019年印发了修订的《企业会计准则第12号——债务重组》与《企业会计准则解释第13号》、2020年印发了《企业会计准则第25号——保险合同》、2021年印发了《企业会计准则解释第14号》、2022年印发了《企业会计准则解释第16号》、2023年发布了《企业会计准则解释第17号》、2023年8月发布了《企业数据资源相关会计处理暂行规定》并于2024年1月1日正式施行，开启了数字资产入表的新时代。

**2. 国外会计的发展**

在国外，会计的发展历史也很久远。早在原始印度公社时期，已出现负责农业账目的记账员，古巴比伦人精于组织管理，在商业和公共管理领域设置专门的记录官。早期会计使用的还是不完善、不科学的单式簿记法，其方法体系由会计核算项目、账簿设置、记录方法、会计凭证、结算方法及会计报告等具体方法组成，其主要目的是进行内部控制而非计量。在世界各国，单式簿记是逐步发展的，先是设置流水账，再逐步进化为设置“三账”，相当于现在的日记账、明细分类账和总分类账，这种账簿设置方法为复式账簿组织体系的建立奠定了基础。

从13世纪到15世纪，地中海沿岸一些城市的商业和手工业兴旺发达，经济繁荣，从而产生了科学的复式簿记体系。1494年，意大利数学家、传教士卢卡·帕乔利在《算术、几何、比及比例概要》一书中，第一次系统地论述了借贷复式簿记的理论和方法体系，奠定了近代会计的初基，其对会计学的贡献可以说是划时代的。德国诗人歌德曾赞誉复式簿记为“人类智慧的绝妙创造之一”。复式簿记产生以后，从15世纪到18世纪是会计发展的停滞时期。

19世纪中叶，英国等西方国家先后开始了工业革命，为近代会计的发展提供了广阔天地。工业革命对会计学影响的结果是对复式簿记的原有结构增加了一系列补充事项，例如，折旧观念的引进，资产计价、收益计量、持续经营、会计分期和应计观念已经成为大型制造企业实务处理的必不可少的部分。股份公司的发展及所有权与经营权的分离，客观上要求区分业主投入的资本和投入资本的报酬，划清收益性支出与资本性支出的界限。会计实务中逐渐形成了收入与费用相配比的思想，损益表开始成为正式的对外报表。从19世纪后期开始，英国的公司法就要求财务报表必须经过公司监事的审查，并向投资者提供审计后的财务报表，此后这一程序逐渐演变为由独立的执业会计师进行查账的制度。1854

年苏格兰成立了世界上第一家特许会计师协会，被誉为继复式簿记后会计发展史上的又一个里程碑。

会计职业的出现促使会计实务开始走向规范化，引起了人们对会计原则的不懈探索，带来了会计理论的空前发展。但在1933年之前，由于长期受实用主义的影响，这些会计理论缺乏系统研究，难以指导当时的会计实务。1933年之后，美国、英国、澳大利亚、加拿大和新西兰等英语国家成为发展会计思想的开拓者，美国更是居于领先地位。1939年第一份代表美国的"公认会计原则"（GAAP）的"会计研究公报"（ARB）发表，这被认为是近代会计迈入现代会计阶段的标志。在这一阶段，传统簿记逐渐发展成为主要向企业外部有利害关系者提供财务信息的财务会计，实现了向严格意义上的会计的转变。

第二次世界大战以后，科学技术迅速发展，企业生产经营活动日趋复杂，市场竞争更加激烈，会计实践中逐渐形成了与财务会计相对应的管理会计，为企业内部决策者服务。管理会计从传统的、单一会计系统中分离出去，是会计发展史上第三个里程碑。

值得一提的是，20世纪60年代后期，经济学的实证研究方法逐渐被引入会计理论研究中，到80年代中期，已形成较完整的实证会计理论，传统的归纳法在会计理论研究中日渐式微。20世纪70年代以来产生的社会经济会计（又称社会责任会计）称为会计史上的"第四次革命"，其基本目标是鼓励在自由市场经济中运行的企业，通过财务报表反映其对社会环境的影响，明确企业的社会成本和社会贡献。在新经济蓬勃发展的过程中，会计学正在酝酿第五次革命，即会计学从物本主义到人本主义的飞跃，全新的人力资源会计体系将与传统的财务会计、管理会计体系融会贯通、交相辉映，对于员工个人的自我实现、企业价值的最大化和经济的可持续发展等都具有划时代的意义。

## 二、会计的概念

古今中外会计发展的历史表明，会计是人类生产实践活动的产物，经历了由低级到高级、由简单到复杂、由不完善到完善的漫长发展过程。"经济越发展，会计越重要"，正如马克思指出："过程越是按社会的规模进行，越是失去纯粹个人的性质，作为对过程的监督和观念上的总括的簿记就越是必要；因此，簿记对资本主义生产，比对手工业和农民的分散生产更为必要，对公有生产，比对资本主义生产更为必要。"[①] 马克思的这段论述包括两个意思：一是搞经济离不开会计，经济越发展会计越重要；二是会计的基本职能，是对再生产过程的控制和观念总结。

故现代会计可以表述为：对一个特定单位、组织的经济业务，以货币为主要量度单位，连续、系统、全面、综合地提供财务信息，做出预测，参与生产经营决策，实行核算和监督，旨在实现最优经济效益的一种管理活动。

① 马克思．资本论：第2卷．北京：人民出版社，2018：152.

# 第二节 会计研究对象与会计要素

## 一、会计研究对象与会计要素的内涵

一般认为，会计研究对象是会计主体的资金及其运动，会计要素是会计对象的具体化，是按照交易或事项的经济特征所做的基本分类。[①] 会计要素既是会计确认和计量的依据，也是确定财务报表结构和内容的基础。

我国企业会计要素按其性质分为资产、负债、所有者权益、收入、费用和利润。其中，资产、负债和所有者权益（静态会计要素）侧重于反映企业的财务状况，收入、费用和利润（动态会计要素）侧重于反映企业的经营成果。

## 二、会计要素的内容

### （一）资产

**1. 资产的概念**

资产是指企业过去的交易或事项形成的、由企业拥有或控制的、预期会给企业带来经济利益的资源。资产按其流动性可分为流动资产和非流动资产。

**2. 资产的特征**

根据资产的概念，资产应具有以下三个方面的特征：

（1）资产预期会给企业带来经济利益。这是指资产具有直接或间接导致现金和现金等价物流入企业的潜力。这种潜力可以来自企业日常的生产经营活动或非日常生产经营活动，带来的经济利益可以是现金或现金等价物，或是可以转化为现金或现金等价物的其他资产，或表现为减少现金或现金等价物流出。资产预期能为企业带来经济利益是资产的重要特征。因此，那些不能给企业带来预期经济利益的项目都不能再确认为企业的资产。

（2）资产应为企业拥有或控制的资源。这是指企业享有某项资源的所有权，或虽然不享有某项资源的所有权，但该资源能够被企业所控制。企业享有某项资源的所有权，通常表明企业能够排他性地从资产中获取经济利益。但是在有些情况下，资产虽然不为企业所拥有，即企业并不享有其所有权，但是企业控制了这些资产，这同样表明企业能够从该资产中获取经济利益，因而符合资产的概念，也应当将其作为企业的资产予以确认，如企业以融资租赁方式租入固定资产等。

（3）资产是由企业过去的交易或事项形成的，即只有过去发生的交易或事项才能产生资产。过去的交易或事项包括购买、生产、建造行为和其他交易或事项。企业预期在未来

---

① 会计对象与会计要素之间是整体与局部、抽象与具体的关系。会计对象规定了会计反映和管理的范围及其内容的基本特征，通过会计要素的确认、计量和报告，就能用文字和数字对会计对象作一整体的描述。

将要发生的交易或事项不形成资产，以企业签订购货合同为例，在合同尚未履行前会计账面上是不能确认存货资产的，因为此时购买行为尚未发生。

大数据时代，企业的数据可以作为一项资产入账入表。我国财政部于 2023 年 8 月发布了《企业数据资源相关会计处理暂行规定》并于 2024 年 1 月 1 日正式施行。数据资产入表是指将数据确认为企业资产负债表中“资产”一项，在财务报表中体现其真实价值与业务贡献。

### （二）负债

**1. 负债的概念**

负债是指企业过去的交易或事项形成的、预期会导致经济利益流出企业的现时义务。负债按其偿还期的长短可分为流动负债和非流动负债。

**2. 负债的特征**

根据负债的概念，负债应具有以下三个方面的特征：

（1）负债是企业承担的现时义务。这是负债的一个基本特征。现时义务是指企业在现行条件下已承担的义务，未来发生的交易或事项形成的义务，不属于现时义务，不应当确认为负债。现时义务可以是法定义务，也可以是推定义务。其中，法定义务是指具有约束力的合同或法律、法规规定的义务，通常在法律意义上需要强制执行，如应付账款、银行借款和应交税费等。推定义务是指根据企业多年来的习惯做法、公开承诺或公开宣布的政策而导致企业将承担的责任，这些责任也使有关各方形成了企业将履行义务解脱责任的合理预期，如企业预期为售出商品提供保修服务，企业应当将其确认为一项负债。

（2）负债的清偿预期会导致经济利益流出企业。这是负债的又一重要特征。只有企业在履行义务时会导致经济利益流出企业的，才符合负债的概念。导致经济利益流出企业的形式多种多样，例如，使用现金或以实物资产偿还，以提供劳务偿还，部分转移资产、部分提供劳务偿还，将负债转为资本等。在某些情况下，现时义务也可能以其他方式解除，如债权人放弃或丧失了其要求清偿的权利等。在这种情况下，尽管现时义务的履行最终没有导致经济利益的流出，但是在现时义务发生时，仍然应当根据预计将要清偿的金额确认为负债。

（3）负债是由企业过去的交易或事项形成的，即只有过去的交易或事项才形成负债。过去的交易或事项包括购买货物、使用劳务和接受银行贷款等。企业将在未来发生的承诺、签订的合同和与银行达成的借款意向书等交易或事项，不形成负债。

我们要办好人民满意的教育，全面贯彻党的教育方针，落实立德树人根本任务，培养德智体美劳全面发展的社会主义建设者和接班人，加快建设高质量教育体系，发展素质教育，促进教育公平。这里的“立德树人”在会计工作中，就是要遵守会计职业道德，诚信做事做人。日常生活中，不论是同学间的债务，还是以后经营企业承担的负债都要及时偿还，包括参加各类考试都要讲究诚信，这是最基本的职业道德，也是做人的品格。诚信也是经营企业的生命，绝不能做社会上不讲信用的“老赖”！

## （三）所有者权益

**1. 所有者权益的概念**

所有者权益是指企业资产扣除负债后由所有者享有的剩余权益。公司的所有者权益，又称为股东权益。所有者权益是企业资产中扣除债权人权益后应由所有者享有的部分，反映了所有者对企业资产的剩余索取权。

**2. 所有者权益的构成**

所有者权益按其来源主要包括：

（1）所有者投入的资本，是指所有者投入企业的资本部分，既包括构成企业注册资本或股本部分的金额，也包括投入资本超过注册资本或股本部分的金额，即资本溢价或股本溢价，我国会计准则规定该部分投入资本计入资本公积。

（2）直接计入所有者权益的利得和损失，是指不应计入当期损益、会导致所有者权益发生增减变动的、与所有者投入资本或向所有者分配利润无关的利得或损失，主要包括以公允价值计量且其变动计入其他综合收益的金融资产的公允价值变动额、现金流量套期中套期工具利得或损失属于有效套期的部分等。利得是指由企业非日常活动形成的、会导致所有者权益增加的、与所有者投入资本无关的经济利益的流入。损失是指由企业非日常活动发生的、会导致所有者权益减少的、与向所有者分配利润无关的经济利益的流出。

（3）留存收益，是指企业历年实现的净利润留存于企业的部分，主要包括计提的盈余公积和未分配利润。

## （四）收入

**1. 收入的概念**

收入是指企业在日常活动中形成的、会导致所有者权益增加的、与所有者投入资本无关的经济利益的总流入。

**2. 收入的特征**

根据收入的概念，收入应具有以下三个方面的特征：

（1）收入应当是企业在日常活动中形成的。其中，日常活动是指企业为完成经营目标所从事的经常性活动及与之相关的活动，如工业企业制造并销售产品、商业企业销售商品、保险公司签发保单、咨询公司提供咨询服务、软件企业为客户开发软件、安装公司提供安装服务、商业银行对外贷款、租赁公司出租资产等。明确界定日常活动是为了将收入与利得相区分，因为企业非日常活动所形成的经济利益的流入不能确认为收入，而应当计入利得。

（2）收入应当会导致经济利益的流入，从而导致资产的增加，但该流入不包括所有者投入的资本。有时，企业经济利益的流入是由所有者投入资本所导致的，但是所有者投入资本应当直接确认为所有者权益，不应确认为收入。因此与收入相关的经济利益的流入应当将所有者投入的资本排除在外。

（3）收入应当最终会导致所有者权益的增加。与收入相关的经济利益的流入最终应当会导致所有者权益的增加，否则应视为不符合收入概念，不应确认为收入。例如，企业向银行借入的款项虽然导致企业经济利益的流入，但该流入非但不会导致所有者权益的增加，反而使企业承担了一项现时义务，所以不应将其确认为收入，而应当确认为一项负债。

## （五）费用

### 1. 费用的概念

费用是指企业在日常活动中发生的、会导致所有者权益减少的、与向所有者分配利润无关的经济利益的总流出。

### 2. 费用的特征

根据费用的概念，费用应具有以下三个方面的特征：

（1）费用应当是企业在日常活动中形成的。这些日常活动的界定与收入概念中所涉及的日常活动相一致。日常活动中所产生的费用通常包括销售成本、职工薪酬、折旧费和无形资产摊销费等。将费用界定为日常活动中所形成，是为了将其与损失相区分，因为企业非日常活动所形成的经济利益的流出不能确认为费用，而应当计入损失。

（2）费用应当会导致经济利益的流出，该流出不包括向所有者分配的利润。费用导致经济利益的流出，从而导致资产的减少或负债的增加（最终仍然会导致所有者权益的减少）。其表现形式有现金或现金等价物的流出，存货、固定资产和无形资产等的流出或消耗。企业向所有者分配的利润虽然也会导致经济利益的流出，但该经济利益的流出属于所有者权益的抵减项目，因而不应将其确认为费用。

（3）费用应当最终会导致所有者权益的减少。与费用相关的经济利益的流出最终应当会导致所有者权益的减少，否则应视为不符合费用概念，不应确认为费用。例如，企业偿还向银行借入的款项虽然导致企业经济利益的流出，但该流出并没有导致企业所有者权益的减少，而是使企业的负债减少了，所以不应将其作为费用予以确认。

## （六）利润

### 1. 利润的概念

利润是指企业在一定会计期间的经营成果。它反映企业的经营业绩，通常是评价企业管理层业绩的一项重要指标，也是财务会计报告使用者据以做出投资、信贷决策的重要参考。

### 2. 利润的构成

利润包括收入减去费用后的净额、直接计入当期利润的利得和损失等。其中，收入减去费用后的净额反映的是企业日常活动的业绩，直接计入当期利润的利得和损失反映的是企业非日常活动的业绩。

一般利润的计算由三部分组成，即营业利润、利润总额和净利润。

净利润等于利润总额扣除所得税费用，所得税费用是企业上交给国家财政的支出，按照国家税法必须交。企业要发展，国家要富强，体现在企业多给国家交税上。建议同学们课余多看看学习强国 App，以提升同学们的爱国情怀。

# 第三节 会计的职能与目标

## 一、传统会计的基本职能

会计职能是指会计在经济管理过程中所具有的功能。会计的基本职能包括进行会计核算和实施会计监督两个方面。除此以外，会计的职能还包括管理职能、分析职能、预测职能和决策职能等。

### （一）会计核算职能

会计核算职能是指会计以货币为主要计量单位，通过确认、记录、计算和报告等环节，对特定主体的经济活动进行记账、算账和报账，为各有关方面提供会计信息的功能。

会计核算是整个会计工作的基础。我国《会计法》第10条规定，下列经济业务事项，应当办理会计手续，进行会计核算：(1) 资产的增减和使用；(2) 负债的增减；(3) 净资产（所有者权益）的增减；(4) 收入、支出、费用、成本的增减；(5) 财务成果的计算和处理；(6) 需要办理会计手续、进行会计核算的其他事项。

这一条款包括以下两层含义：

(1) 一切经济业务都必须在发生时在会计上进行记录、计算和反映，不能错漏。

(2) 一切经济业务都必须由经办人员和会计人员按照规定办理会计手续，包括计量检验、办理财务收支审批和领批手续、取得和填制原始凭证等。

以上两点是保证会计核算数字真实、准确、完整的基础和前提，是会计核算工作与其他管理工作区别的重要标志。

随着数智技术的发展，智能会计的运用，会计核算的职能更多地通过数据库与软件平台由计算机自动完成。

### （二）会计监督职能

会计监督职能是指会计在反映经济活动的同时，对经济活动本身进行检查监督，借以控制经济活动，使经济活动能够按一定的方向、目标和计划，遵循一定的原则正常进行。会计监督要求在会计核算阶段通过审核原始凭证，保证会计资料的真实、合法、准确和完整，特别是保证各企业、单位的财务收支和会计记录符合国家和会计准则的规定。

会计核算和会计监督两者相辅相成，不可分割。核算是监督的前提，监督是核算的保证。两者只有紧密结合，才能有效管理经济活动，促进经济效益的不断提高。但是，传统的核算与监督是被动的。随着智能会计工作的开展，将会计工作重心从核算型和收益管理型向风险控制型转变，做到能够分析企业内外风险。制定风险控制预案，主导生产经营活动，实施价值链管理，支持领导决策。在确定了企业经营目标之后，通过制定一系列相互联系、相互制约、相互监督的制度、措施和方法，发挥财务监管控制职能，保障企业可持续发展。

## 二、数智会计的基本职能

数智会计的
拓展职能

大数据与人工智能时代，会计的基本职能为主动核算与监督。

首先，是会计核算与监督职能对象的全面超越。会计信息扩大为：海量结构化＋非结构化数据信息，形成会计数据库。

其次，是会计职能方式的全面超越。会计信息的主动采集是对生产导向型企业会计被动的核算与监督职能的超越。

最后，是会计职能手段的全面超越。大数据会计核算智能化是对会计核算电算化或手工化的超越。

另外，随着基础核算已经被财务机器人取代，会计的职能还应具备大数据分析与决策、内部控制、税务管理、投融资等管理职能。

## 三、会计目标

### （一）传统会计目标

会计目标是会计系统运行的导向，是会计实践活动的出发点和归宿。我国企业编制财务会计报告（又称财务报告）的目标是向财务会计报告使用者提供与企业财务状况、经营成果和现金流量等有关的会计信息，反映企业管理层受托责任履行情况，有助于财务会计报告使用者做出经济决策。

**1. 向财务会计报告使用者提供对决策有用的信息**

企业编制财务会计报告的主要目的是满足财务会计报告使用者的信息需要，有助于财务会计报告使用者做出经济决策，因此，向财务会计报告使用者提供对决策有用的信息是财务会计报告的基本目标。

为了使会计信息有助于现在的或潜在的投资者、债权人及其他使用者正确、合理地评价企业资产质量、偿债能力、盈利能力和运营效率，有助于使用者根据相关会计信息做出理性的投资和信贷决策，有助于使用者评估与投资和信贷有关的未来现金流量的金额、时间和风险等，企业财务会计报告应当如实反映以下会计信息：（1）企业所拥有或控制的经济资源、对经济资源的要求权及经济资源要求权的变化情况；（2）企业各项收入、费用、利得和损失的金额及其变动情况；（3）企业各项经营活动、投资活动和筹资活动等所形成的现金流入和现金流出情况等。

**2. 反映企业管理层受托责任的履行情况**

受托责任的含义大致包括以下三个方面：

（1）资源的受托方接受委托，管理委托方所交付的资源，受托方因此承担了合理、有效地管理与应用受托资源，使其尽可能地能够保值、增值的责任。

（2）作为资源的受托方，承担了如实向资源的委托方报告其受托责任的履行过程与结果的义务，而这种报告，主要是以财务会计报告为手段进行的。

（3）作为资源受托方的企业管理当局，还负有重要的社会责任，即最大限度地保持并改善企业所处社区的良好环境，有效培养并利用人力资源等。

智能会计目标

### （二）智能会计目标

大数据的发展使得会计不断向智能化发展，超越传统会计发展为智能会计。智能会计的一般目标，就是通过广泛、深入地收集经济信息，客观、精确地分析这些信息，并提供完善、可靠的会计报告来提高经济决策的有用性，实现各项工作的高效与准确完成，同时降低经营成本与经营风险，从而保证资源的合理配置，从根本上弥补传统会计体系的不足。具体而言，智能会计的一般目标主要包含以下几个方面。

**1. 提高决策有用性**

帮助管理层做出最大效用的经济决策是财务活动的最终目的。因此，提供即时、准确的财务信息以提高经济决策的有用性是会计工作的重要目标之一。传统会计系统受多种因素的影响使得管理者做出的决策有用性受到限制，而智能会计体系的首要目标就是改善管理者经济决策的有用性。

**2. 提升工作高效性与准确性**

在瞬息变化的市场环境和飞速发展的经济状况下，一个组织工作效率的高低和工作成果的准确性极大地影响着其生存与否和发展前景。随着“互联网＋”时代的到来，传统会计体系下各项工作的效率日渐吃力，在工作结果的准确性上的弊端也日益暴露。引入大数据分析、云计算、区块链等技术的智能会计系统的亮点之一便是大大提高了组织日常工作的高效性与准确性。

**3. 降低经营成本与风险**

任何经济主体的每一步发展都会面临不同代价的成本和不同程度的风险，如何在保证经营过程和产出的前提下尽量降低经营成本，如何及时规避风险或最大限度地进行止损直接关系一个经济主体能否持续稳定的发展。智能时代的会计系统相比于传统会计体系更进一步地实现了上述两个方面的目标。

**4. 有效进行资源配置**

如何做到资源利用效率的最大化一直是企业运营过程中困扰管理者的难题之一，资源所有者与使用者之间的信任问题，资源配置的标准、效率、效果的检验等，都是企业管理活动中令人头疼的事情。在传统财务系统中，为解决上述问题，一般做法是通过签订契约合同来保障信任问题，通过既定模型来选择资源投放对象，通过编制预算来提高资源配置效率，通过“以收定支”来评价资源配置效果。而在智能会计系统中，企业能实现更为有效的资源配置方式。

## 第四节　会计核算方法

会计方法是用来反映和监督会计对象、实现会计目标的手段，包括会计核算方法、会计预测方法、会计决策方法、会计分析方法和会计检查方法等。其中，会计核算方法是指在会计确认、计量和报告过程中所采用的一套专门的会计信息生成方法，传统的会计核算体系包括七个具体方法：填制和审核会计凭证、设置和运用会计账户、复式记账、设置和登记会计账簿、成本计算、财产清查、编制财务会计报告。数智背景下新的核算方法体系主要有四个：会计信息流、会计大数据的采集、会计数据库的建立、财务与管理报告的生成与输出。本教材主要讲述传统会计核算方法体系并与数智核算方法体系进行有机融合。

## 一、传统会计核算方法体系

### （一）填制和审核会计凭证

填制和审核会计凭证是为了保证会计确认、计量和报告真实、可靠，检查经济业务是否合理、合法而采用的一种会计专门方法。对于发生的任何一笔经济业务，都必须先填制原始凭证，并经会计部门和有关部门审核无误后方能作为会计记账的依据。这是保证会计核算质量的重要手段，也是实行会计监督的重要方法。

### （二）设置和运用会计账户

设置和运用会计账户是为了科学、系统地对会计对象的具体内容进行分门别类反映和监督而采用的一种会计专门方法。会计对象的具体内容复杂繁多，为此，需要在资产、负债等六大会计要素分类基础上，通过设置和运用会计账户的方法对会计对象做进一步系统分类，反映会计对象具体内容的增减变化情况及其结果，从而提高会计信息的有用性。

### （三）复式记账

复式记账是为了科学、全面地反映每一项经济业务来龙去脉而采用的一种会计专门方法。与单式记账法不同，复式记账法要求对任何一项经济业务都以相等的金额在两个及以上的会计账户中相互联系地进行登记，以完整反映经济业务的全貌，了解其来龙去脉，并可通过会计账户的平衡关系，检查会计账簿记录的正确性。

### （四）设置和登记会计账簿

设置和登记会计账簿是为了连续、完整、科学地记录和反映经济业务而采用的一种会计专门方法。会计账簿是反映经济业务的载体，会计账簿记录是编制财务会计报表的主要依据。通过设置和登记会计账簿，将发生的经济业务分门别类而又相互联系地在会计账簿中加以全面反映，可以提供完整而又系统的会计信息。当然，登记会计账簿应以会计凭证为依据，并利用会计账户和复式记账的方法，将经济业务分门别类地登记到会计账簿中。

### （五）成本计算

成本计算是为了加强企业各项费用、成本的分析与控制，并正确进行资产计价和收益确定而采用的一种会计专门方法。成本计算是指对企业生产经营过程发生的各种费用，按照一定的成本计算对象，采用特定的计算方法，进行分配归集，以确定各成本计算对象的总成本和单位成本。

### （六）财产清查

财产清查是通过核实各项财产物资和货币资金账实是否相符，以保证会计账簿记录和财务会计报告所提供会计信息客观性的一种会计专门方法。因种种原因，财产物资和货币资金账面记录与其实际结存情况往往不尽一致，因而需要定期或不定期通过实物盘点、账目核对等方式进行财产清查。如果发现实物与账面记录不符，应进一步查明原因，并及时调整账面记录，保证账实相符。通过财产清查还可以明确经济责任，挖掘财产物资的潜力，加强财产物资的管理，加速资金周转。

### （七）编制财务会计报告

编制财务会计报告是为了总括和系统地提供企业会计信息的一种会计专门方法。日常会计核算中，会计数据是分散在诸多会计账户之中的，会计部门应当定期将会计账户资料加工整理，通过财务会计报告提供给用户。财务会计报告是企业对外提供的反映企业某一特定日期的财务状况和某一会计期间的经营成果、现金流量等会计信息的文件，包括会计报表、附注、其他应当在财务会计报告中披露的相关信息和资料。会计报表至少应当包括资产负债表、利润表和现金流量表等报表。上述会计核算的方法形成了一个科学、完整的方法体系，如图1-1所示。

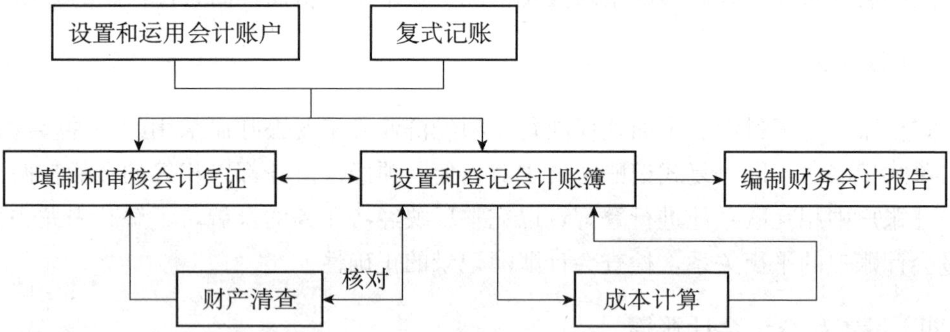


**图1-1 传统会计核算方法体系**

## 二、数智会计核算方法体系*

在当前大数据与人工智能背景下，传统的会计核算程序和方法必须与时俱进。互联网时代，信息包括会计信息增长量是呈几何级数增长的，传统会计的手工账和会计电算化不足以应付如此庞大的信息量，势必会造成信息处理不及时不准确。故而，会计行业必须谋求新发展，利用大数据与智能技术的力量，对经济活动等企业内外部信息进行低成本的批

* 本部分作为本教材的机动内容，后续相关课程会再深入学习。

处理。未来的会计核算将会更加注重网络计算机技术，通过数字化、云存储、云会计等实现财务共享，直接从交易信息中提取会计数据，自动生成记账凭证，将相关原始凭证保存至云端数据库，构成大数据的一环，实现会计录入与数据分析相结合的操作，简单快捷；利用计算机网络技术，将存入云端的数据进行批处理，自动化导出资产负债表等会计报表，甚至通过自动化技术，对有关会计信息实时披露等，从而实现会计核算方法体系的有机简化。

### （一）会计信息流

数智背景下，企业通过人工与自动化等技术将企业内部的采购数据、生产数据、销售数据等与外部数据中的宏观经济数据与行业数据信息等采集并存储在企业数据库，同时运用一定的规则定义生成会计凭证，形成财务数据再次储存在企业数据库，然后运用大数据工具技术平台生成各种供管理层与社会各界信息使用者做决策参考的会计报表，如图 1-2 所示，这一过程便形成了数智背景下的会计信息流。

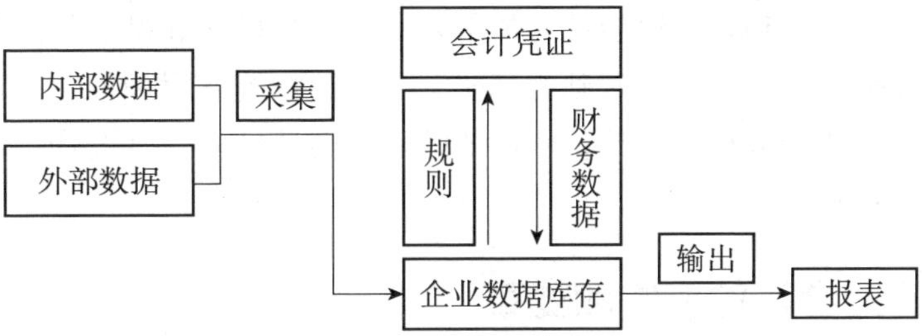


**图 1-2　数智背景下的会计信息流**

### （二）会计大数据的采集

**1. 基于 OCR 识别技术的信息采集**

OCR 识别技术主要用于对纸质票据的识别，将纸质票据中的信息通过图像预处理、文字检测、字符识别等一系列过程转化为可编辑的数字文本。

**2. 基于 RPA 技术的信息采集**

RPA 技术是特定的、可模拟人类在计算机界面上进行操作的技术，可根据既定的业务规则和活动设计自动执行大批量的重复性任务。

**3. 基于 API 接口方式的信息采集**

API 是一种允许不同软件应用程序相互通信和交互的接口，通过 API 接口方式可实现不同系统、不同平台之间的数据采集。

**4. 基于 NLP 的信息采集**

自然语言处理（NLP）是利用计算机来分析、理解、处理自然语言，抽取重要信息，从非结构化数据中抽取有价值的数据。

### （三）会计数据库的建立

**1. 数据库的定义**

（DataBase，DB）是一种组织和存储数据的系统，它允许用户有效地存储、检索、更新和管理数据。

**2. 数据库的构成**

数据库的构成主要是会计数据表，包括公司基本情况表、财务表和业务表等。

### （四）财务与管理报告的生成与输出

借助软件平台创建目标数据表，然后将数据插入创建的数据表，输出新的会计数据表。

# 第五节　数智化对会计的影响

互联网、物联网、人工智能、云计算等技术的快速发展和应用，改变了会计工作的理念和模式。大数据时代的到来，给会计人员带来了更多的机遇和挑战。信息技术的发展正在促使会计行业发生深刻的变化，基础的算账、手工记账等低附加值、高重复性的业务正逐渐被智能化信息系统所取代，会计正由传统的财务会计转向管理会计，数智化时代对会计人员有哪些新要求呢？

## 一、大数据对会计的影响和变革

大数据对会计领域有着重要的影响，它改变了会计从传统的、单一的凭证处理转变到多元化的数据收集、处理和分析。大数据能够推动会计领域的进步和发展，使企业的会计功能得以提高效率和改善效果。

### （一）大数据的概念

对于学会计、财务管理、金融、营销等专业的学生来说，“数据”这个词应该一点儿也不陌生。原始凭证数据、记账凭证数据、总账及各种明细账簿数据、订单数据、财报数据、人力资源数据、客户数据、贷款数据、产品数据等，都是日常工作中必须接触和利用的数据资源。但是，在第三次信息化浪潮涌动、大数据时代全面开启的今天，一个新的概念——大数据，进入人们的视野，掀起了一场浩大的技术革命。人们不禁要问：大数据到底是什么？

从字面意思来看，大数据是在“数据”这个词前增加一个“大”字，给人一种大量数据的意思，但其实大数据并不仅仅是指量很大的数据。大数据包含海量、高增长率和多样化的信息资产，是一种无法用常规数据工具在一定时间内进行采集、处理、存储和计算的数据集合，它需要专门的处理模式才能使其具有更强的决策力、洞察发现力和流程优化力。这些专门的处理模式包括大数据获取技术、大数据存储和管理技术、大数据分析和挖掘技术、大数据可视化展现技术等，通过这些专门的技术最终让数据产生价值。

大数据是一个技术名词，和具体业务无关。无论哪个行业，只要数据量大到一定规模

(10亿条记录、100T数据、1万人并发使用等)，就需要用到与大数据相关的专门技术。

## （二）大数据的特征

**1. 数据量大**

从数据量的角度而言，大数据泛指无法在可容忍的时间内用传统信息技术和软硬件工具对其进行获取、管理和处理的巨量数据集合，需要可伸缩的计算体系结构以支持其存储、处理和分析。按照这个标准来衡量，很显然，目前的很多应用场景中涉及的数据量都已经具备了大数据的特征。例如，微信、抖音、快手等应用平台每天由网民发布的海量信息就属于大数据；遍布人们生活和工作的各个角落的各种传感器和摄像头，每时每刻都在自动产生大量数据，也属于大数据。

**2. 数据类型繁多**

大数据的数据来源众多，科学研究、企业应用和Web应用等都在源源不断地生成新的类型繁多的数据。交通大数据、医疗大数据、通信大数据、金融大数据等，都呈现井喷式增长，涉及的数量巨大，已经达到PB级别。各行各业、每时每刻，都在产生各种类型的数据。

**3. 处理速度快**

大数据时代的数据产生速度非常快。在Web2.0应用领域，1分钟内，淘宝可以卖出6万件商品、百度可以产生90万次搜索查询、微信朋友圈可以产生600万次浏览量。大数据时代的很多应用，都需要基于快速生成的数据给出实时分析结果。因此，数据处理和分析的速度通常要达到秒级甚至毫秒级响应。

**4. 价值密度低**

大数据虽然看起来很好，但是其价值密度却远远低于传统关系数据库中已有的数据。在大数据时代，很多有价值的信息都是分散在海量数据中的。例如，拼多多平台利用用户数据进行精准营销，为了实现这个目的，就必须构建一个能存储和分析用户数据的大数据平台，使之能够根据用户数据进行有针对性的商品需求预测。愿景很美好，但现实成本很大，需要耗费几百万元构建整个大数据团队和平台，而最终带来的企业销售利润增加额可能会比投入低许多。因此，大数据的价值密度是很低的。

## （三）大数据对会计的影响

在大数据技术高速发展的背景下，各个行业实现了对海量数据的处理和高效利用，创造了更多价值。对于企业而言，借助大数据及其关键技术形成财务大数据，赋能企业财务管理的数字化和智能化。对于企业财务工作而言，利用大数据、云计算、人工智能等技术的支持，能够使预算、核算及决算工作更加快捷地实现同时也有助于财务记录、审核以及财务档案等工作实现信息化，提高财务工作效率。

**1. 提高财务工作效率**

在大数据时代，记录业务活动数据、数据维护和报告管理所需的数据的信息循环，经过管理信息系统可实时展现自动更新的财务分析报表，并可做到定时定向推送。在大数据背景下，基于云平台的财务信息系统会把海量信息集合，按照程序给企业提供全面的分析报告，大量的重复工作将由程序自动处理，数据的收集、处理、分析速度不断加快，工作效率大大提升。

**2. 促进财务流程重组**

面对激烈的市场竞争，降低传统财务运行成本是大势所趋，因此财务部门流程再造具有迫切性。建立财务共享中心是财务部资源优化配置的方式。在大数据背景下，企业可以共享强大的数据库，使用大数据技术对数据进行提取、挖掘、加工、分析、展示，输出内部报告和外部报告，自助灵活地达成期望的数据处理结果。

在大数据技术的支持下，财务部门将更多的精力放在提供深入价值链的业务支持上，财务部门可以对数据进行分析，直观发现、剖析、预警数据中所隐藏的问题，及时应对业务中的风险，并发现增长点。

**3. 提升财务决策支持能力**

利用大数据和人工智能提升企业预测和决策的能力，是当前财务与会计领域的重要变革之一，数据智能将成为未来企业财务的核心。财务人员主要依据数据、信息及资料的相关性进行分析和预测，预测的准确性主要受限于数据、信息及资料的丰富程度。而大数据技术恰恰弥补了这方面的不足，在大数据时代，人们已经不再受制于海量数据难以存储、全量数据难以运算的瓶颈，在财务分析和预测时可以全量数据代替样本数据，以数据挖掘、机器学习、深度学习等技术代替人脑分析，以客观分析结果代替主观经验判断，以可视化动态图表代替静态报表展示。大数据能够使财务人员更精准地制订预算管理，通过大数据事前预测、事中把控、事后分析全程参与业务，挖掘财务数据价值，为领导层提供决策依据。

在智能财务时代，企业通过建立财务自身的“大数据”，可以帮助企业将业财数据管得更细、更全、更好，让隐藏的数据价值体现出来，让企业经营和决策看得懂、用得着，充分体现财务工作的价值，这样才能真正实现财务会计向管理会计的转型。

在大数据时代，企业需要更加注重内部和外部数据的深入分析与挖掘，对于企业财务部门而言，面临如下的挑战：大数据时代，物联网的广泛应用使企业数据量激增，财务部门面对的是增加的大量非结构化的业务数据、政治法律环境数据、经济环境数据、社会和文化环境数据和技术类数据等；大数据时代，面对海量数据的处理需求，要求财务部门数据分析人员的反应速度要快。因此，在大数据时代，如何收集数据、整理数据、分析和挖掘数据，并将这些数据进行整合和资源配置，是目前企业财务部门亟待解决的问题。

### （四）会计大数据分析处理工具

能够实现数据处理的工具很多，Excel、SAS、SPSS、Python 等都能用于数据处理，IT 专业人员甚至能直接用数据库技术 MySQL、SQL Server、Oracle 等来进行大量且快速的数据处理。近些年来，随着数据科学的蓬勃发展，许多公司推出了基于图形用户界面（Graphical User Interface，GUI）的数据科学工具。即便不具备任何编程经验或对算法知之甚少的人，也可以借助这些工具来构建高质量的机器学习模型。当然，上述各种数据处理工具在处理数据的效率、数据量大小和复杂度、数据模型的数量和效率、界面友好性等方面都存在一定的差异。下面简略认识一下 Excel、Power BI、Python、数据挖掘与算法。

**1. 认识 Excel**

Excel 作为微软公司办公自动化家族中的一员，可以说是上述数据处理软件中人们最为熟悉的一个。如今的 Excel 功能十分强大，对于从事数据处理的新手来说，使用 Excel 处理日常数据量较小的业务数据时比较容易上手。

Excel 不仅提供最基本的工作簿、工作表、行和列、单元格等各种级别的对象操作方法，还提供与图表有关的功能、与数据处理相关的功能，并允许链接外部数据、支持 VBA 代码、支持 ActiveX 及表单等控件类对象、支持宏操作、支持数据安全管理等。

**2. 认识 Power BI**

Power BI 是微软公司在 2015 年推出的自助式商务智能工具，是一款简单易学的数据分析工具，宣告了“人人都是数据分析师”时代的到来。Power BI 重点解决的是数据分析流程问题，它整合了数据仓库技术、数据清洗、数据建模和数据可视化的功能，是面向业务分析人员的自助式数据分析工具。

Power BI 包含桌面应用程序（Power BI Desktop）、云端在线应用（Power BI Service）以及移动端应用（Power BIApp），可以轻松实现电脑端、云端和移动端数据的实时共享。

不同角色的人可以以不同方式使用 Power BI。例如，处理数据、生成业务报表的数据分析师主要使用桌面应用程序制作报表，并将报表发布到云端在线应用上。部门主管可以用浏览器或在手机上使用移动端应用查看报表，在数据更改时收到警报，实时掌握业务情况。

**3. 认识 Python**

生活中的每一件事都离不开人与人的交流，与不同国家的人进行交流需要使用不同的语言。而我们与计算机是如何交流的呢？和计算机交流的语言有很多，每一种计算机语言都有自己擅长解决的问题。如果要解决数据分析问题，Python 语言是很多人的首选。Python 语言语法结构简单，对于初学者来说通俗易懂，易学易用，同时 Python 语言是开源的，有着良好的计算生态，十几万个第三方函数库可以使 Python 能轻松实现数据分析应用场景。

**4. 比较 Excel、Power BI、Python**

Excel 作为一个大众化的数据处理软件，财务人员将其用于简单的日常办公是没有任何问题的。不过要想真正精通 Excel，最高端的就是使用 VBA 语言自己写宏，但是 VBA 作为一种编程语言是比较难学的；同时，成倍增长的数据量也可能会使 Excel 由于不能胜任庞大的数据量而卡顿。

由于数据源种类繁多，数据量成倍增长，因此微软公司在 Excel 2010 中添加了 Power Query 插件，后续又增加了 Power Pivot，Power Map、Power View 插件，这三个插件不显示在功能区中，需要单独加载。而 Power BI 比这四个插件的功能更加强大，操作却更加简单。在 Power BI 中只需点几下鼠标就可以快速制作出高级的交互式动态图表，且不大可能出现因庞大的数据量而卡顿的现象。

但是 Power BI 中的图表是既定模板，如果想要制作个性化图表，还是要用到 Python 语言的。因此想要成为数据分析的高手，必须学会 Python 语言。首先，Python 语言比 Excel 的 VBA 语言好学；其次，Python 语言只需要短短几行代码就能轻松解决复杂数据的分析任务；最后，Python 语言有强大的绘图功能，可以自动生成可视化图表，再复杂的绘图过程都可以一次性完成，数据展示清晰直观。

**5. 数据挖掘与算法**

在大数据与人工智能的各模块典型业务场景中，必须掌握如何利用数据挖掘技术对企业进行经营预测和管理决策，以提升管理效能。如数据预处理、数据可视化、分类、聚类、回归、时间序列分析、文本挖掘等内容；通过对实际案例的演练，了解数据挖掘的具体处理过程，能够实现简单的数据挖掘算法编程，或者能通过简单易用的软件、工具来解决数据挖掘的相关问题，加深对专业知识的理解和应用。

## 二、人工智能技术对会计的影响和变革

随着人工智能时代的到来，AI 的应用越来越广泛，财务会计与财务管理领域先后产生了业财一体化软件、财务机器人等应用工具。而通过对这些智能化产品的应用，财务会计可以实现传统会计工作的拓展和延伸，比如实现手工做账的半自动化，由计算机代替人工来完成记账，而人工只需参与这个过程的起始阶段和结束阶段。同时，原来对账务的分析根据报表、账本等进行，且在分析过程中由于人的精力有限，处理的信息量受限，但应用 AI 技术就能实现大数据分析，使信息更加多元化，可以对财务会计工作进行拓展。会计智能化给财务会计行业和会计人员带来了挑战。比如复合型人才缺乏，会计信息安全性有待加强、相关理论和法律需要优化等。同时人工智能技术的出现和应用给会计教育带来了巨大的影响和变革。

### （一）人工智能的四个层次

根据结构化层级与应用发展阶段不同，人工智能可分为基础设施层、算法层、技术层、应用层四个层次。

**1. 基础设施层**

主要包括硬件、计算能力、大数据。21 世纪互联网大规模服务集群的 GPU（图形处理器）与低功耗芯片的出现，提升了计算机的运算能力，促进了深度学习能力，显著地推进了算法层与技术层的演进，而数据的爆发式增长，激发了人工智能的浪潮。

**2. 算法层**

主要包括各类机器学习算法、深度学习算法等，所谓“机器学习”是指利用算法使计算机能够像人一样从数据中挖掘使用信息，“深度学习”使用了更多参数，通过神经网络算法（BP）、决策树算法等，从原始特征出发，自动学习高级特征，最终输出最优解。

**3. 技术层**

主要包括计算机视觉技术、语音技术、自然语言处理技术、规划决策系统、大数据/

统计分析技术等，以计算机视觉为例，根据建立的“先验知识库”，采纳 GPS、DSP 等图形处理技术，引入高级的统计算法，自动从海量数据中总结物体特征，然后进行匹配、识别与判读。

**4. 应用层**

基于人工智能技术的应用已经成熟，目前应用场景在智能金融、智能医疗、智慧家居、在线教育、智能交通、艺术创作等领域有较大突破。例如，智能机器人在外形上和人相差无几，从事搬运、拾取等工作，甚至进入极端环境进行作业。

### （二）人工智能技术赋能智能账务

账务处理软件根据发生的业务，自动匹配会计科目、自动生成摘要凭证、自动审核，最后生成各类账表。其次，作为连接业务端与财务端的重要桥梁，智能会计引擎经过大量标签化数据的训练之后，能准确识别业务信息并转换为记账凭证，通过明细账和总账的财务信息转换，实现了业务发展与财务管理的协同配合，以机器学习技术为核心的智能化技术则在最切合的层面上提高了会计引擎的效应。再次，通过影像扫描技术实现原始凭证电子化后，智能会计引擎将从业务系统中提取信息并进行转换，通过监督式学习的机器算法，提高了记账效率与准确性。最后，机器学习再造的智能会计成为集高效率财务核算流程、多维度财务管理职能于一体的平台工具，推动企业的财务模式由核算向管理不断进化。

### （三）在人工智能的支撑下采用光学扫描技术（OCR）

财务机器人（RPA）自动将数据信息录入会计信息系统并进行整理处理，替代员工进行重复性高、附加值低的工作，提升了工作效率与准确性，实现了资源优化配置。

### （四）人工智能理论对智能会计的支撑

RPA 智能机器人与核心 ERP 业务流程紧密结合，在技术上满足更多的客户业务需求。由于 RPA 适合重复性高、规则清晰、稳定性强的流程，RPA 正在“井喷”式地取代重复性高、流程规范化的工作与职位，“RPA 是我们的一双巧手”，还需要借助“AI 的聪明大脑”。人工智能的深度学习网络、图像识别与转换等技术“智能”扩展了 RPA 的能力边界与敏捷流程。根据 Everest 调研机构的报告，对于行业属性不明显的业务流程，RPA 应用占比最大的是财务会计领域，达到 21%。人工智能对 RPA 的影响体现在智能会计方面，主要包括财务业务、税务业务、银企对账、决策管理四个方面。

综上所述，高效、快捷的工作方式是人工智能的特点，但机遇和挑战并存。在此背景下，人工智能对会计行业、企业、会计从业人员都提出了新要求。在 AI 浪潮的不断冲击中，新的挑战会不断出现。企业应用好人工智能技术，做好自身能力的提升和结构调整，实现业务和财务一体化建设，同时完成管理会计和财务会计的融合，充分实现财智结合，以此来主动适应潮流、把握机遇，从而发展壮大。人工智能技术只有与时俱进才能更好地适应和应用人工智能技术，推动会计教育与会计行业的发展。

# 第六节　会计规范体系

## 一、我国会计规范体系

会计规范是指管理和指导会计活动的法律法规、规章、制度和道德守则的总和，是会计工作的依据和标准。我国会计规范体系按制定主体和效力的不同，可分为会计法律、会计行政法规、会计规章和单位内部会计管理制度四个层次。

### （一）会计法律

会计法律是指由全国人民代表大会常务委员会通过，调整我国经济活动中会计关系的法律总规范，包括《中华人民共和国会计法》（以下简称《会计法》）和其他经济法中与会计相关的内容。这些经济法有公司法、证券法、破产法、税法和各种企业法等。《会计法》是会计工作的最重要法律，是制定其他会计规范的依据。

### （二）会计行政法规

会计行政法规是指由国务院颁布，或由国务院有关部门拟定，经国务院批准发布，调整经济生活中某些方面会计关系的法律规范。会计行政法规效力不及会计法律，包括《企业财务会计报告条例》《总会计师条例》《股票发行与交易管理暂行条例》和各种税收条例中的有关条款。

### （三）会计规章

会计规章是指由国务院下属的政府主管部门，尤其是财政部或证券监督委员会，制定并颁布的规范会计工作的文件。会计规章效力不及会计行政法规，需要依据会计法律和会计行政法规来制定，包括财政部颁发的基本准则和各项具体会计准则，《会计基础工作规范》《会计档案管理办法》等文件，以及为更好实施上述规章所发布的相关补充规定和问题解答。此外，会计规章还包括地方财政等政府部门颁布的地方会计规章。

### （四）单位内部会计管理制度

各单位应当根据《会计法》和国家统一会计制度的规定，结合单位类型和内部管理的需要，建立并健全相应的内部会计管理制度。单位内部会计管理制度包括内部会计管理体系、岗位责任制度、财务处理程序制度、内部牵制制度、稽核制度、原始记录管理制度、计量验收制度、财产清查制度、财务收支审批制度、成本核算制度和财务会计分析制度等。

## 二、我国会计规范的主要表现形式

我国会计规范的主要表现形式包括会计法、会计准则和会计制度。

## （一）会计法

我国现行会计法自 1985 年施行以来，历经 1999 年修订和 1993 年、2017 年、2024 年三次修正。2024 年 6 月 28 日，十四届全国人大常委会第十次会议表决通过关于修正会计法的决定，自 2024 年 7 月 1 日起施行。新修正的会计法共 6 章 51 条，内容包括：总则、会计核算、会计监督、会计机构和会计人员、法律责任和附则。

总之，2024 年 7 月 1 日实施的新修正《会计法》在保持现行基本制度不变的前提下，通过增加新的条款和强化现有规定，进一步完善了会计法律体系，提升了会计工作的质量和效率，对维护经济秩序和社会公共利益具有重要意义。

## （二）会计准则

坚守法规底线，筑牢会计诚信之基

会计准则是指导会计核算工作（包括对经济业务的确认、计量和报告）的技术规范。

我国已颁布的会计准则有《企业会计准则》《小企业会计准则》《事业单位会计准则》《政府会计准则》，其中《企业会计准则》分为基本会计准则和具体会计准则、应用指南和解释公告等。基本准则在整个准则体系中起统驭作用，主要规范会计目标、会计基本假设、会计信息的质量要求、会计要素的确认和计量等，具体会计准则分为一般业务准则、特殊行业特殊业务准则和报告准则三类，应用指南是根据基本准则与具体准则结合具体实务给出的解读，解释公告是根据会计基本准则及新经济业务的出现不断发布新的解释。

**1. 基本会计准则**

我国在 1992 年 11 月由财政部颁布并在 1993 年 7 月 1 日起施行的《企业会计准则》是基本会计准则，包括 10 章，共 64 条。该准则执行到 2006 年 6 月，2006 年 2 月 15 日，财政部正式对外发布新准则体系，包括一项基本准则和 38 项具体准则。随后在基本准则执行的过程中，不断修订。2014 年财政部修订了《企业会计准则——基本准则》。

**2. 具体会计准则**

具体会计准则是指根据基本会计准则对各项经济业务的确认、计量和报告做出的具体规定。2014 年，财政部又对 2006 年颁布的这套准则进行了补充与部分修订，修订或新增了 7 项会计准则、1 项准则解释。这是继 2012 年会计准则修订后的又一次大规模修订和增补，修订了《企业会计准则——基本准则》《企业会计准则第 9 号——职工薪酬》《企业会计准则第 2 号——长期股权投资》《企业会计准则第 30 号——财务报表列报》《会计准则第 33 号——合并财务报表》等，新增的准则有《企业会计准则 39 号——公允价值计量》《企业会计准则第 40 号——合营安排》等。2015 年发布了《企业会计准则解释第 7 号》《企业会计准则解释第 8 号》。

2017 年，财政部陆续发布了 1 项新增和 6 项修订的企业会计准则，4 项企业会计准则解释及部分会计处理规定。新增了《企业会计准则第 42 号——持有待售的非流动资产、处置组和终止经营》，修订了《企业会计准则第 22 号——金融工具确认和计量》《企业会计准则第 23 号——金融资产转移》《企业会计准则第 24 号——套期会计》《企业会计准则第 37 号——金融工具列报》《企业会计准则第 16 号——政府补助》《企业会计准则第 14 号——收入》，发布了企业会计准则解释第 9 号至第 12 号；2019 年修订了《企业会计准则第 12 号——债务重组》《企业会计准则第 7 号——非货币性资产交换》《企业会计准则解释第 13 号》，2020 年修订了《企业会计准则第 25 号——保险合同》、2021 年发布了《企业会计准则解释第 14 号》《企业会计准则解释第 15 号》、2022 年发布了《企业会计准则解释第 16 号》、2023 年发布了《企业会计准则解释第 17 号》。随着我国经济的发展与新的业务的出现，为了深入贯彻实施企业会计准则，解决执行中出现的问题，财政部会不断修订现有的具体准则或做出新的企业会计准则解释。

### （三）会计制度

会计制度是指进行会计核算工作应遵循的规则、方法和程序的总称。会计制度适用于全国所有企业。在具体会计准则体系没有得到完善之前，制定比具体会计准则操作性强的会计制度是必要的。所以，实践中我国的会计规范采用了会计准则和会计制度并行不悖的双轨制形式。

党的二十大报告指出：“我们要坚持走中国特色社会主义法治道路，建设中国特色社会主义法治体系、建设社会主义法治国家，围绕保障和促进社会公平正义，坚持依法治国、依法执政、依法行政共同推进，坚持法治国家、法治政府、法治社会一体建设，全面推进科学立法、严格执法、公正司法、全民守法，全面推进国家各方面工作法治化”。随着经济建设的快速发展，会计界近年变化随之较大，体现在会计法的多次修订、企事业会计准则的多次修订，税法的多次修订等，学会计、做会计就要遵循会计法与会计准则及会计制度等，不能想当然地处理会计业务。

## 本章复习思维导图

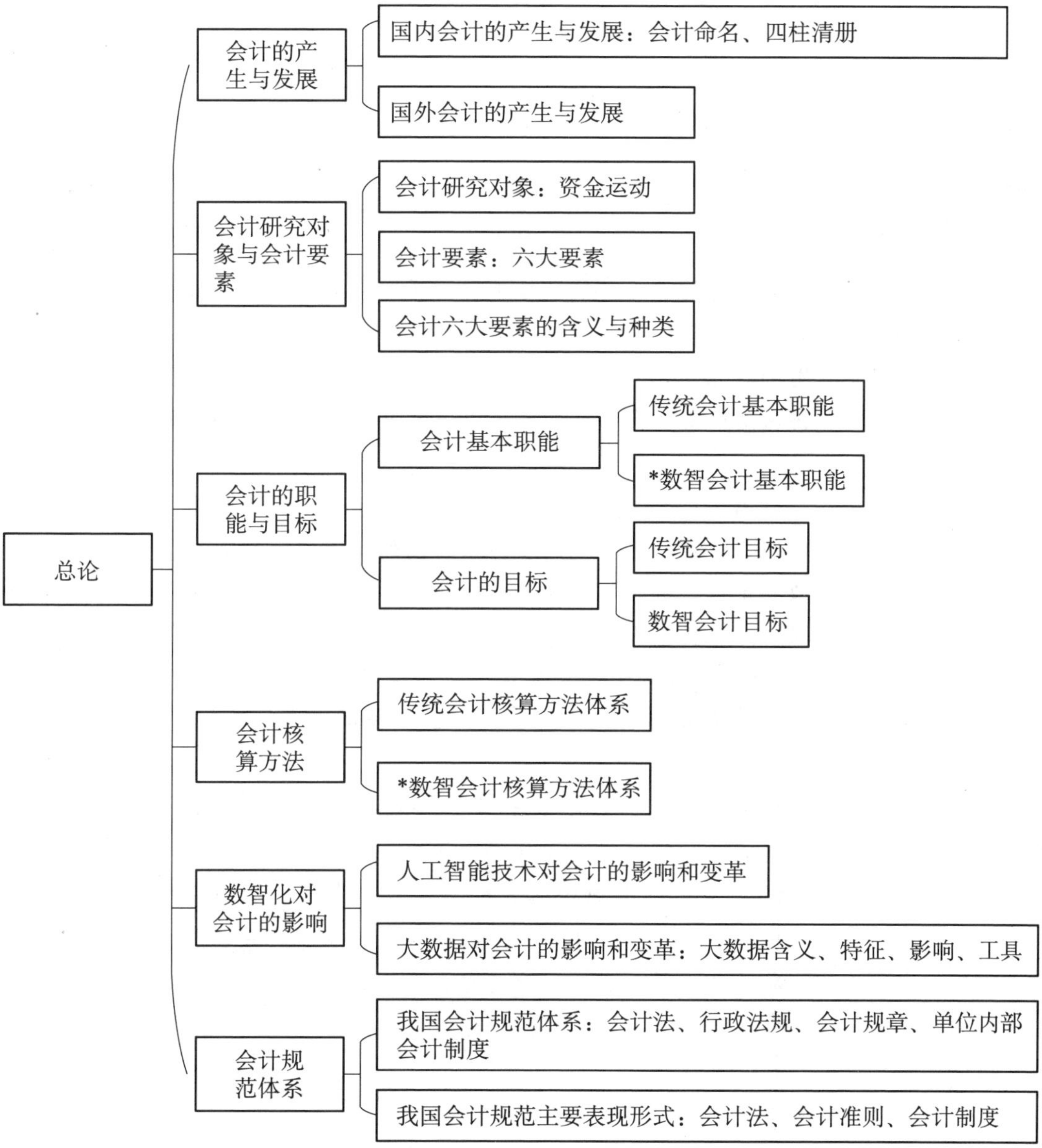


## 讨论与思考

1. 思考中外会计的历史变迁，你能从中获得哪些启示？

2. 有观点认为“会计本质上是一个以提供财务信息为主的经济信息系统”，你是否赞成？这和本章所持的“会计是一种管理活动”的观点是否相矛盾？

3. 何谓传统会计目标？如何理解传统会计目标与会计对象、传统会计职能的相互关系？

4. 如何理解智能会计目标及智能会计职能？

5. 传统会计核算体系包括哪些方法？智能会计核算体系包括哪些方法？

6. 我国会计规范的主要表现形式有哪几种？

7. 人工智能对会计有哪些影响？

8. 会计大数据分析工具有哪些？

## 案例分析

刘月娟是某著名美术学院的学生。最近她正为购买一台具有特别设计功能的计算机而烦恼。她手头仅有400元，决定创办美术培训部，取名叫“周围”。她请朋友帮她出主意并到一家餐厅用餐花费200元，之后她向一个师姐借款4 000元，以备租房等使用。她花费一部分钱用于购置讲课所必备的书籍、物品，以及画室装修。最后她支出100元印制了500份广告传单。

8天后，她有了17名学员，每人每月学费1 800元，并且找到一位较具能力的同学作合伙人。她与合伙人分别为“周围”的发展担当着不同的角色（合伙人兼作“周围”的会计和讲课教师）并获取一定的报酬。4个月后，她们已招收50个学员，除了归还师姐的借款本金和利息计5 000元、抵销各项必需的费用外，两人获得讲课、服务等净收入分别为30 000元和22 000元。她们用这笔钱继续租房，扩大了画室面积，为了扩大招收学员的数量，她们甚至聘请了非常有经验的教授、留学归国学者免费作了两次讲座，为“周围”的发展奠定了非常好的基础。

4个月下来，“周围”平均每月招收学员39位，获取收入计24 000元。她们还以每小时200元的讲课报酬雇用了4位同学做兼职教师。至此，她们核算了一下，除去房租等各项费用共获利67 800元。这笔钱足够她们各自购买一台非常可心的计算机并且还有一笔不小的节余。但更重要的是，她们通过4个月来的锻炼，明确了许多营销的技巧，也懂得了应该怎样与人合作和打交道，学到了不少有关财务上的知识，获得了比财富更为宝贵的工作经验。

**试分析：**

(1) 会计在这里扮演了什么样的角色？

(2) 从案例中你学会了哪些会计方面的术语？如投资、借款、费用、收入、盈余、投资人投资，以及独资企业、合伙企业和公司等。

**提示：**

首先，刘月娟需要考虑怎样组织她的企业（美术培训部）。“周围”是一个独资企业，即只有一个人拥有的企业，刘月娟是企业唯一的所有者。随后由于她同学的加入，“周围”便成了一个合伙企业。如果刘月娟毕业后仍想继续经营，她还可以组建公司。这就是现代企业的三种形式，即独资企业、合伙企业和公司。

其次，尽管刘月娟只是一个学生，可她却懂得创办企业必定要有一些前期投入，如请朋友帮她出主意的花销。这就是本课程中将会讲到的开办费。

再次，刘月娟需要有一笔足够的资金来创办“周围”，即她需要为企业筹集资金。她将个人的财产 400 元进行了投资，并向她的师姐借入 4 000 元。这就是我们在本课程中将讨论为创办企业而进行的所有者投资和负债。

然后，刘月娟怎样才能知道企业的全部收入？怎样了解企业曾经发生的各项费用？企业会计记录提供了这些数据。否则，她只能依靠估计得出。收入、费用等概念是人们日常对话中经常使用的会计术语。本课程会对收入、费用这样的概念及其特征做出精确的解释。

最后，“周围”在 4 个月左右的时间里，共获得 67 800 元的盈余。什么是盈余？一般来讲，我们说 4 个月“周围”赚了 67 800 元。这就是说，在扣除了所有费用支出后，该企业获得利润 67 800 元。盈余和利润在会计上是同义词，它是会计学上的一个非常重要的名词。我们在本课程中会介绍许多诸如“利润”等重要概念，并且会帮助你学会企业常用的会计报表的编制方法。

由于会计在许多方面都影响人们的日常行为，在此之前，也许你已经知道一些有关会计方面的术语，但本课程将会通过会计记账程序和会计工作方式让你对会计的理解更为清晰，随着课程的深入，你一定会恍然大悟：啊！原来这就是会计！

## 客观题

### 一、单选题

1. “四柱清册”产生于（　　）。

A. 西周　　B. 汉朝　　C. 唐宋时期　　D. 清朝

2. “会计”一词产生的朝代是（　　）。

A. 西周　　B. 汉朝　　C. 唐宋时期　　D. 明朝

3. 下列不属于大数据的特点的是（　　）。

A. 海量化的数据　　B. 大数据都是有价值的数据

C. 数据类型的多样化　　D. 大数据的价值密度相对较低

4. 下列可以作为大数据处理工具的是（　　）。

A. Google　　B. Python

C. Baidu　　D. Windows

5. 关于会计大数据分析处理工具，下列说法错误的是（　　）。

A. Excel 处理日常数据量较大的业务数据时比较容易上手

B. Python 语言是开源的，能轻松实现数据分析应用场景

C. Power BI 重点解决的是数据分析流程问题

D. Python 语言语法结构简单，对于初学者来说通俗易懂

## 二、多选题

1. 传统会计的两大基本职能是指（　　）。

A. 核算　　B. 决策　　C. 监督　　D. 预测

2. 下列属于传统会计核算方法的有（　　）。

A. 设置会计科目与会计账户　　B. 借贷记账法

C. 会计分析　　D. 会计检查

## 三、判断题

1. 巴其阿勒（帕乔利）在1494年创立了复式簿记理论。（　　）

2. 企业所有经济业务都是会计核算的对象。（　　）

3. 传统会计的两大基本职能是核算（反映）和监督（控制）。（　　）

4. 数智会计的两大基本职能是主动核算（反映）和主动监督（控制）。（　　）

5. Power BI 重点解决的是数据分析流程问题，是面向业务分析人员的自助式数据分析工具。（　　）

6. 数据挖掘与算法重点解决数据挖掘过程中的数据预处理、数据可视化、分类、聚类、回归、时间序列分析、文本挖掘等内容。（　　）

# 实训题

## 实训一

1. 实训目的：练习会计要素的划分。

2. 实训资料：

（1）房屋建筑物　　（2）专利权　　（3）库存材料

（4）银行存款　　（5）运输设备　　（6）在建的房屋

（7）应收取的销货款　　（8）期末在产品　　（9）数据

（10）银行贷款　　（11）应付的购货款　　（12）应缴纳的税金

（13）投资者投入

3. 实训要求：将上述会计要素进行分类。

## 实训二

1. 实训目的：分析经济业务发生后相关会计要素的增减变化。

2. 实训资料：

（1）投资者追加投资100 000元存入银行。

（2）以银行借款直接偿还前欠货款50 000元。

（3）以银行存款偿还到期的借款200 000元。

（4）销售商品取得收入200 000元存入银行。

（5）以银行存款 50 000 元支付办公用品费，计入管理费用。

（6）向银行借款 4 000 000 元存入银行。

（7）某公司经理因公自带公务卡出差，出差归来报销差旅费 1 000 元。

（8）以银行存款 100 000 元购入设备一台。

3. 实训要求：分析上述经济业务涉及会计要素的增减变化。

# 第二章 会计核算基础及其受数智化的影响

## 职业能力目标

### 本章知识点

- 会计假设、会计处理基础与受数智化的影响（重点、难点）
- 会计信息质量要求与受数智化的影响（重点）
- 会计要素的确认条件、计量属性与受数智化的影响

### 学习目标

- 熟悉并掌握传统的会计假设、会计处理基础、会计信息质量要求等基本理论
- 理解数智化对上述基本理论的影响
- 了解会计要素的确认条件、属性与受数智化的影响

# 第一节　会计假设、会计处理基础及其受数智化的影响

## 一、会计假设

数智时代会计主体的核心特征

市场经济存在诸多不确定性因素，会计工作离不开职业判断与估计。为了避免判断与估计的随意性，保证会计信息质量，需要作出普遍认可的假定，这就是会计假设。会计假设是企业会计确认、计量和报告的前提，是对会计核算所处时间、空间环境等所做的合理设定。会计基本假设包括会计主体、持续经营、会计分期和货币计量。

### （一）会计主体

会计主体是指会计为之服务的特定单位，它限定了企业会计确认、计量和报告的空间范围。在会计主体假设下，企业应当对其本身发生的交易或事项进行会计确认、计量和报告，反映企业本身所从事的各项生产经营活动。明确界定会计主体是开展会计确认、计量和报告工作的重要前提，具体说来有以下几点：

（1）只有明确会计主体，才能划定会计所要处理的各项交易或事项的范围。会计核算中涉及的资产、负债的确认，收入的实现，费用的发生等，都是针对特定会计主体而言的，即在会计工作中，只有那些影响企业本身经济利益的各项交易或事项才能加以确认、计量和报告。

（2）只有明确会计主体，才能确立处理各种会计业务所应持有的立场。例如，甲企业销售一批商品给乙企业，对甲企业而言是一笔销售业务，而对乙企业来说，则是一笔商品购进业务。作为两个不同的会计主体，甲、乙两个企业都有自己明确的立场，即甲企业在满足规定条件时确认为销售收入，而乙企业在满足规定条件时确认为商品购进。

（3）只有明确会计主体，才能将会计主体的交易或事项与会计主体所有者的交易或事项，以及其他会计主体的交易或事项区分开来。例如，企业所有者的经济交易或事项是属于企业所有者主体所发生的，不应纳入企业会计核算的范围，但是企业所有者投入到企业的资本或企业向所有者分配的利润，则属于企业主体所发生的交易或事项，应当纳入企业会计核算的范围。

会计主体不同于法律主体。一般说来，法律主体必然是会计主体。例如，一个企业作为一个法律主体，应当建立财务会计系统，独立反映其财务状况、经营成果和现金流量。但是，会计主体不一定是法律主体，例如，企业集团编制合并报表所依据的便是合并主体而非法律主体。

在数智会计背景下，会计主体已裂变为与企业紧密相关的“利益共同体”。现代企业

与相关企业之间存在着价值共创、共生的关系，客观上要求智能会计不仅要如实反映企业个体的经济业务，而且要全面反映企业生态圈或价值链、产业链和供应链上的所有经济或社会活动。

### （二）持续经营

持续经营是指在可以预见的将来，企业将会按当前的规模和状态继续经营下去，不会停业，也不会大规模削减业务。企业按持续经营假设进行会计确认、计量和报告，意味着会计主体将按照既定的用途使用资产，按照既定的合约条件清偿债务，会计人员就可以在此基础上选择会计政策和估计方法。

持续经营假设带有一定的主观假定性。之所以做出这一假设，一个主要原因是，如果缺乏这项假设，会计核算的权责发生制基础、划分收益支出与资本支出等会计原则将不能应用；另一个原因是企业在持续经营状态下和处于清算状态时所采纳的会计处理是不同的。[①] 会计核算遵循持续经营假设，能够合理解决企业资产与负债的计量、费用与成本的分配问题。当然，在市场经济环境下，任何企业都存在破产、清算的风险，为此，企业需要定期对其持续经营基本前提进行分析和判断。如果可以判断企业不能持续经营，就应当改变会计核算的原则和方法，并在企业财务会计报告中作相应披露。

在数智背景下，持续经营假设应裂变为“预测试经验”，也就是基于大数据、大算力、大模型的分析型预判式经营。

### （三）会计分期

会计分期假设是指会计核算应当划分会计期间，分期结算账目和编制财务会计报告。为什么要设立会计分期假设呢？主要是因为企业资金运动是连续不断的，只有在企业完全停止其资金运动后才能准确核算经营成果。然而，在持续经营的前提下，企业资金运动过程是永无止境的，为了及时提供会计信息，有必要在经营期间分期进行会计核算。事实上，也正是持续经营与会计分期假设相结合，才使会计上的诸多方法和原则成为可能。提出这两项假设，才会产生当期与以前期间、以后期间的差别，出现权责发生制和收付实现制的区别，从而使得不同类型的会计主体有了记账的基准，进而出现应收、应付、折旧和摊销等会计处理方法。同样道理，没有这两项假设，会计上的实现原则、配比原则等也将不复存在。

**数智时代的会计分期**

会计期间分为年度和中期，均按公历起讫日期确定。中期是指短于一个完整的会计年度的报告期间。

随着大数据的普及，会计信息存储在数据库，利用平台技术随时可以从会计数据库生

---

① 如对固定资产在持续经营假设下可以采用实际成本法，而在清算状态下则只能采用公允价值，如市价、评估价值等；对于持续经营下在会计报表中存在的一些本期支出，但收益期间延伸至以后各期间的预付性费用，如长期待摊费用、递延资产等在清算状态的会计报表中将不复存在，主要是因为它们并不代表任何的支付能力。

成各种财务报表与管理报表，已没有必要单纯按会计期间（年度、半年、季或月）来核算或披露会计信息，而应该实时核算、即时报告，会计分期将弱化。

### （四）货币计量

货币计量是指会计主体在进行会计确认、计量和报告时以货币计量，反映会计主体的财务状况、经营成果和现金流量。在会计的确认、计量和报告过程中选择货币作为基础进行计量，是由货币本身的属性决定的。货币是商品的一般等价物，是衡量一般商品价值的共同尺度，而其他计量单位（如重量、长度、台和件等）都只能从一个侧面反映企业的生产经营情况，无法在量上进行汇总和比较，不便于会计计量和经营管理。

会计核算以货币作为主要计量单位，即会计主要是进行价值形式管理。但价值是非常抽象的，故只能通过价格来计量价值，所以，会计主要是借助价格进行核算。为了保持计量单位的统一，使会计提供的资料相互可比，当用价格进行会计核算时，还应假定币值不变，以简化会计核算手续。

然而，统一采用货币计量也存在缺陷，例如，企业经营战略、研发能力、市场竞争力等因素，影响着企业财务状况和经营成果，却往往难以用货币加以计量，但是这些信息对于决策者来说至关重要，为此，企业可以在财务会计报告中补充披露相关非财务信息来弥补上述缺陷。

传统会计货币计量单位是“元”，用元来计量企业已发生的经济事项，随着大数据与智能会计的发展，将对会计的货币计量产生影响，计量单位可能更加多元化，不再局限于“元”，需要增加时间、重量、容量、数量等多维度的非货币计量单位。

## 二、会计处理基础与受数智化的影响

企业的生产经营活动在时间上是连续的，与生产经营活动相伴而产生的收入、成本或费用也是连续产生的，通过收入与相关费用的配比，就可计算和确定企业生产经营活动的盈亏。但是，企业盈亏的确定必然要求将连续的生产经营活动人为划分为等距的会计期间，这就不可避免地有一部分收入和费用出现收支期间和应归属期间不相一致的情况。对于此类业务的处理，有两种可供选择的会计确认基础，即收付实现制和权责发生制。

**权责发生制与收付实现制“双轨制”**

### （一）收付实现制

收付实现制，又称现收现付制或现金制，是以实际收到或支付款项作为确认收入或费用的依据。即凡是在当期收到的现金计入当期收入，当期支付的现金计入当期费用。

【例 2－1】企业于 4 月 10 日销售商品一批，4 月 20 日收到货款，存入银行。收付实现制下，应作为 4 月份的收入记账。

【例 2－2】企业于 4 月 10 日销售商品一批，5 月 10 日收到货款，存入银行。收付实现制下，应作为 5 月份的收入记账。

【例 2－3】企业于 4 月 10 日收到购货单位一笔货款，存入银行，但按合同规定交货时间为 6 月份。收付实现制下，应作为 4 月份的收入记账。

【例 2－4】企业于 12 月 3 日预付第二年的保险费。收付实现制下，应作为 12 月份的费用。

【例 2－5】企业于 12 月 31 日购入办公用品一批，但款项在第二年的 2 月份支付。收付实现制下，应作为第二年 2 月份的费用。

【例 2－6】企业于 12 月 31 日用银行存款支付本月水电费。收付实现制下，应作为 12 月份的费用。

从上述举例可见，无论收入的权利或支出的义务归属于哪一期，只要现金收付在本期，就应确认为本期的收入或费用，而不考虑预收收入和预付费用，以及应计收入和应计费用的存在，到会计期末即可直接根据账簿记录确定本期的收入和费用。

在收付实现制下，因为实际收到和付出现金，必然登记入账，所以会计期末不存在账项调整的问题。这种核算方法虽然手续简单，但由于在损益计量上的不合理，可能导致企业财务状况和经营成果的不准确报告。

### （二）权责发生制及其受数智化的影响

权责发生制，又称应收应付制或应计制，是以收入的权利与支出的义务是否属于本期来确认收入与费用是否应计入本期的依据。

在权责发生制下，凡是本期实现的收入，不论款项是否收到，都应作为本期的收入入账；凡是不属于本期实现的收入，即使款项已在本期收到，也不应作为本期的收入入账。同样，凡是本期发生的费用，不论款项是否支付，都应作为本期的费用入账；凡是不属于本期发生的费用，即使款项已在本期支付，也不应作为本期的费用处理。

在权责发生制下，对于【例 2－1】和【例 2－6】，由于收入和费用的归属期和现金的实际收付同属相同的会计期间，因此，收入、费用的确认与收付实现制相同。

【例 2－2】应作为 4 月份的收入，因为收款的权利在 4 月份就已经实现了，尽管货款是在 5 月份收到。

【例 2－3】应作为 6 月份的收入，因为 4 月份只是预收货款，收入的赚取过程并未完成。

【例 2－4】应作为第二年的费用，因为企业对这笔支出所应主张的权利归属于第二年。

【例 2－5】应作为 12 月份的费用，因为 12 月份已经发生支出义务。

与收付实现制相反，权责发生制下必须考虑预收和预付、应收和应付。由于企业日常的账簿记录不能完整地反映本期的收入和费用，因而需要在会计期末对账簿记录进行调整，使未收到款项的应计收入和未付出款项的应付费用，以及收到款项而不完全属于本期的收入和付出款项而不完全属于本期的费用，归属于相应的会计期间，以便正确地计算本期的经营成果。相对而言，采用权责发生制核算比较复杂，但本期反映的收入和费用比较合理、真实，所以权责发生制是世界范围内企业会计核算通行的会计确认基础。我国《企业会计准则》要求采用权责发生制作为会计确认、计量和报告的基础。

随着数智化的普及，会计信息的采集、存储都发生很大变革，会计报表可以随时生成，会计分期与权责发生制的作用也将弱化。

### （三）权责发生制与收付实现制的关系

我国《企业会计准则》规定，企业应当以权责发生制为基础进行会计确认、计量和报告。行政事业单位应当采用收付实现制与权责发生制双轨制。但是在会计实务中的权责发生制是一种“离散”的确认，只是在每个会计期末才预计和记录利息费用。应当承认，日常会计记录并不是一个绝对的权责发生制，在有些情况下则选择收付实现制的确认基础，使其成为权责发生制的有益补充。智能会计核算更需要遵循应计制与现金制“双轨制”基础，提供多规则、多基础的数据信息。

# 第二节　会计信息质量要求及其受数智化的影响

要实现会计目标，会计信息就要满足一定的质量要求。会计信息质量要求是财务会计报告中所提供会计信息对使用者决策有用所应具备的基本特征，根据基本准则的规定，它包括可靠性、相关性、可理解性、可比性、实质重于形式、重要性、谨慎性和及时性等。其中可靠性、相关性、可理解性和可比性是会计信息的首要质量要求，是企业财务会计报告中所提供财务信息应具备的基本质量特征；实质重于形式、重要性、谨慎性和及时性是会计信息的次级质量要求，是对可靠性、相关性、可理解性和可比性等首要质量要求的补充和完善。无论哪一个特征都能够理解，重要性的前提是有质量，有效性是选择信息的一个制约条件。信息的可靠必须是信息的公正真实，信息是有相关性的，表明信息会导致不同决策。还有，描述的信息必须准确无误，不要导致歧义；资料具有可比性，表明应尽量减少其他会计方法。

## 一、可靠性

可靠性要求企业应当以实际发生的交易或事项为依据进行会计确认、计量和报告，如实反映符合确认和计量要求的各项会计要素及其他相关信息，保证会计信息真实可靠、内容完整。具体包括以下要求：

（1）企业应当以实际发生的交易或事项为依据进行会计确认、计量和报告，不能以虚构的交易或事项为依据进行会计确认、计量和报告。

（2）企业应当如实反映其所应反映的交易或事项，将符合会计要素及其确认条件的资产、负债、所有者权益、收入、费用和利润如实反映在财务报表中，刻画出企业生产经营财务活动的真实面貌。

（3）企业应当在符合重要性和成本效益原则的前提下，保证会计信息的完整性，其中包括编报的报表及其附注内容等应当保持完整，不能随意遗漏或减少应予披露的信息，与使用者决策相关的有用信息都应当充分披露。

要做到可靠性质量要求，会计人员就要履行职业道德，处理业务要诚信，不能接受领导授意等人为主观因素的影响，要如实记录业务的发生实际情况。同时随着大数据与智能的发展，通过智能会计平台不仅可以帮助用户如实反映完整的会计信息，而且还可以延伸获取网络上开放、共享的信息，可以为会计工作提供更加精准的数据支持，可以从根本上解决会计信息内容不完整、不真实的问题，从而减少错误率和工作量。

## 二、相关性

相关性要求企业提供的会计信息应当与财务会计报告使用者的经济决策需要相关，有助于财务会计报告使用者对企业过去、现在或未来的情况做出评价或预测。

会计信息的价值，关键是看其与使用者的决策需要是否相关，是否有助于决策或提高决策水平。相关的会计信息应当有助于使用者评价企业过去的决策，证实或修正过去的有关预测，因而具有反馈价值。相关的会计信息还应当具有预测价值，有助于使用者根据财务会计报告所提供的会计信息预测企业未来的财务状况、经营成果和现金流量。例如，区分收入和利得、费用和损失，区分流动资产和非流动资产、流动负债和非流动负债等，都可以提高会计信息的预测价值，进而提升会计信息的相关性。

为了满足会计信息质量的相关性要求，企业应当在确认、计量和报告会计信息的过程中，充分考虑使用者的决策模式和信息需要。当然，对于某些特定目的或用途的信息，财务会计报告可能无法完全提供，企业可以通过其他形式予以提供。

智能会计核算系统是一个开放的、融合的数据采集处理平台，它连接了企业供应链上下游、金融机构和工商税务等政府部门，可以从业务源头上自动采集真实完整的数据，通过区块链智能合约、AI会计引擎和会计控制规则，自动对业务与会计数据进行验证、处理、存储和报告，从根本上解决会计信息内容不完整、不真实和粗颗粒度问题，实现可靠性与相关性的兼具。

**智能会计核算应用场景与行业实践**

## 三、可理解性

可理解性要求企业提供的会计信息应当清晰明了，便于财务会计报告使用者理解和使用。

企业编制财务会计报告、提供会计信息的目的在于使用，要使财务会计报告使用者有效地使用会计信息，应当能让其了解会计信息的内涵，弄清会计信息的内容，这就要求财务会计报告所提供的会计信息应当清晰明了，易于理解。然而，会计信息专业性较强，因此，强调会计信息的可理解性应当同时假定使用者具备一定的企业生产经营活动与会计核算知识，且愿意付出努力去研究这些信息。当然，对于某些比较复杂但与财务会计报告使用者决策相关的会计信息，企业不得以该信息会使某些财务会计报告使用者难以理解为由将其排除在财务会计报告披露范围内，即应当在财务会计报告中加以披露。

## 四、可比性

可比性要求企业提供的会计信息应当具有可比性。具体包括以下要求：

（1）同一企业不同时期发生的相同或相似的交易或事项，应当采用一致的会计政策，不得随意变更；确需变更的，应当在附注中说明。这项规定，便于财务会计报告使用者了解企业财务状况和经营成果的变化趋势，比较企业在不同时期的财务会计报告信息，从而全面客观地评价过去、预测未来。

（2）不同企业发生的相同或相似的交易或事项，应当采用规定的会计政策，确保会计信息口径一致、相互可比。这项规定便于财务会计报告使用者评价不同企业的财务状况、经营成果的水平及其变动情况，从而有助于使用者做出科学合理的决策。

大数据技术可以帮助会计人员更快速、准确地处理海量的财务数据，提高工作效率和质量，大数据的应用可以使得会计数据更能随时可比，以满足决策者的需要。

## 五、实质重于形式

实质重于形式要求企业应当按照交易或事项的经济实质进行会计确认、计量和报告，不应仅以交易或事项的法律形式为依据。在实务中，交易或事项的法律形式并不总能完全真实地反映其实质内容。会计信息要想反映所应反映的交易或事项，就必须根据交易或事项的实质和经济现实来进行判断，不应拘泥于其法律形式。否则，容易导致会计信息失真，无法如实反映经济现实。

## 六、重要性

重要性要求企业提供的会计信息应当反映与企业财务状况、经营成果和现金流量等有关的所有重要交易或事项。

如果企业会计信息的省略或错报会影响财务会计报告使用者据此做出经济决策的，该信息就具有重要性。重要性的应用依赖于职业判断，企业应当根据其所处环境和实际情况，从项目的性质和金额大小两个方面来判断其重要性。

数智化下，会计数据库中存有海量的数据，重要性已被弱化。

## 七、谨慎性

谨慎性要求企业对交易或事项进行会计确认、计量和报告时应当保持应有的谨慎，不应高估资产或收益、低估负债或费用。

在市场经济环境下，企业的生产经营活动面临着许多风险和不确定性，如应收款项的可回收性、售出存货可能发生的退货或返修、固定资产和无形资产的使用寿命等。会计信息质量的谨慎性要求，需要企业在面临不确定性因素的情况下做出职业判断时，应该保持应有的谨慎，充分估计各种风险和损失，既不高估资产或收益，也不低估负债或费用。

需要注意的是，谨慎性的应用不允许企业设置秘密准备。如果企业故意低估资产或收益，高估负债或费用，将不符合会计信息的可靠性和相关性要求，损害会计信息质量，扭曲企业实际的财务状况和经营成果，从而对使用者的决策产生误导，这是《企业会计准则》所不允许的。

### 八、及时性

及时性要求企业对于已经发生的交易或事项，应当及时进行会计确认、计量和报告，不得提前或延后。

作为会计人员，期末所做的财务报表有时效性，必须在国家会计工作规范规定的时间内而完成，比如月报表要在下月 6 号之前报出，报不及时就影响信息使用者的决策的参考。会计人员月末月初较忙，一定要有较强的责任心在规定的时间内加班完成会计报表的编制。

数智化时代，智能会计核算系统是一个实时会计系统，可以提供实时的、个性化的、互动式的财务报告，保证及时性。例如，可以利用大数据处理技术来处理海量的财务报表，在短时间内完成复杂的财务分析工作，提升工作效率，保证会计信息的及时性。智能会计核算系统实现了可靠性与相关性的融合，同时也增强了会计信息的及时性、可比性和可理解性。

总之，数智会计的信息质量要求也可以概括为如实反映、相关性、可比性、可理解性、及时性、可验证性等。

## 第三节　会计要素的确认条件、计量属性及其受数智化的影响

### 一、会计要素的确认条件

会计要素的确认是按照规定的标准与方法，辨认和确定经济信息是否作为会计要素的信息进行正确地记录并列入财务报表的过程。会计处理过程实质上是一个信息变换、加工和传输的过程，会计要素的确认是信息变换的关键环节。

#### （一）资产的确认条件及其受大数据的影响

判断一项资源能否确认为资产，首先应当考察其是否符合资产的概念。

**1. 资产的确认条件**

符合资产概念的资源同时满足以下两个条件时，才能确认为企业资产。

（1）与该资源有关的经济利益很可能流入企业。

由于经济环境瞬息万变，与资源有关的经济利益能否流入企业或能够流入多少，实际上带有不确定性。因此，资产的确认应当与经济利益流入的不确定性程度的判断结合起来。如果根据编制财务报表时所取得的证据判断，与该资源有关的经济利益很可能流入企业，那么就应将其作为资产予以确认。

（2）该资源的成本或价值能够可靠地计量。

企业取得的资产一般都是发生了实际成本的，如企业购置的厂房、设备，购买或生产的存货等，只要实际发生的购买或生产成本能够可靠计量，就应视为符合资产可计量性确认条件。在某些情况下，企业取得的资产没有或发生很小的实际成本，如企业持有衍生金融工具形成的资产，尽管没有实际成本或发生的实际成本很小，但其公允价值能够可靠计量的，也应视为符合资产可计量性确认条件。

**2. 大数据对资产要素的影响**

当前大数据时代，财政部于 2023 年 8 月发布《企业数据资源相关会计处理暂行规定》（以下简称《暂行规定》）并于 2024 年 1 月 1 日正式施行。数据资产入表是指将数据确认为企业资产负债表中“资产”一项，在财务报表中体现其真实价值与业务贡献。根据《暂行规定》要求，企业内、外部数据资源确认为无形资产、存货方式入表，同时明确两类数据资源在确认、初始计量、后续计量、收入确认等环节应当遵循的具体准则，后续课程会进一步学习。

### （二）负债的确认条件

判断一项现时义务能否确认为负债，首先应当考察其是否符合负债的概念。符合负债概念的现时义务同时满足以下两个条件时，才能确认为企业负债。

**1. 与该义务有关的经济利益很可能流出企业**

由于履行义务所需流出的经济利益带有不确定性，特别是与推定义务相关的经济利益流出有赖于大量估计。因此，负债的确认应当与经济利益流出的不确定性程度的判断结合起来。如果根据编制财务报表时所取得的证据判断，与现时义务有关的经济利益很可能流出企业，那么就应将其作为负债予以确认。

**2. 未来流出的经济利益的金额能够可靠地计量**

对于与法定义务有关的经济利益流出金额，通常根据合同或法律规定的金额予以确定。考虑到经济利益的流出一般发生在未来期间，有时时间较长，有关金额的计量通常需要考虑货币时间价值等因素的影响。对于与推定义务有关的经济利益流出金额，通常需要较大程度的估计。为此，企业应当根据履行相关义务所需支出的最佳估计数进行估计，并综合考虑有关货币时间价值、风险等因素的影响。

### （三）所有者权益（净资产）的确认条件

所有者权益（净资产）体现的是所有者在企业中的剩余权益，因而所有者权益的确认主要依赖于其他会计要素，特别是资产与负债要素，其金额也主要取决于资产和负债的计量。例如，企业接受投资者投入的资产，在确认该资产符合企业资产确认条件的同时，也相应确定了所有者权益（投入资本）的计量金额。

### （四）收入的确认条件

收入的确认除了应当符合概念外，还应当同时符合下列条件：

（1）与收入相关的经济利益很可能流入企业。

（2）经济利益流入企业的结果会导致企业资产的增加或者负债的减少。

（3）经济利益的流入额能够可靠地计量。

### （五）费用的确认条件

费用的确认除了应当符合概念外，还应当同时符合下列条件：

（1）与费用相关的经济利益应当很可能流出企业。

（2）经济利益流出企业的结果会导致企业资产的减少或负债的增加。

（3）经济利益的流出额能够可靠地计量。

### （六）利润的确认条件

利润反映的是收入减去费用、利得减去损失后的净额，因此，利润的确认主要依赖于收入和费用、利得和损失的确认，其金额的确定也主要取决于收入和费用、利得和损失金额的计量。

## 二、会计要素的计量属性及其受数智化的影响

企业在将符合确认条件的会计要素登记入账并列报于财务报表及其附注时，应当按照规定的会计要素计量属性进行计量，确定其金额。

### （一）会计要素计量属性

会计要素计量属性反映的是会计要素金额的确定基础。根据基本会计准则的规定，会计计量属性主要有历史成本、重置成本、可变现净值、现值和公允价值。

**1. 历史成本**

在历史成本计量下，资产按照购置时支付的现金或现金等价物的金额，或按照购置资产时所付出对价的公允价值计量；负债按照因承担现时义务而实际收到的款项或资产的金额，或承担现时义务的合同金额，或按照日常活动中为偿还负债预期需要支付的现金或现金等价物的金额计量。

大数据对历史成本的影响：第一，大数据的出现大大减少了财务会计工作中历史成本测定的关联性。从当前基本状况来看，会计计量属性以历史成本为基本构成要素，企业按原价值计算固定资产、无形资产，随着信息科技的发展，尤其是在大数据背景下历史成本中存在的一些问题开始呈现出来。譬如：历史成本处于静态的事物，是对过去信息的一种呈现，可是，社会经济是在持续变化与发展的，历史成本根本无法提供实时性的信息。再者，财务报告用户对可用信息的需求日益增加，人们高度关注企业的未来发展。因此，财务会计信息工作应当具有较强的及时性和预见性。但历史成本不能满足这个需求。第二，不断提高公允价值计量的可靠性和可操作性。就大数据背景下产生的会

**大数据对历史成本的影响**

计计量与历史成本计量对比来看，所形成的公允价值的优势是非常突出的，大数据下出现的公允价值是企业的经济本质，其可为企业管理者提供真实可靠的决策性信息，在收入与成本、费用中实现恰当的比例，更好地确保企业保持良好的资本结构，稳定企业的资产。

**2. 重置成本**

在重置成本计量下，资产按照现在购买相同或相似资产所需支付的现金或现金等价物的金额计量；负债按照现在偿付该项债务所需支付的现金或现金等价物的金额计量。

**3. 可变现净值**

在可变现净值计量下，资产按照其正常对外销售所能收到现金或现金等价物的金额扣减该资产至完工时估计将要发生的成本、估计的销售费用及相关税费后的金额计量。

**4. 现值**

在现值计量下，资产按照预计从其持续使用和最终处置中所产生的未来净现金流入量的折现金额计量；负债按照预计期内需要偿还的未来净现金流出量的折现金额计量。

**5. 公允价值**

在公允价值计量下，资产和负债按照市场参与者在计量日发生的有序交易中，出售资产所能收到或者转移负债所需支付的价格计量。

大数据对公允价值的影响。由于现在大数据在会计行业中的使用率越来越高，而且越来越广泛，因此我们必须考虑这对资产计量的一些影响。可是，公允价值也含有一定的不确定和不可靠性，这使允价值的使用率降低。也给投资者增加了一些困难，大数据时代的特征就是会带来更多的数据生成。这让公允价值更加透明，方便人们使用，这方面又极大地提高了公允价值的可靠程度。

### （二）会计要素计量属性的应用原则

计量属性也就是计量特性。该怎么选择适宜的测量属性以及信度的相关性是很重要的。我国财务会计准则列出了 5 个常用的计量属性。历史成本是财务会计中使用时间最长的一个计量属性。这不仅是因为历史成本有一定的可靠性证据来核查，还有考虑入账后的价值变化量，来达到节约会计成本的目的。但是这也很容易看出，最大的弊端是它们的相关性不足，人们往往发现面向未来的决策中发挥作用的事情几乎没有。财会的目的是给决策者提供一些有用的信息。公允价值的计量属性是动态的，如果历史成本不符合公允价值的概念，那就必须用其他的计量属性代替。

企业在对会计要素进行计量时，应当严格按照规定选择相应的计量属性。一般情况下，应当采用历史成本计量属性。然而在某些情况下，仅以历史成本作为计量属性，会影响甚至损害会计信息的质量。应用重置成本、可变现净值、现值和公允价值等其他计量属性，通常需要会计估计，为在提高相关性的同时又不失可靠性，根据《企业会计准则》规定，“采用重置成本、可变现净值、现值和公允价值计量的，应当保证所确定的会计要素金额能够取得并可靠计量”，否则不允许采用其他计量属性。大数据时代，公允价值更加透明，方便人们使用，这方面又极大地提高了公允价值的可靠程度与使用的普及。

## 本章复习思维导图

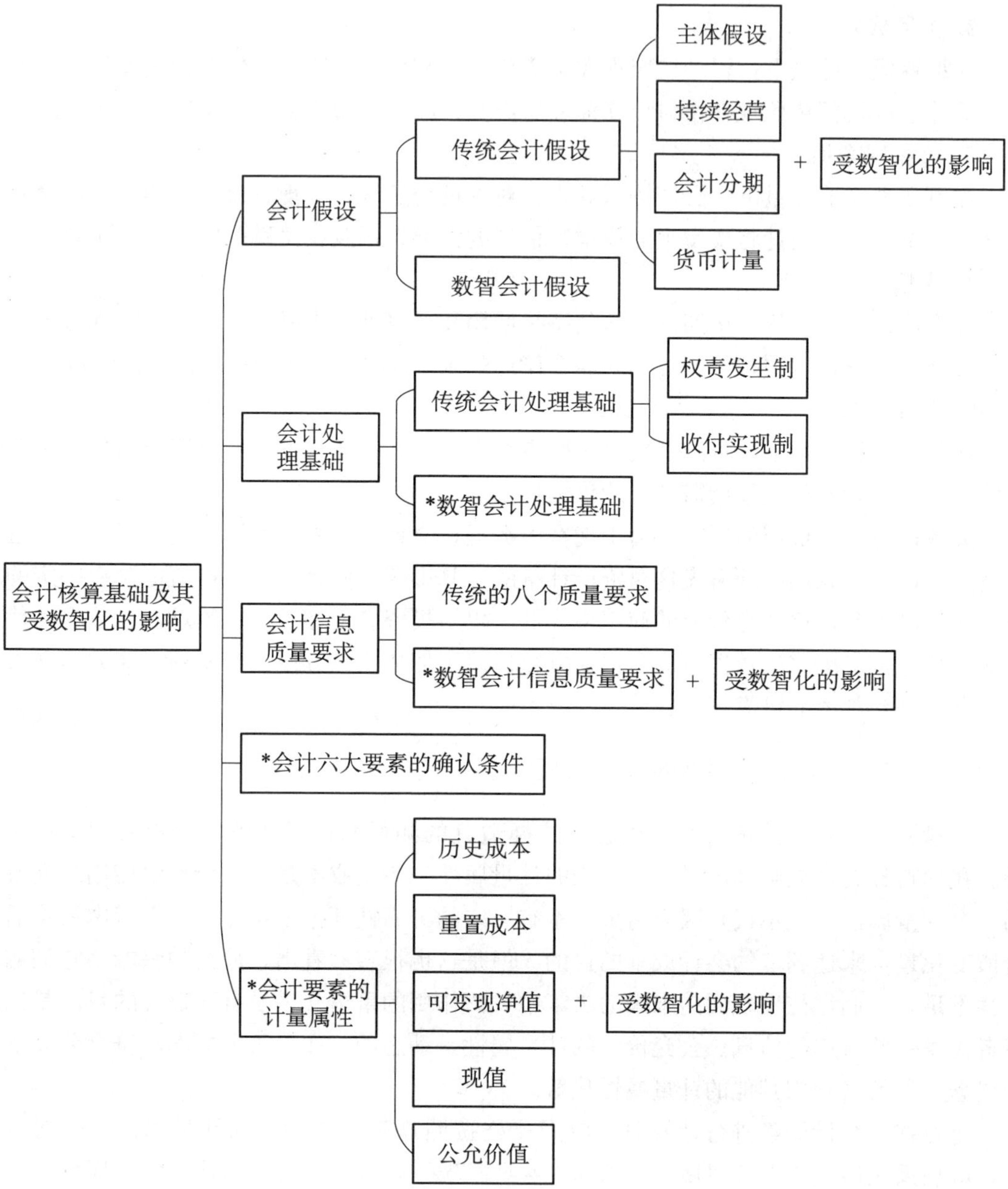


## 讨论与思考

1. 在数智时代，四项会计基本假设面临哪些挑战与冲击？应该如何应对？
2. 会计对象与会计要素关系如何？我国的会计要素包括哪几种？如何确认？
3. 理解数据资产的概念与相关文件规定。

4. 会计计量有哪些属性？数智时代对会计计量属性有何影响？

## 案例分析

某市红旗股份有限公司系合资企业，生产的产品既在国内销售，又往国外销售。随着业务量的不断拓展，外销业务不断扩大，到20××年10月，外销业务已占整体业务的80%以上，而且主要集中在德国等欧元区国家。企业财务部门考虑收入业务主要是欧元区国家，而且每天按外汇牌价折算人民币也非常烦琐，于是便向公司董事会提出会计核算由人民币为记账本位币改为以欧元为记账本位币。

**试分析：** 该企业为什么将记账本位币由人民币改为欧元？

**提示：** 会计核算需选择货币作为会计核算的计量单位，用货币形式来反映企业的生产经营活动的全过程，从而全面反映企业的财务状况和经营成果。

人民币是我国的法定货币，在我国境内具有广泛的流动性，因此，《会计法》和《企业会计准则》均规定会计核算以人民币为记账本位币。同时对于外币业务较多的企业，《会计法》和《企业会计准则》也规定，业务收支以人民币以外的货币为主的单位，可以选定其中一种货币作为记账本位币，但是编报的财务会计报告应当折算为人民币。

红旗股份有限公司生产的产品主要销往德国等欧元区国家，货币收支主要以欧元为主，因此可以选择欧元为记账本位币。

**注意：** 记账本位币一经确定，不得随意变动，同时年末编制财务会计报告时，应当按照一定的外汇汇率折算为人民币。

## 客观题

### 一、单选题

1. 传统的（　　）假设明确了会计核算的空间范围。

A. 会计主体　　B. 会计分期　　C. 持续经营　　D. 货币计量

2. 传统的（　　）假设明确了会计核算的时间范围和内容，是会计分期假设建立的基础。

A. 会计主体　　B. 会计分期　　C. 持续经营　　D. 货币计量

3. 传统的（　　）假设是适用权责发生制进行会计处理的基础。

A. 会计主体　　B. 会计分期　　C. 持续经营　　D. 货币计量

4. 据传统的（　　）的质量要求，融资租入固定资产应该作为本企业的资产来确认。

A. 实质重于形式　　B. 重要性　　C. 谨慎性　　D. 可比性

5. 投资人投入的资金和债权人投入的资金，投入企业后，形成企业的（　　）。

A. 成本　　B. 费用　　C. 资产　　D. 负债

6. 下列属于反映企业财务状况的会计要素是（　　）。

A. 收入　　B. 所有者权益　　C. 费用　　D. 利润

7. 购入机器设备一套，价款 10 000 元，以银行存款支付。这项经济活动将会引起（　　）会计要素发生变化。

A. 费用　　B. 资产　　C. 负债　　D. 所有者权益

8. 下列属于反映企业经营成果的会计要素的是（　　）。

A. 费用　　B. 资产　　C. 负债　　D. 所有者权益

9. 下列不属于资产特征的是（　　）。

A. 是由过去的交易或事项所形成的

B. 是现在已经承担的责任并且是企业将来要清偿的义务

C. 是企业拥有或控制的经济资源

D. 预期能够给企业带来未来经济利益

10. 下列属于流动负债的是（　　）。

A. 预收账款　　B. 应收账款　　C. 应收票据　　D. 应付债券

11. 下列属于企业流动资产的是（　　）。

A. 预收账款　　B. 长期待摊费用　　C. 预付账款　　D. 无形资产

12. 下列不属于流动负债的是（　　）。

A. 应付账款　　B. 预收账款　　C. 应付票据　　D. 预付账款

13. 下列不属于流动资产的是（　　）。

A. 预收账款　　B. 预付账款　　C. 应收账款　　D. 应收票据

14. 下列经济活动中，会引起资产与负债同时增加的业务是（　　）。

A. 收到销货款，存入银行　　B. 从银行取得短期借款

C. 用银行存款偿还应付货款　　D. 接受投资人的投资

15. 下列经济活动中，引起资产和负债同时减少的是（　　）。

A. 以银行存款偿付前欠货款　　B. 以现金支付办公费用

C. 购买材料货款尚未支付　　D. 收回应收账款

## 二、多选题

1. 会计要素的计量属性有（　　）。

A. 历史成本　　B. 重置成本

C. 可变现净值　　D. 现值

E. 公允价值

2. 下列经济事项，遵循谨慎性质量要求的有（　　）。

A. 应收账款计提坏账准备　　B. 固定资产进行加速折旧

C. 计提存货跌价准备　　D. 无形资产计提减值准备

3. 传统会计假设包括（　　）。

A. 会计主体　　B. 会计分期

C. 持续经营　　D. 货币计量

4. 传统会计处理基础包括（　　）。

A. 收付实现制　　B. 权责发生制
C. 及时性原则　　D. 相关性原则

5. 下列各项中属于流动资产有（　　）。
A. 设备　　B. 完工产品
C. 银行存款　　D. 应收账款
E. 专利权

6. 下列属于所有者权益的项目有（　　）。
A. 形成的利润　　B. 出现的亏损
C. 对利润的分配　　D. 投资者投入资本
E. 从银行取得贷款

7. 下列经济业务中，引起资产一增一减的有（　　）。
A. 以银行存款购买设备　　B. 从银行提取库存现金
C. 以银行存款购买材料　　D. 以银行存款偿还前欠货款

8. 下列反映资金运动静态表现的会计要素有（　　）。
A. 资产　　B. 负债　　C. 收入　　D. 利润

9. 资产的特征包括（　　）。
A. 由过去的交易或事项形成
B. 企业日常活动形成的经济利益的总流入
C. 企业拥有或控制的经济资源
D. 预期会给企业带来经济利益的资源

10. 下列属于资产的有（　　）。
A. 机器设备　　B. 数据　　C. 预收账款　　D. 预付账款

## 三、判断题

1. 传统的会计假设主要包括会计主体、持续经营、会计分期、货币计量。（　　）
2. 智能会计核算体系下会计主体裂变为利益共同体。（　　）
3. 智能会计核算体系下持续经营假设裂变为预测试经营。（　　）
4. 智能会计核算体系下会计分期裂变为实时或即时传递。（　　）
5. 智能会计核算体系下货币计量裂变为动态多重计量。（　　）
6. 应收及预收款是资产，应付及预付款是负债。（　　）
7. 利润是收入与成本配比相抵后的差额，是经营成果的最终要素。（　　）
8. 资产按流动性分为流动资产和固定资产。（　　）
9. 无形资产是不具有实物形态的资产，因此土地使用权不属于无形资产。（　　）
10. 所有者权益是投资人对企业全部资产的所有权。（　　）
11. 权益指的就是所有者权益。（　　）
12. 某一财产物资要成为企业的资产，其所有权必须属于企业。（　　）

## 实训题

1. 实训目的：理解权责发生制和收付实现制。

2. 实训资料：20××年 7 月，某企业发生如下经济业务：

（1）销售产品 100 000 元，货款存入银行。

（2）销售产品 50 000 元，货款尚未收到。

（3）付 7—12 月份的租金 60 000 元。

（4）收到上月份应收的销货款 80 000 元。

（5）收到购货单位预付货款 50 000 元，下月交货。

（6）本月应付水电费 8 000 元，下月支付。

3. 实训要求：按权责发生制和收付实现制分别确认该企业 7 月份的收入和费用，并填入表 2-1 中。

**表 2-1　权责发生制和收付实现制下确认的收入和费用**

| 业务号 | 收付实现制 | | 权责发生制 | |
|---|---|---|---|---|
| | 收入 | 费用 | 收入 | 费用 |
| （1） | | | | |
| （2） | | | | |
| （3） | | | | |
| （4） | | | | |
| （5） | | | | |
| （6） | | | | |

# 第三章 会计账户与借贷记账法

## 职业能力目标

### 本章知识点

- 会计科目与会计账户（重点、难点）
- 会计等式
- 借贷记账法（重点）
- 总账与明细账的平行登记

### 学习目标

- 理解会计科目的概念及与会计要素之间的关系
- 熟悉并掌握常用的会计科目
- 掌握会计科目与会计账户间的关系，理解并掌握会计账户的结构与特点及分类
- 理解熟悉并掌握借贷记账法
- 理解会计等式，了解总账与明细账的平行登记

# 第一节　会计科目与会计账户

## 一、会计科目

### （一）会计科目的概念、分类及意义

**1. 会计科目的概念**

会计要素分为六项，但仍难以满足各有关方面对会计信息的需要。例如，所有者需要了解利润构成及其分配情况，负债及其构成情况；债权人需要了解流动比率、速动比率等有关指标，以评判其债权的安全情况；税务机关需要了解企业欠交税金的详细情况等。因此，必须对会计要素做进一步分类，这种对会计要素的具体内容进行分类核算的项目，称为会计科目。设置会计科目的目的是对会计对象的具体内容的科学归类，是进行分类核算与监督的一种方法。

**2. 会计科目的分类**

按其所提供信息的详细程度及其统驭关系不同，会计科目可分为总分类科目和明细分类科目。

总分类科目是对会计要素具体内容进行总括分类，提供总括信息的会计科目，如“应收账款”“应付账款”“原材料”等。

明细分类科目是对总分类科目做进一步分类、提供更详细更具体会计信息的科目，如“应收账款”科目按债务人名称或姓名设置明细科目，反映应收账款的具体对象；“应付账款”科目按债权人名称或姓名设置明细科目，反映应付账款的具体对象；“原材料”科目按原料及材料的类别、品种和规格等设置明细科目，反映各种原材料的具体构成内容。对于明细科目较多的总账科目，可在总分类科目与明细科目之间设置二级或多级科目。

**3. 会计科目的意义**

会计科目是进行各项会计记录和提供各项会计信息的基础，在会计核算中具有重要意义。

（1）会计科目是复式记账的基础。复式记账要求每一笔经济业务在两个或两个以上相互联系的账户中进行登记，以反映资金运动的来龙去脉。

（2）会计科目是编制记账凭证的基础。记账凭证是确定所发生的经济业务应记入何种科目及分门别类登记账簿的凭据。

（3）会计科目为成本核算与财产清查提供了前提条件。通过会计科目的设置，有助于成本核算，使各种成本计算成为可能；而通过账面记录与实际结存的核对，又为财产清查、保证账实相符提供了必备的条件。

### （二）会计科目的设置

**1. 会计科目的设置原则**

会计科目作为向投资者、债权人和企业经营管理者等提供会计信息的重要手段，在其

设置过程中应努力做到科学、合理、适用，需遵循下列原则：

（1）合法性原则。为了保证会计信息的可比性，所设置的会计科目应当符合国家统一的会计制度的规定。

（2）相关性原则。会计科目的设置，应为提供有关各方所需要的会计信息服务，满足对外报告与对内管理的要求。

（3）实用性原则。企业的组织形式、所处行业、经营内容及业务种类等不同，在会计科目的设置上也应有所区别。在合法性的基础上，应根据企业自身特点，设置符合企业需要的会计科目。

**2. 常用的会计科目**

具体会计科目的设置一般从会计要素出发，将会计科目分为资产、负债、共同、所有者权益、成本和损益六大类。参照我国 2006 年国家财政部颁布的《企业会计准则——应用指南》及 2014 年、2017 年等修订的部分会计准则，工业企业常用会计科目的设置如表 3-1 所示。

**表 3-1 工业企业常用会计科目参照表**

| 编号 | 会计科目名称 | 编号 | 会计科目名称 |
|---|---|---|---|
| | 一、资产类 | 1702 | 累计摊销 |
| 1001 | *库存现金 | 1703 | 无形资产减值准备 |
| 1002 | *银行存款 | 1801 | 长期待摊费用 |
| 1012 | *其他货币资金 | 1901 | *待处理财产损溢 |
| 1101 | 交易性金融资产 | | 二、负债类 |
| 1121 | *应收票据 | 2001 | *短期借款 |
| 1122 | *应收账款 | 2201 | *应付票据 |
| 1123 | *预付账款 | 2202 | *应付账款 |
| 1131 | 应收股利 | 2203 | *预收账款 |
| 1221 | *其他应收款 | 2211 | *应付职工薪酬 |
| 1231 | *坏账准备 | 2221 | *应交税费 |
| 1401 | 材料采购 | 2231 | *应付利息 |
| 1402 | *在途物资 | 2232 | *应付股利 |
| 1403 | *原材料 | 2241 | 其他应付款 |
| 1404 | 材料成本差异 | 2501 | *长期借款 |
| 1405 | *库存商品 | 2502 | 应付债券 |
| 1531 | 长期应收款 | 2701 | 长期应付款 |
| 1601 | *固定资产 | | 三、所有者权益类 |
| 1602 | *累计折旧 | 4001 | *实收资本 |
| 1603 | 固定资产减值准备 | 4002 | *资本公积 |
| 1604 | *在建工程 | 4003 | 其他综合收益 |
| 1605 | 工程物资 | 4101 | *盈余公积 |
| 1606 | *固定资产清理 | 4103 | *本年利润 |
| 1701 | *无形资产 | 4104 | *利润分配 |
| | 四、成本类 | 6402 | *其他业务成本 |

续表

| 编号 | 会计科目名称 | 编号 | 会计科目名称 |
|---|---|---|---|
| 5001 | *生产成本 | 6403 | *税金及附加 |
| 5101 | *制造费用 | 6601 | *销售费用 |
| | 五、损益类 | 6602 | *管理费用 |
| 6001 | *主营业务收入 | 6603 | *财务费用 |
| 6051 | *其他业务收入 | 6701 | *资产减值损失 |
| 6061 | 汇兑损益 | 6702 | 信用减值损失 |
| 6101 | *公允价值变动损益 | 6711 | *营业外支出 |
| 6111 | *投资收益 | 6801 | *所得税费用 |
| 6301 | *营业外收入 | 6901 | *以前年度损益调整 |
| 6401 | *主营业务成本 | | |

注：表中科目前带“*”的是基础会计阶段必须熟悉掌握的科目，也是本书业务核算所涉及的科目。

党的二十大报告指出：“全面依法治国是国家治理的一场深刻革命，关系党执政兴国，关系人民幸福安康，关系党和国家长治久安。必须更好发挥法治固根本、稳预期、利长远的保障作用，在法治轨道上全面建设社会主义现代化国家。”本科目表就是在《会计法》的指导下制定的企业会计准则中的基本内容，我国所有制造业都遵循这一准则，本教材处理的业务都执行这套会计科目，我们必须花时间熟悉掌握，遵循准则，这是学习会计的第一道门槛。

## 二、会计账户

### （一）会计账户的概念

会计账户是根据会计科目设置的，具有一定格式和结构，用于分类反映会计要素增减变动情况及其结果的载体。设置会计账户是会计核算的重要方法之一。

在一定期间内，一个企业发生的经济业务种类繁多，经济业务的发生又必然会引起会计要素的增减变动。因此，为了分门别类地核算和监督各项经济业务的发生，及由此引起的会计要素增减变动，以便提供经济管理所需的核算指标，就必须设置会计账户。

### （二）会计账户的基本结构和内容

在理论上，账户的基本结构可分为左方（记账符号为“借”）、右方（记账符号为“贷”）两个方向，一方登记增加，另一方登记减少（见图 3-1）。

| 左方 | ××账户 | | 右方 |
|---|---|---|---|
| 期初余额： | ××× | （期初余额） | |
| 本期增加额： | ××× | 本期减少额： | ××× |
| （本期减少额） | | （本期增加额） | |
| 本期发生额： | ××× | 本期发生额： | ××× |
| 余额 | | （余额） | |

**图 3-1　账户 T 字形结构**

账户中登记本期增加的金额，称为本期增加发生额；登记本期减少的金额，称为本期减少发生额；增减相抵后的差额，称为余额，余额按时间不同，分为期初余额和期末余额。其基本关系如下：

期末余额＝期初余额＋本期增加发生额－本期减少发生额

### （三）会计账户的分类

会计账户的分类等同于会计科目的分类。根据一级科目开设的会计账户，称为总分类账户，简称总账；根据明细科目开设的会计账户，称为明细分类账。明细分类账的设置企业有自主权，根据管理的需求进行开设。

### （四）会计账户与会计科目的联系和区别

会计科目与会计账户都是对会计对象具体内容的分类，两者口径一致，性质相同，会计科目是会计账户的名称，也是设置会计账户的依据，会计账户是会计科目的具体运用。没有会计科目，会计账户便失去了设置的依据；没有会计账户，就无法发挥会计科目的作用。两者的区别是，会计科目仅仅是会计账户的名称，不存在结构，而会计账户则具有一定的格式和结构。两者的联系与区别如表 3－2 所示。

**表 3－2　会计科目与会计账户比较表**

| 项目 | 会计科目 | 会计账户 |
|---|---|---|
| 相同 | 会计账户所记录的经济内容与会计科目所反映的经济内容是一致的。 | |
| 联系 | 会计账户是根据会计科目开设的，是会计科目的具体运用。 | 会计科目是会计账户设置的依据，两者名称相同。 |
| 区别 | 会计账户有结构，能反映会计要素的增减变化。 | 会计科目只是会计要素的分类，本身没有结构。 |

传统会计核算与数智化会计核算都需要设置会计科目与账户，都需要遵循财政部发布的最新会计准则来使用。

# 第二节　会计等式与借贷记账法

## 一、会计等式

前两章讲述了会计要素的概念与确认，理解了各要素之间存在着内在的逻辑关系，可表示为：

（1）资金运动静态情况下会计要素之间的平衡关系是：

资产＝负债＋所有者权益（基本等式）

资产＝权益（基本等式）

（2）资金运动动态情况下会计要素之间的平衡关系是：

收入－费用＝利润

（3）在会计期间任一时刻，上列两个平衡式可以合并为：

资产＝负债＋所有者权益＋（收入－费用）

（4）期末结算时，利润经过分配，上列平衡式又表现为：

资产＝负债＋所有者权益

上述等式均称为会计等式，通常将第一种等式称为会计基本等式或会计恒等式，其他等式都是在这一等式的基础上演变出来的。这一基本等式涵盖了六大要素，揭示了会计要素间的内在联系，即没有无权益的资产也没有无资产的权益，不管经济业务变化前还是变化后，也不管经济业务有多少类型，会计基本等式永恒相等。这一等式决定了借贷记账法的账户结构、记账规则和试算平衡的基本理论，因此说会计恒等式是借贷记账法的理论基础。

## 二、借贷记账法基本内容

借贷记账法是以资产与权益的平衡关系为基础，以“借”和“贷”作为记账符号，以“有借必有贷，借贷必相等”作为记账规则来登记经济业务事项的一种复式记账方法。

### （一）记账符号

借贷记账法是以“借”“贷”两字作为记账符号来记录会计要素项目的增减变化。借贷记账法使用的“借”“贷”两字，已同本来的字义脱节，演变成了一对单纯的记账符号，有其专门的含义。“借”“贷”的含义因账户性质不同而恰好相反。

### （二）会计账户结构

在借贷记账法下，按照其反映的经济内容不同，会计账户可分为资产类、负债类、所有者权益类、成本类和损益类等账户。为了方便记忆，也可以把会计账户分成两大类，即资产类和权益类。科目表中资产类属于资产本身，成本费用由于是资产的耗费，也属于资产，所以成本类和损益类中的费用支出等科目可以划入资产类，与资产类账户具有相似的结构；负债与所有者权益同属于权益，而收入的实现会导致权益的增加，所以损益类中的收入项目就划入权益类账户。除此之外，还可设置共同性（双重性）账户。

**1. 资产类、权益类账户的结构**

由于在会计基本等式中，资产列在等式的左边，负债和所有者权益列在等式的右边，左右两边的数额相等，人们依照传统习惯在账户结构上作出规定：资产因在基本等式的左边，则资产类账户的借方（左方）登记其增加额，贷方（右方）登记其减少额，余额在账户的增加方即借方。权益因在基本等式的右边，则负债、所有者权益类账户的贷方（右方）登记其增加额，借方（左方）登记其减少额，余额在账户的增加方即贷方。

资产类、权益类T形账户的结构如图3－2和图3－3所示。

| 借方 | 资产类账户 | | 贷方 |
|---|---|---|---|
| 期初余额： | ××× | 本期减少额： | ××× |
| 本期增加额： | ××× | | |
| 本期发生额： | ××× | 本期发生额： | ××× |
| 期末余额： | ××× | | |

**图 3-2　资产类账户结构**

期末余额＝期初余额＋本期借方发生额合计－本期贷方发生额合计

| 借方 | 权益类账户 | | 贷方 |
|---|---|---|---|
| 本期减少额： | ××× | 期初余额 | ××× |
| | | 本期增加额： | ××× |
| 本期发生额： | ××× | 本期发生额： | ××× |
| | | 期末余额： | ××× |

**图 3-3　权益类账户结构**

期末余额＝期初余额＋本期贷方发生额合计－本期借方发生额合计

**※2. 共同性质账户结构**

在借贷记账法下，还可以根据实际需要设置共同性质账户。共同性质账户，又称双重性账户，是指具有资产和负债双重性质的账户。设置共同性质账户，可以减少账户数量，使账务处理简便灵活。共同性质账户或只有借方余额，或只有贷方余额，但不可能同时出现借方余额和贷方余额，其账户结构如图 3-4 所示。根据共同性质账户期末余额的方向，可以确定会计账户的性质，如果余额在借方，就是资产类账户；如果余额在贷方，就是负债类账户。

| 借方 | 共同类账户 | | 贷方 |
|---|---|---|---|
| 期初余额（表示债权）： | ××× | 期初余额（表示负债）： | ××× |
| 本期债权增加额： | ××× | 本期债权减少额： | ××× |
| 本期发生额： | ××× | 本期发生额： | ××× |
| 期末余额（表示债权）： | ××× | 期末余额（表示负债）： | ××× |

**图 3-4　共同性质账户结构**

## （三）记账规则

按照复式记账原理，对发生的每一笔经济业务都以相等的金额、相反的方向，同时在两个及以上相互联系的会计账户中进行登记，即在记入一个或几个会计账户借方的同时记入另一个或几个会计账户的贷方，并且记入借方与记入贷方的金额必须相等。因此，借贷记账法的记账规则可简单概括为“有借必有贷，借贷必相等”。

【例 3-1】企业接受某投资者投入资本金 20 000 元，存入银行。

这项业务涉及“实收资本”与“银行存款”两个账户。“实收资本”是权益类账户，增加应计其贷方，“银行存款”是资产类账户，增加应计其借方，账户登记如图 3-5 所示。

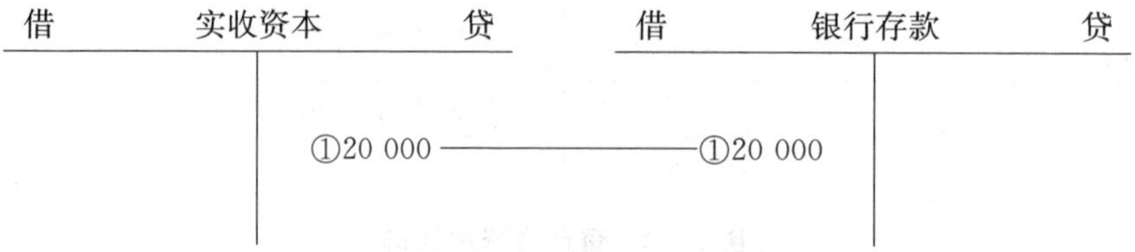


**图 3-5 “实收资本”和“银行存款”账户登记内容**

【例 3-2】企业以银行存款 10 000 元，偿还银行短期借款。

这项业务涉及“银行存款”与“短期借款”两个账户。“银行存款”是资产类账户，减少应计其贷方，“短期借款”是权益类账户，减少应计其借方，账户登记如图 3-6 所示。

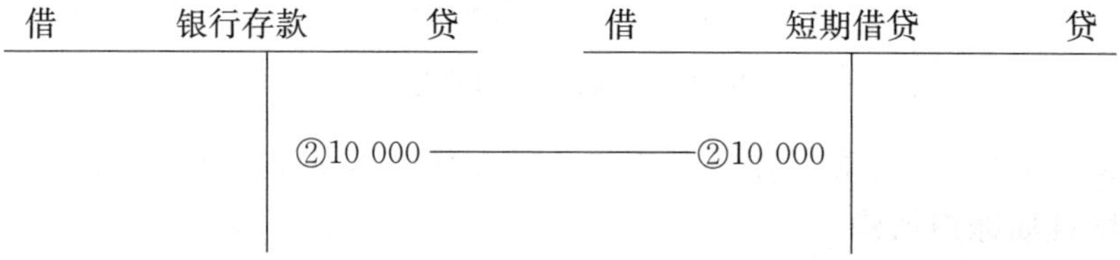


**图 3-6 “银行存款”和“短期借款”账户登记内容**

【例 3-3】企业以应付票据 1 000 元，偿还应付账款。

这项业务涉及“应付票据”与“应付账款”两个账户。“应付票据”是负债类账户，增加应计其贷方，“应付账款”也是负债类账户，减少应计其借方，账户登记如图 3-7 所示。

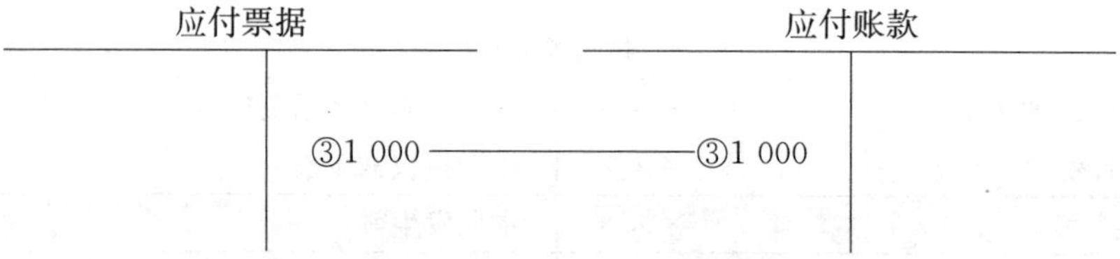


**图 3-7 “应付票据”和“应付账款”账户登记内容**

【例 3-4】企业开出 5 000 元转账支票一张，购买原材料，原材料已验收入库。

这项业务涉及“原材料”与“银行存款”两个账户。“原材料”是资产类账户，增加应计其借方，“银行存款”也是资产类账户，减少应计其贷方，账户登记如图 3-8 所示。

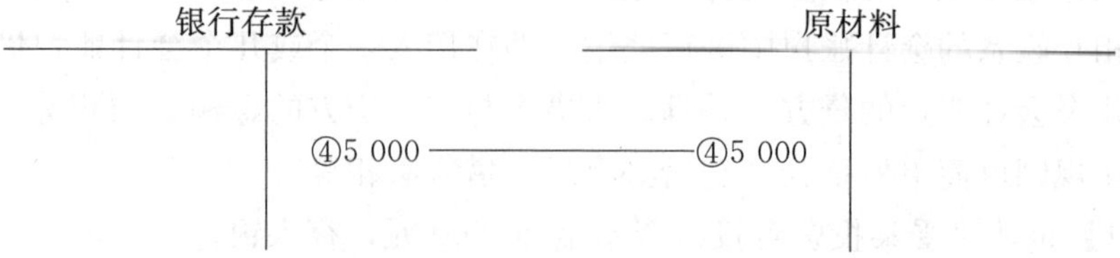


**图 3-8 “银行存款”和“原材料”账户登记内容**

### （四）试算平衡

试算平衡是根据"资产＝负债＋所有者权益"的平衡关系，按照记账规则的要求对本期账户记录进行汇总和比较，以检查和验证账户记录正确性的一种方法。在借贷记账法下，试算平衡方法有余额试算平衡法和发生额试算平衡法两种。

**1. 余额试算平衡法**

根据会计基本等式"资产＝负债＋所有者权益"，运用借贷记账法在会计账户中记录会计事项的结果，计算所有会计账户借贷两方的期初和期末余额合计数是否相等。

全部账户期初借方余额合计＝全部账户期初贷方余额

全部账户期末借方余额合计＝全部账户期末贷方余额合

**2. 发生额试算平衡法**

根据"有借必有贷，借贷必相等"的记账规则，将一定时期（如1个月）内全部经济业务事项的会计分录登记入有关账户后，即可计算所有账户借贷两方的发生额合计数是否相等。

全部账户本期借方发生额合计＝全部账户本期贷方发生额合计

账户余额和发生额的试算平衡，通常是在期末结算各账户的本期发生额和期末余额之后，通过编制试算平衡表来进行的。试算平衡表的格式分两种：一种是将本期发生额和期末余额试算平衡分别列表编制（见表3-3和表3-4）；另一种是将本期发生额和期末余额合并在一张表上进行试算平衡（见表3-5）。

**表3-3　总分类账户本期发生额试算平衡表**

年　　月　　　　单位：元

| 会计科目 | 借方发生额 | 贷方发生额 |
|---|---|---|
| | | |
| 合计 | | |

**表3-4　总分类账户余额试算平衡表**

年　　月　　　　单位：元

| 会计科目 | 借方余额 | 贷方余额 |
|---|---|---|
| | | |
| 合计 | | |

**表3-5　总分类账户本期发生额和余额试算平衡表**

年　　月　　　　单位：元

| 会计科目 | 期初余额 | | 本期发生额 | | 期末余额 | |
|---|---|---|---|---|---|---|
| | 借方 | 贷方 | 借方 | 贷方 | 借方 | 贷方 |
| | | | | | | |
| 合计 | | | | | | |

应当指出的是，试算平衡只是通过借贷金额是否平衡来检查账户记录是否正确。如果借贷不平衡，可以肯定会计账户的记录或计算有错误，应进一步查明原因，予以更正。如

果试算平衡，一般来说，记账正确，但不能绝对肯定记账没有错误。例如，某一项经济业务在记账时被漏记、重记、记账方向相反、错记账户或借贷双方发生同等金额的错误等，都不能通过试算平衡来发现，因为这些记账错误并不影响借贷双方的平衡关系。

## 三、借贷记账法的运用

### （一）会计账户的对应关系

会计账户的对应关系是指运用复式记账法登记经济业务事项时，在有关会计账户之间形成的应借应贷的关系。存在对应关系的会计账户叫作对应账户。会计账户的对应关系清楚地反映了会计要素各有关项目增减变动的来龙去脉。通过会计账户的对应关系，就可以知道每一笔经济业务事项的内容。

对应账户与具体的经济业务事项相联系。例如，从银行提取现金 1 000 元，应分别记入库存现金账户的借方和银行存款账户的贷方。此时，库存现金和银行存款账户之间就形成了账户对应关系。库存现金账户是银行存款账户的对应账户，同时，银行存款账户又是库存现金账户的对应账户。

### （二）会计分录

会计分录是指对每项经济业务事项按照复式记账的要求，分别载明应登记的账户方向、账户名称和金额的一种表达式。

企业发生的经济业务事项十分频繁而且复杂，相应地在会计上需设置许多会计账户系统地予以登记反映。为了准确地反映会计账户的对应关系与登记金额，在每项经济业务事项发生后正式记入会计账户前，必须编制会计分录。

会计分录按其反映经济业务事项的复杂程度，可分为简单会计分录和复合会计分录两种。简单会计分录是由两个对应账户组成的会计分录，即一借一贷的会计分录；复合会计分录，是由三个及以上账户相对应组成的会计分录，即一借多贷、多借一贷或多借多贷的会计分录。一个复合会计分录可分解为几个简单会计分录。

在记账前，及时、准确地编制会计分录（实际工作中是在专用格式的记账凭证上编制。会计分录是记账凭证的核心），可以保证账户记录的准确性，并便于日后查考。【例 3-1】、【例 3-2】、【例 3-3】、【例 3-4】账户间的对应关系可用会计分录表示如下：

| | | | |
|---|---|---|---|
| 【例 3-1】 | 借：银行存款 | 20 000 | |
| | 贷：实收资本 | | 20 000 |
| 【例 3-2】 | 借：短期借款 | 10 000 | |
| | 贷：银行存款 | | 10 000 |
| 【例 3-3】 | 借：应付账款 | 1 000 | |
| | 贷：应付票据 | | 1 000 |
| 【例 3-4】 | 借：原材料 | 5 000 | |
| | 贷：银行存款 | | 5 000 |

**提示**

运用借贷记账法编制会计分录，通常按以下步骤进行：

（1）分析经济业务事项的内容，确定所涉及的账户名称及其类别、性质。

（2）判明会计账户应记金额是增还是减，进一步确定各应记账户的方向，是应借还是应贷。

（3）按一定书写格式标写明经济业务事项的借贷方向、会计科目及其金额。

（4）检查借贷方金额是否相等。

在学习时，还应当注意会计分录的格式：

（1）先借后贷，借贷分行写，且借方与贷方的方向、科目与金额相错一格或两格。

（2）复合会计分录的借方或贷方的文字和金额数字必须分别对齐。

### （三）过账及试算平衡

各项经济业务事项编制会计分录后，即应审核记入有关账户，这个记账过程通常称为“过账”。过账后，一般要在期末进行结账，即结算出各会计账户的本期发生额合计和期末余额，并做到试算平衡。

【例 3－5】20××年 8 月初，某企业有关账户余额如表 3－6 所示。

**表 3－6　企业 20××年 8 月有关账户余额表**　　单位：元

| 账户名称 | 借方金额 | 贷方金额 |
|---|---|---|
| 库存现金 | 500 | |
| 银行存款 | 20 000 | |
| 应收账款 | 1 500 | |
| 原材料 | 71 000 | |
| 固定资产 | 70 000 | |
| 短期借款 | | 33 000 |
| 应付账款 | | 10 000 |
| 实收资本 | | 120 000 |
| 合计 | 163 000 | 163 000 |

该企业 20××年 8 月发生的部分经济业务如下：

（1）接受某投资者投入资本金 20 000 元，存入银行；

（2）企业以银行存款 10 000 元，偿还银行短期借款；

（3）企业以应付票据 1 000 元，偿还应付账款；

（4）企业开出 5 000 元转账支票一张，购买原材料，原材料已验收入库（假设不考虑相关税费）。

第一步，根据本期发生的经济业务编制会计分录。

（1）借：银行存款　　20 000

　　　贷：实收资本　　20 000

（2）借：短期借款　　　　10 000
　　　贷：银行存款　　　　10 000
（3）借：应付账款　　　　1 000
　　　贷：应付票据　　　　1 000
（4）借：原材料　　　　5 000
　　　贷：银行存款　　　　5 000

第二步，过账、结账（见图 3-9～图 3-17）。

| 借方 | 库存现金 | | 贷方 |
|---|---|---|---|
| 期初余额： | 500 | 本期减少额： | ××× |
| 本期增加额： | ××× | | |
| 本期发生额： | ××× | 本期发生额： | ××× |
| 期末余额： | 500 | | |

**图 3-9 “库存现金”账户**

| 借方 | 银行存款 | | 贷方 |
|---|---|---|---|
| 期初余额： | 20 000 | 本期减少额： | 10 000 |
| 本期增加额： | 20 000 | | 5 000 |
| 本期发生额： | 20 000 | 本期发生额： | 15 000 |
| 期末余额： | 25 000 | | |

**图 3-10 “银行存款”账户**

| 借方 | 应收账款 | | 贷方 |
|---|---|---|---|
| 期初余额： | 1 500 | 本期减少额： | ××× |
| 本期增加额： | ××× | | |
| 本期发生额： | ××× | 本期发生额： | ××× |
| 期末余额： | 1 500 | | |

**图 3-11 “应收账款”账户**

| 借方 | 原材料 | | 贷方 |
|---|---|---|---|
| 期初余额： | 71 000 | 本期减少额： | ××× |
| 本期增加额： | 5 000 | | |
| 本期发生额： | 5 000 | 本期发生额： | ××× |
| 期末余额： | 76 000 | | |

**图 3-12 “原材料”账户**

| 借方 | 固定资产 | | 贷方 |
|---|---|---|---|
| 期初余额： | 70 000 | 本期减少额： | ××× |
| 本期增加额： | ××× | | |
| 本期发生额： | ××× | 本期发生额： | ××× |
| 期末余额： | 70 000 | | |

**图 3-13 “固定资产”账户**

| 借方 | | 短期借款 | 贷方 |
|---|---|---|---|
| 本期减少额： | 10 000 | 期初余额： | 33 000 |
| | | 本期增加额： | ××× |
| 本期发生额： | 10 000 | 本期发生额： | ××× |
| | | 期末余额： | 23 000 |

**图 3-14　“短期借款”账户**

| 借方 | | 应付票据 | 贷方 |
|---|---|---|---|
| 本期减少额： | ××× | 期初余额： | ××× |
| | | 本期增加额： | 1 000 |
| 本期发生额： | ××× | 本期发生额： | 1 000 |
| | | 期末余额： | 1 000 |

**图 3-15　“应付票据”账户**

| 借方 | | 应付账款 | 贷方 |
|---|---|---|---|
| 本期减少额： | 1 000 | 期初余额： | 10 000 |
| | | 本期增加额： | ××× |
| 本期发生额： | 1 000 | 本期发生额： | ××× |
| | | 期末余额： | 9 000 |

**图 3-16　“应付账款”账户**

| 借方 | | 实收资本 | 贷方 |
|---|---|---|---|
| 本期减少额： | ××× | 期初余额： | 120 000 |
| | | 本期增加额： | 20 000 |
| 本期发生额： | ××× | 本期发生额： | 20 000 |
| | | 期末余额： | 140 000 |

**图 3-17　“实收资本”账户**

第三步，编制试算平衡表（见表 3-7）。

**表 3-7　企业总分类账户试算平衡表**

20××年 8 月 31 日　　　　单位：元

| 会计科目 | 期初余额 | | 本期发生额 | | 期末余额 | |
|---|---|---|---|---|---|---|
| | 借方 | 贷方 | 借方 | 贷方 | 借方 | 贷方 |
| 库存现金 | 500 | | | | 500 | |
| 银行存款 | 20 000 | | 20 000 | 15 000 | 25 000 | |
| 应收账款 | 1 500 | | | | 1 500 | |
| 原材料 | 71 000 | | 5 000 | | 76 000 | |
| 固定资产 | 70 000 | | | | 70 000 | |
| 短期借款 | | 33 000 | 10 000 | | | 23 000 |
| 应付票据 | | | | 1 000 | | 1 000 |
| 应付账款 | | 10 000 | 1 000 | | | 9 000 |
| 实收资本 | | 120 000 | | 20 000 | | 140 000 |
| 合计 | 163 000 | 163 000 | 36 000 | 36 000 | 173 000 | 173 000 |

# ※第三节　平行登记

## 一、总分类账户与明细分类账户的关系

会计账户的开设应与会计科目的设置相适应，会计科目分为总分类科目和明细分类科目，会计账户也相应地分为总分类账户和明细分类账户。总分类账户所属的各明细分类账户余额总计，应与总分类账户余额相等。因此，总分类账户是明细分类账户的统驭账户，对明细分类账户起着控制作用；明细分类账户则是总分类账户的从属账户，对总分类账户起着辅助和补充作用。两者结合起来就既能概括又能详细地反映同一经济业务事项的核算内容，所以在记账时，总分类账户和明细分类账户总是同时登记的，即是平行登记的。

## 二、总分类账户与明细分类账户的平行登记

平行登记是指对所发生的每项经济业务事项，都要以会计凭证为依据，一方面记入有关总分类账户，另一方面记入有关总分类账户所属明细分类账户的方法。

总分类账户与明细分类账户平行登记要求做到四个要点：

（1）同依据。总分类账户与所属明细分类账户登记的会计凭证相同。

（2）同方向。总分类账户与所属明细分类账户登记的借贷方向相同。

（3）同期间。总分类账户与所属明细分类账户登记的会计期间相同。

（4）同金额。总分类账户与所属明细分类账户登记的合计金额相等。

## 本章复习思维导图

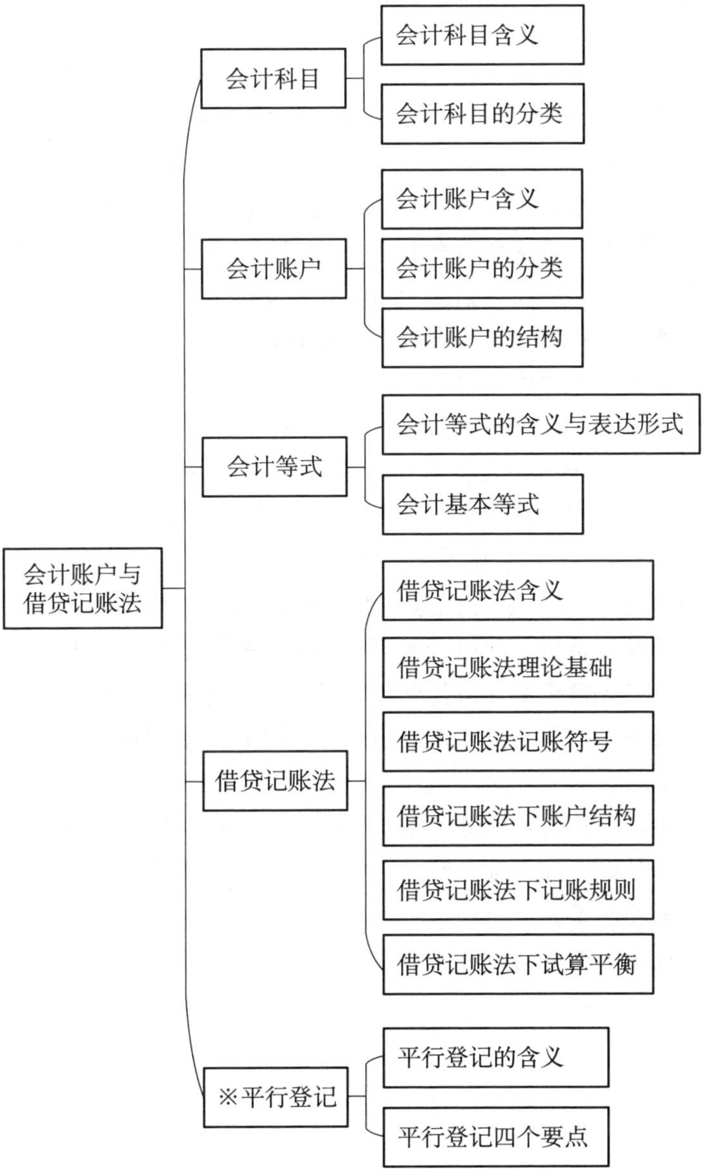


## 讨论与思考

1. 如何理解会计基本等式？
2. 什么是会计科目？什么是会计账户？
3. 什么是借贷记账法？其记账规则如何？
4. 账户的结构应包括哪些要素？在借贷记账法下，账户的具体结构如何？
5. 何谓会计分录？会计分录有哪些类型？

6. 什么是账户的对应关系？理解账户对应关系有什么意义？

## 案例分析

小甄刚从某财经大学会计系毕业，就被聘任为启明公司的会计员。上班第一天，会计科里那些同事们忙得不可开交，他一问才知道，大家正忙着月末结账。“我能做些什么？”会计科长看他那急于投入工作的表情，也想检验一下他的工作能力，问道：“试算平衡表的编制方法在学校学过了吧？”“学过。”小甄很自然地回答。“那好吧，趁大家忙别的事情的时候，你先编一下我们公司这个月的试算平衡表。”科长帮他找到了本公司所有的总账账簿，让他在早已为他准备的办公桌上开始工作。不到一个小时，一张“总分类账户发生额及余额试算平衡表”就完整地编制出来了。看到表格上那相互平衡的3组数字，小甄激动的心情很难予以言表，兴冲冲地向科长交差。

“呀，昨天车间领材料的单据还没记到账上去呢，这也是这个月的业务啊！”会计员李娟说道。还没等小甄缓过神来，会计员小张手里又拿着一些会计凭证凑了过来，对科长说：“这笔账我核对过了，应当记入‘原材料’和‘生产成本’的是10 000元，而不是9 000元。已经入账的那部分数字还得改一下。”

“试算平衡表不是已经平衡了吗？怎么还有错账呢？”小甄不解地问。

科长看他满脸疑惑的神情，就耐心地开导说：“平衡表也不是万能的，像在账户中把有些业务漏记了，借贷金额记账方向彼此颠倒了，还有记账方向正确但记错账户了，这些都不会影响试算表的平衡。像小张才发现的把两个账户的金额同时记多了或记少了，也不会影响试算表的平衡。”

小甄边听边点头，心里想：这些内容好像老师在讲授“基础会计”课程的时候也说过，以后在实践中还得好好琢磨呀。经过一番调整，一张真实反映公司本月经济业务的试算平衡表在小甄手里诞生了。

**试讨论分析：**试算平衡表的作用。

## 客观题

### 一、单选题

1. 复式记账法是对每项经济业务都必须用相等的金额在两个及以上账户中同时登记，其登记的账户是（　　）。

A. 资产类账户　　B. 权益类账户
C. 相互联系对应账户　　D. 总分类账户和明细分类账户

2.（　　）是对会计要素具体内容的进一步系统地分类的项目名称。

A. 会计科目　　B. 账户　　C. 会计对象　　D. 会计目标

3. 会计账户的开设依据是（　　）。

A. 会计科目　　B. 会计要素　　C. 对象　　D. 会计方法

4. 在复合会计分录“借：固定资产 50 000，贷：银行存款 30 000，应付账款 20 000”中，“银行存款”账户的对应账户是（　　）。

A. 应付账款　　B. 银行存款

C. 固定资产　　D. 固定资产和应付账款

5. 在借贷记账法下，一般不编制多借多贷会计分录，是由于（　　）

A. 编制手续复杂，不便于记账　　B. 不能清晰反映账户间的对应关系

C. 会计制度不允许　　D. 不符合记账规则

6. 在编制“总分类账户试算平衡表”中，若出现三对平衡数字，则（　　）。

A. 全部总账账户记录一定正确

B. 全部总账账户记录也不能认为肯定无错

C. 全部明细分类账户记录一定正确

D. 全部明细分类账户记录也不能认定为无错

7. 复式记账法的理论依据是（　　）。

A. 资产＝负债＋所有者权益

B. 借方发生额＝贷方发生额

C. 期初余额＋本期增加数－本期减少数＝期末余额

D. 收入－费用＝利润

8. 在借贷记账法下，账户的何方计增加，何方计减少，取决于（　　）。

A. 账户的格式　　B. 账户的性质和结构

C. 账户的用途　　D. 账户反映的经济内容

9. 收入类账户的结构与资产类账户的结构（　　）。

A. 一致　　B. 无关　　C. 基本相同　　D. 相反

## 二、多选题

1. 下列关于资产类账户的说法中，表述正确的有（　　）。

A. 借方登记增加数，贷方登记减少数

B. 借方期初余额与本期借方发生额一定不小于本期贷方发生额

C. 借方登记减少数，贷方登记增加数

D. 期末余额一般在借方

E. 方本期发生额一定大于贷方发生额

2. 在借贷记账法下，复合会计分录表现为（　　）。

A. 一借一贷　　B. 一借多贷

C. 多借一贷　　D. 多借多贷

E. 同借同贷

3. 采用复式记账法在账户中登记经济业务的优点包括（　　）。

A. 可根据账户记录了解每项经济业务的来龙去脉，观察经济业务的过程和结果

B. 可通过核对账户记录进行试算平衡，检查账户记录的正确性

C. 账户记录的结果不会打破会计等式

D. 比单式记账法科学严密

E. 账户设置完整，各账户间有严密的对应关系

4. 在借贷记账法下，“借”和“贷”作为记账符号（　　）。

A. 在账户结构上，可表示两个对立的部位

B. “借”和“贷”等于“增”和“减”

C. 表示债权和债务

D. 表示“借主”和“贷主”

E. 在金额的增减变化上，可表示“增加”或“减少”

5. 采用借贷记账法记录同一笔经济业务时（　　）。

A. 要么引起会计要素有关账户的同增同减变化，必然是有借有贷

B. 要么引起会计要素有关账户的有增有减变化，必然是有借有贷

C. 记入借方账户的金额必然与记入贷方账户的金额相等

D. 记入一个账户的借方，则也应记入另一个账户的借方，这叫平行登记

E. 以上表述均正确

6. 在试算平衡中难以发现的错误包括（　　）。

A. 全部漏记或重记同一经济业务

B. 借贷双方发现同样金额的记账错误或过账错误

C. 过账时，账户记录发生了其中一个账户记账方向的错误

D. 记错了有关账户

E. 借贷双方中一方多记金额，一方少记金额

7. 借贷记账法下的试算平衡是由（　　）决定的。

A. “有借必有贷、借贷必相等”的规则　　B. “资产＝权益”的会计等式

C. 账户的分类　　D. 账户的结构

8. 企业用银行存款偿还应付账款，引起会计要素变化的有（　　）。

A. 资产增加　　B. 资产减少　　C. 负债增加　　D. 负债减少

9. 下列账户中，在会计期末一般没有余额的账户有（　　）类账户。

A. 资产　　B. 负债

C. 所有者权益　　D. 收入

E. 费用

10. 采用借贷记账法时，会计账户的借方一般用来登记（　　）。

A. 资产的增加　　B. 负债的增加

C. 所有者权益的减少　　D. 收入的减少

E. 费用的增加

11. 采用借贷记账法时，用贷方登记增加数的会计账户有（　　）。

A. 应付账款　　B. 实收资本

C. 累计折旧　　D. 预付账款

E. 本年利润

### 三、判断题

1. 单式记账法下，对任何一项经济业务都不用两个或两个以上的账户进行登记反映。（　　）

2. 借贷二字不仅是作为记账符号，其本身和含义也应考虑，“借”只能表示债权增加，“贷”只能表示债务增加。（　　）

3. 借贷记账法账户的基本结构是：左方为借方，右方为贷方。（　　）

4. 在借贷记账法下，“原材料”和“银行存款”是对应账户。（　　）

5. 根据账户记录编制试算平衡表以后，如果所有账户的借方发生额同所有账户的贷方发生额相等，则说明会计分录的编制和账户的登记是正确的。（　　）

6. 复合会计分录可以是由几个简单会计分录复合而成的。（　　）

7. 资产类账户期末借方余额＝期初借方余额＋本期借方发生额－本期贷方发生额。（　　）

8. 账户的借方是增加方，贷方是减少方。（　　）

9. 会计的基本等式是：资产＝负债＋所有者权益。（　　）

10. 会计科目是会计要素的具体细分。（　　）

## 实训题

### 实训一

1. 实训目的：分析会计账户的分类。

2. 实训资料：下列会计账户有总分类账户，也有明细分类账户。

(1) 原材料　(2) 短期借款　(3) 甲材料

(4) 应收A公司货款　(5) 应付M公司货款　(6) 固定资产

(7) 生产成本　(8) 房屋与建筑物　(9) 机器设备

(10) 实收资本　(11) 预付账款　(12) 应付账款

(13) 预收账款　(14) 乙材料　(15) 应收账款

3. 实训要求：

(1) 分析上述会计账户哪些是总分类账户，哪些是明细分类账户。

(2) 将上述账户按其性质分类，并填入表3-8中。

**表3-8　账户性质分类**

| 资产类 | 负债类 | 所有者权益 | 成本类 |
| --- | --- | --- | --- |
| | | | |

### 实训二

1. 实训目的：练习经济业务对会计恒等式的影响。

2. 实训资料：20××年8月31日，甲公司的资产、负债和所有者权益账户余额如表3-9所示。

**表3-9 账户余额表**

编制单位：甲公司　　20××年8月31日　　单位：元

| 资产 | 金额 | 负债及所有者权益 | 金额 |
|---|---|---|---|
| 库存现金 | 5 000 | 负债 | |
| 银行存款 | 100 000 | 短期借款 | 300 000 |
| 应收账款 | 200 000 | 应付账款 | 150 000 |
| 预付账款 | 50 000 | 应交税费 | 5 000 |
| 材料采购 | 100 000 | 负债合计 | 455 000 |
| 原材料 | 200 000 | 所有者权益 | |
| 库存商品 | 150 000 | 实收资本 | 500 000 |
| 固定资产 | 400 000 | 盈余公积 | 200 000 |
| | | 未分配利润 | 50 000 |
| 合计 | 1 205 000 | 合计 | 1 205 000 |

9月份，该公司发生如下经济业务（暂不考虑增值税）：

(1) 投资者追加投资100 000元，已存入银行。

(2) 向甲公司购买材料共计款项200 000元，款项未付。

(3) 用银行存款交纳上月税金5 000元。

(4) 归还银行借款100 000元。

(5) 收到上月销货款100 000元，存入银行。

(6) 以银行存款购买电脑一台，价值15 000元。

(7) 上月采购的材料100 000元，已经验收入库。

(8) 用银行存款偿还前欠M公司的购料款100 000元。

(9) 出售库存商品一批，售价150 000元，成本100 000元，款项已收存银行。

3. 实训要求：分析上述经济业务对会计恒等式的影响；计算上述经济业务发生后，会计等式中各要素的金额，并验证其是否平衡。

### 实训三

1. 实训目的：练习账户期初余额、本期发生额和期末余额的关系。

2. 实训资料：20××年8月，乙公司有关账户资料如表3-10所示。

表 3-10　账户余额与发生额

编制单位：乙公司　　20××年 8 月　　单位：元

| 账户名称 | 月初余额 | 本期借方发生额 | 本期贷方发生额 | 月末余额 |
|---|---|---|---|---|
| 库存现金 | 5 000 | 120 000 | 115 000 | |
| 银行存款 | 300 000 | | 405 000 | 350 000 |
| 应收账款 | 150 000 | 250 000 | | 100 000 |
| 固定资产 | 400 000 | 200 000 | 500 000 | |
| 实收资本 | 500 000 | | 100 000 | 600 000 |
| 短期借款 | 300 000 | 100 000 | | 400 000 |
| 预收账款 | 100 000 | | 200 000 | 150 000 |

3. 实训要求：根据各账户结构关系，填写上述表格的空格。

## 实训四

1. 实训目的：练习借贷记账法。

2. 实训资料：

20××年 8 月 31 日，春秋公司各总分类账户余额如表 3-11 所示。

表 3-11　总分类账户余额

编制单位：春秋公司　　20××年 8 月 31 日　　单位：元

| 资产 | 金额 | 负债及所有者权益类 | 金额 |
|---|---|---|---|
| 库存现金 | 8 000 | 短期借款 | 400 000 |
| 银行存款 | 150 000 | 应付账款 | 58 000 |
| 应收账款 | 150 000 | 实收资本 | 600 000 |
| 生产成本 | 100 000 | | |
| 原材料 | 50 000 | | |
| 库存商品 | 200 000 | | |
| 固定资产 | 400 000 | | |
| 合计 | 1 058 000 | 合计 | 1 058 000 |

3. 春秋公司 9 月份发生如下经济业务（暂不考虑增值税）：

（1）投资者追加投资 200 000 元，款项已收存银行。

（2）购入材料 50 000 元，已经验收入库，款项未付。

（3）用银行存款偿还应付商品购货款 50 000 元。

（4）生产车间领用材料 50 000 元。

（5）收到上月的销货款 100 000 元，存入银行。

（6）销售库存商品一批，售价 200 000 元，成本 150 000 元，收到一张面值 180 000 元的支票和现金 20 000 元。

（7）用银行存款购买设备 50 000 元。

（8）本月车间生产产品入库一批，成本为 120 000 元。

(9) 向银行借入期限为 1 年的借款 100 000 元。

4. 实训要求:

(1) 根据上述经济业务编制相关会计分录。

(2) 开设“丁”字形账户，登记各账户的期初余额、本期发生额，并结计期末余额。

(3) 编制该公司“总分类账户试算平衡表”。

# 第四章 借贷记账法的运用

## ——工业企业主要业务的核算

### 职业能力目标

#### 本章知识点

◆ 资金筹集业务的核算（重点）
◆ 供应过程业务的核算（重点、难点）
◆ 生产过程业务的核算（重点、难点）
◆ 销售过程业务的核算（重点）
◆ 财务成果业务的核算（重点、难点）

#### 学习目标

◆ 掌握借贷记账法的具体运用

◆ 熟悉资金筹集、供应过程、生产过程、销售过程、财务成果的形成与分配业务的具体经济内容

◆ 掌握工业企业资金筹集、供应过程、生产过程、销售过程、利润的形成与分配等业务应设置的账户及具体会计业务的处理

从会计发展的历史看，工业企业的出现对会计理论和技术的进步产生了重大的影响，如大量复杂产品的制造导致成本计算方法的产生，机器的使用孕育了折旧概念的诞生等。经济业务的复杂化，要求会计有相应的理论和方法去适应，如费用的归集与分配、成本的计算与结转、营业收入的确认与计量、利润的确定与分配，以及会计报表的编制与分析利用等。

前一章比较详细地阐述了会计科目、会计账户和复式记账法的基本原理，本章将以经济活动最为复杂、最具代表性的工业企业为例，系统地说明如何设置一套完整的会计账户体系，运用借贷记账法来处理日常经济业务产生的数据。通过学习，初步了解工业企业的主要经济业务的核算，如资金筹集、供应过程、生产过程、销售过程和财务成果等业务，进一步深化对会计科目与会计账户、复式记账法这两种会计专门方法的认识、理解和运用。

# 第一节　资金筹集业务的核算

**资金筹集业务：合规融资与诚信经营**

资产是企业进行生产经营活动的物质基础。对于任何一个企业而言，其资产形成的资金来源主要有两条渠道：一是投资人的投资及其增值，形成投资人的权益，该部分业务可以称为权益资金筹集业务；二是债权人借出的，形成债权人的权益，该部分业务可以称为负债资金筹集业务。前者形成企业的所有者权益，后者形成企业的负债，一般将债权人的要求权和投资人的要求权统称为权益。

## 一、所有者权益资金筹集业务的核算

一般来说，法人企业所有者权益主要由实收资本、资本公积、其他综合收益、盈余公积和未分配利润组成。其中，实收资本和资本公积是所有者直接投入企业的资本和资本溢价，一般也将实收资本和资本公积称为投入资本；其他综合收益是企业根据其他会计准则规定，未在当期损益中加以确认的各项利得和损失；盈余公积和未分配利润则是企业在经营过程中所实现的利润留存于企业的部分，称为留存收益。本节着重介绍实收资本和资本公积金业务的核算，留存收益的核算将在后面章节进行介绍。

### （一）实收资本

实收资本是指企业的投资者按照企业章程或合同、协议的约定，实际投入企业的资本金。按投资主体的不同，实收资本可分为国家资本金、法人资本金、个人资本金和外商资本金；按投资者投入资本物质形态的不同，实收资本可分为接受货币资金投资、接受实物投资、接受有价证券投资和接受无形资产投资等。

我国目前实行的是注册资本制度，要求企业的实收资本应与注册资本相一致。企业接受各方投资者投入的资本金应遵守资本保全制度的要求，除法律、法规有规定者外，不得随意抽回，在经营过程中实现的收入、发生的费用，以及在财产清查中发现的盘盈、盘亏等都不得直接增减投入资本。

投入资本按照实际收到的投资额入账。收到货币资金投资的，应以实际收到的货币资金额入账，收到的是实物等其他形式投资的，应以双方协议或评估确认的价值入账。对于实际收到的货币资金额或投资各方确认的资产价值超过其在注册资本中所占份额的部分，作为超面额缴入资本，称为资本溢价，计入资本公积。“实收资本”账户结构如图 4－1 所示。

| 借　　　　　　实收资本 | 贷 |
|---|---|
| 减少额 | 期初余额<br>增加额 |
| 本期发生额 | 本期发生额 |
| | 期末余额 |

**图 4－1　“实收资本”账户结构图**

## （二）资本公积

资本公积是投资者或他人投入到企业、所有权归属投资者并且金额上超过法定资本部分的资本，以及直接计入所有者权益的利得或损失等，是企业所有者权益的重要组成部分。资本公积实质上是一种准资本，是资本的一种储备形式。但是，资本公积与实收资本又有一定的区别，实收资本是股东为谋求价值增值而对公司的一种原始投入，属于公司的法定资本；资本公积可以来源于投资者的额外投入，也可以来源于直接计入所有者权益的利得或损失等，它的主要用途是转增资本，即在办理增资手续后用资本公积转增实收资本。

为了反映和监督资本公积的增减变动及其结余情况，会计上应设置“资本公积”账户。该账户属于所有者权益类账户，其贷方登记从不同渠道取得的资本公积、直接计入所有者权益的利得，即资本公积的增加数；借方登记资本公积转增资本、直接计入所有者权益的损失，即资本公积的减少数；期末余额在贷方，表示资本公积的期末结余数。“资本公积”账户结构，如图 4－2 所示。

| 借　　　　　　资本公积 | 贷 |
|---|---|
| 减少额 | 期初余额<br>增加额 |
| 本期发生额 | 本期发生额 |
| | 期末余额 |

**图 4－2　“资本公积”账户结构**

【例 4－1】甲公司收到某公司投入设备一套入股，设备经双方确认其价值为 2 000 000 元。

这项经济业务的发生，一方面使公司的固定资产增加 2 000 000 元，另一方面使公司的实收资本增加 2 000 000 元，涉及“固定资产”和“实收资本”两个账户。编制的会计分录如下：

借：固定资产　　　　2 000 000
　贷：实收资本　　　　2 000 000

【例 4－2】甲公司接受 A 公司投资 5 000 000 元，其中 4 500 000 元作为实收资本，另 500 000 元作为资本公积，公司收到投资后存入银行，其他手续已办妥。

这项经济业务的发生，一方面使公司的银行存款增加 5 000 000 元，另一方面使公司的实收资本增加 4 500 000 元，资本公积增加 500 000 元，涉及“银行存款”“实收资本”“资本公积”三个账户。编制的会计分录如下：

借：银行存款　　　　5 000 000
　贷：实收资本　　　　4 500 000
　　资本公积　　　　500 000

【例 4－3】甲公司经股东会批准，将公司资本公积 300 000 元转增资本。

这项经济业务的发生，一方面使公司的资本公积减少 300 000 元，另一方面使公司的实收资本增加 300 000 元，涉及“实收资本”和“资本公积”两个账户。编制的会计分录如下：

借：资本公积　　　　300 000
　贷：实收资本　　　　300 000

## 二、负债资金筹集业务的核算

当企业为了取得生产经营所需的资金、商品或劳务等而向银行或非银行金融机构借款，就形成了企业同其他经济实体之间的债务关系。按其偿还期限的长短，负债可分为流动负债和非流动负债。

### （一）短期借款业务的核算

**1. 短期借款的概念**

短期借款是指企业为了满足其生产经营对资金的临时需要而向银行或其他金融机构等借入的偿还期限在 1 年以内（含 1 年）的各种借款。短期借款必须按期归还本金并按时支付利息。

**2. 短期借款核算的账户设置**

（1）“短期借款”账户。该账户的性质属于负债类，用来核算企业向银行或其他金融机构借入的期限在 1 年以内（含 1 年）的各种借款的增减变动及结余情况。其贷方登记取得的短期借款，即短期借款本金的增加；借方登记短期借款的偿还，即短期借款本金的减少；期末余额在贷方，表示企业尚未偿还的短期借款的本金结余额。短期借款应按照债权人的不同设置明细账户，并按照借款种类进行明细分类核算。

（2）“财务费用”账户。该账户的性质属于损益类，用来核算企业为筹集生产经营所需资金等而发生的各种筹资费用，包括利息支出（减利息收入）、佣金、汇兑损失（减汇兑收益）和相关的手续费等，企业在赊销商品产品过程中产生的现金折扣也在该账户核算。其借方登记发生的财务费用，贷方登记发生的应冲减财务费用的利息收入、汇兑收益及期末转入“本年利润”账户的财务费用净额（即财务费用支出大于收入的差额，如果收入大于支出则进行反方向的结转）。经过结转之后，该账户期末没有余额。财务费用应按照费用项目设置明细账户，进行明细分类核算。

（3）“应付利息”账户。该账户性质属于负债类，用来核算应付而未付银行利息。其借方登记已支付银行的利息；贷方登记应支付利息的增加额；余额在贷方，表示尚未支付的利息。在数智化会计循环下，权责发生制已被弱化，银行利息多数按月支付，该账户的使用率降低。

**3. 短期借款利息的账务处理**

（1）若当期支付当期的利息，利息费用直接计入当期的财务费用；若利息数不大时，利息费用的处理可以灵活执行收付实现制，每期不需计息，即不通过“应付利息”账户，而是直接计入财务费用。实际付息时做账：

借：财务费用

贷：银行存款

（2）当利息数较大时，且到期还本按季结息或到期一次性付息时，利息费用的处理需执行权责发生制。

1）每期期末提前计息做账：

借：财务费用

贷：应付利息

2）当向银行付息时做账：

借：应付利息

贷：银行存款

【例 4-4】甲公司因生产经营的临时性需要，于 2025 年 4 月 15 日向银行申请取得期限为 6 个月的借款 1 000 000 元，存入银行（假定利息数额较大）。

这项经济业务的发生，一方面使公司的银行存款增加 1 000 000 元，另一方面使公司的短期借款增加 1 000 000 元，涉及“银行存款”和“短期借款”两个账户。编制的会计分录如下：

| | | |
|---|---|---|
| 借：银行存款 | 1 000 000 | |
| 贷：短期借款 | | 1 000 000 |

【例 4-5】承前例，假如甲公司取得的借款年利率为 6%，利息按季度结算，计算 4 月份应负担的利息。

这项经济业务的发生，首先应按照权责发生制原则的要求，计算本月应负担的利息额。本月应负担的借款利息为 2 500（1 000 000×6%÷12×15÷30）元。借款利息属于企业的一项财务费用，由于利息是按季度结算的，所以本月的利息虽然在本月计算并由本月来负担，但却不在本月实际支付，因而形成企业的一项负债。因此，这项经济业务涉及“财务费用”和“应付利息”两个账户。编制的会计分录如下：

借：财务费用　　2 500

　贷：应付利息　　2 500

【例 4－6】承上例，6 月末，甲公司用银行存款 12 500 元支付本季度的银行借款利息。

这项经济业务实际上是偿还银行借款利息的业务。一方面使公司的银行存款减少 12 500 元，另一方面使公司的应付利息减少 12 500 元，涉及“银行存款”和“应付利息”两个账户。编制的会计分录如下：

借：应付利息　　12 500

　贷：银行存款　　12 500

【例 4－7】承上例，10 月 16 日，甲公司用银行存款 1 000 000 元偿还到期的银行临时借款。

这项经济业务的发生，一方面使公司的银行存款减少 1 000 000 元，另一方面使公司的短期借款减少 1 000 000 元，涉及“银行存款”和“短期借款”两个账户。编制的会计分录如下：

借：短期借款　　1 000 000

　贷：银行存款　　1 000 000

**提示**

作为借贷企业要本着谨慎、务实的做法，做事要未雨绸缪，提高企业本身的抗风险能力；作为会计人员在进行会计处理的同时，也应明确法律的规定，做到诚实、守信、知法、守法，并在借款工作中引导单位财务和管理人员知法、守法，不违背法律、不违背职业道德。借款利息作为筹资成本，在债务决策时应提前做好预判，会计人员应具备精打细算的成本意识及风险意识。

### ※（二）长期借款业务的核算

**1. 长期借款的概念**

长期借款是企业向银行及其他金融机构借入的偿还期限在 1 年以上或超过 1 年的一个营业周期以上的各种借款。一般来说，企业举借长期借款，主要是用于固定资产的购建、改扩建工程、大修理工程、对外投资及为了保持长期经营能力等。在会计核算中，应当区分长期借款的性质，按照申请获得贷款时实际收到的贷款数额进行确认和计量，并按照规定的利率和使用期限定期计息。贷款到期，企业应当按照借款合同的规定按期清偿借款本息。

**2. 长期借款的账务处理**

按照《企业会计准则》的规定，长期借款的利息费用，应按照权责发生制原则的要求，按期预提计入所购建资产的成本（即予以资本化）或直接计入当期损益（财务费用）。具体而言：在该长期借款所进行的长期工程项目完工之前发生的利息，应将其资本化，计入该工程成本；在工程完工达到可使用状态之后产生的利息支出，应停止借款费用资本化而予以费用化，在利息费用发生的当期直接计入当期损益（财务费用）。

为了核算长期借款本金及利息的取得和偿还情况，需要设置"长期借款"账户。该账户的性质属于负债类，用来核算企业从银行或其他金融机构取得的长期借款的增减变动及结余情况。其贷方登记长期借款本金的增加数；借方登记长期借款本金的减少数；期末余额在贷方，表示尚未偿还的长期借款本金的结余额。长期借款本金与利息结算方式一般是到期还本、按年付息。在到期还本、按年付息结算方式下，长期借款应开设"本金""利息调整"两个二级账户，"利息调整"用来核算合同利率和实际利率之差，在"财务会计"课程中将进一步学习，这里假设合同利率与实际利率相等，无须利息调整。

长期借款的账务处理，如表 4－1 所示。

**表 4－1　长期借款的账务处理**

| 情形 | 账务处理 |
|---|---|
| 取得长期借款时 | 借：银行存款<br>　贷：长期借款——本金 |
| 每年计息时 | 借：在建工程（财务费用）<br>　贷：应付利息 |
| 每年实际付息时 | 借：应付利息<br>　贷：银行存款 |
| 到期偿还本金时 | 借：长期借款——本金<br>　贷：银行存款 |

【例 4－8】甲公司为购建一条新的生产线（工期 2 年），于 20××年 1 月 1 日向中国银行取得期限为 3 年的人民币借款 5 000 000 元，存入银行。该借款合同利率为 8%，合同规定到期还本按年付息，假设合同利率与实际利率相等，该借款在购建生产线时一次付清。甲公司账务处理如下：

（1）20××年 1 月 1 日，取得这笔长期借款时，编制的会计分录如下：

借：银行存款　　5 000 000

　贷：长期借款　　5 000 000

（2）第一年年末计息时，利息的计算与编制的会计分录如下：

应付利息＝5 000 000×8%＝400 000（元）

借：在建工程　　400 000

　贷：应付利息　　400 000

实际付息时，编制的会计分录如下：

借：应付利息　　400 000

　贷：银行存款　　400 000

第二年年末会计分录同第一年。

（3）第三年年末计息时，编制的会计分录如下：

借：财务费用　　400 000

　贷：应付利息　　400 000

实际付息时，编制的会计分录如下：

借：应付利息　　400 000

　贷：银行存款　　400 000

（4）第三年到期归还本金时，编制的会计分录如下：

借：长期借款　　5 000 000

　贷：银行存款　　5 000 000

## 第二节　供应过程业务的核算

**供应过程业务：成本管控与廉洁自律**

供应过程是为生产产品做准备的过程，企业必须准备劳动资料（即购建厂房、建筑物和机器设备等固定资产）和劳动对象（即购买原材料）等。因此，固定资产购建业务和材料采购业务的核算，就成为企业供应过程业务核算的主要内容。企业固定资产购建业务不常发生，本节主要讲述材料采购业务的核算。

按照我国会计规范规定，企业原材料的日常核算可以按实际成本计价核算，也可以按计划成本计价核算。企业采用计划成本核算的原材料成本实质上也是原材料的实际成本，只不过是要通过“材料成本差异”账户将计划成本调整为实际成本。对于这两种原材料计价核算方法，企业根据具体情况可以自行决定。

### 一、主要业务内容及材料采购成本的构成

企业要进行正常的产品生产经营活动，就必须购买和储备一定品种和数量的原材料，原材料是企业生产产品不可缺少的物质要素。在生产过程中，材料经过加工而改变其原来的实物形态，构成产品主要实体的一部分，或实物消失而有助于产品的生产。原材料通常都是向外单位采购而得。

在材料采购过程中，一方面是企业从供应单位购进各种材料，要计算购进材料的采购成本；另一方面企业要按照经济合同和约定的结算办法支付材料的买价和各种采购费用，并与供应单位发生货款结算关系。在材料采购业务的核算过程中，还涉及增值税进项税额的计算与处理问题。采购业务和计算业务是材料采购业务核算的主要内容。

工业企业原材料核算一个非常重要的问题就是原材料成本的确定，包括取得原材料成本的确定和发出原材料成本的确定。不同方式取得的原材料，其成本的确定方法不同，成本构成内容也不同。其中购入的原材料，其实际成本由以下几项内容组成：

（1）买价：即购货发票注明的货款金额。

（2）采购费用：指采购过程中的外地运杂费，即自供货者单位至本企业所在地车站、码头或仓库前所发生的应由本企业负担的运输费、包装费、装卸费、保险费和仓储费等。

（3）材料在运输途中发生的合理损耗：即购入散装、易碎或易挥发的材料时，在运输途中所产生的定额内合理损耗。超定额损耗除由责任者赔偿外，其余计入管理费用。

（4）材料入库之前发生的整理挑选费用：即材料入库前发生的技术性检验及整理挑选费用，还包括挑选中发生的损耗，并扣除下脚料、废料的价值。

（5）其他费用：如大宗物资的市内运杂费等。这里需要注意的是，市内零星运杂费、采购人员的差旅费及采购机构的经费等不构成材料的采购成本，而是计入期间费用。

（6）税费：按规定应计入材料采购成本的各种税费，如进口材料的关税等。

企业材料可以按照实际成本计价组织收发的核算，也可以按照计划成本计价组织收发核算。

## 二、材料按实际成本计价的核算

原材料日常的收发核算按照实际成本计价，其特点是从材料的收、发凭证到材料明细分类账和总分类账全部按实际成本（购入材料的实际成本＝实际买价＋采购费用）计价。

### （一）账户设置

**1. “在途物资”账户**

“在途物资”账户的性质属于资产类，用来核算企业采用实际成本进行材料、商品等物资的日常核算、货款已付尚未验收入库的各种物资（即在途物资）的采购成本。其借方登记企业购入的在途物资的实际成本；贷方登记验收入库的在途物资的实际成本；期末余额在借方，表示企业在途物资的采购成本。该账户应按物资品种进行明细分类核算。

**2. “原材料”账户**

“原材料”账户的性质属于资产类，用来核算企业库存材料实际成本的增减变动及结存情况。其借方登记已验收入库材料实际成本的增加；贷方登记发出材料的实际成本；期末余额在借方，表示库存材料实际成本的期末结余额。该账户应按材料的保管地点、材料的种类或类别设置明细账户，进行明细分类核算。

“在途物资”和“原材料”账户的结构如图 4－3 所示。

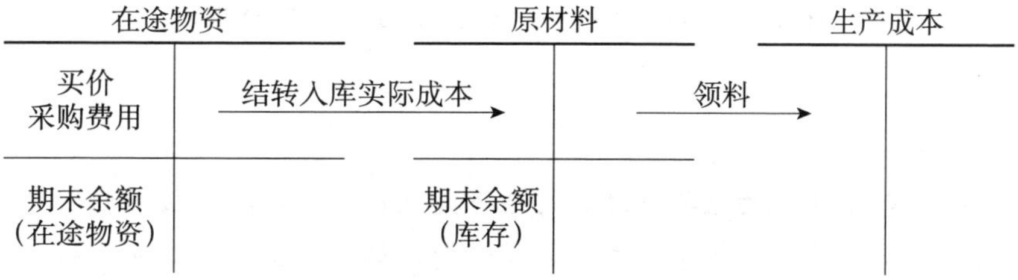


**图 4－3　“在途物资”与“原材料”账户结构图**

**3. “应付账款”账户**

“应付账款”账户的性质属于负债类，用来核算企业单位因购买材料物资、接受劳务供应而与供应单位发生的结算债务的增减变动及结余情况。其贷方登记应付供应单位款项（买价、税金和代垫运杂费等）的增加；借方登记应付供应单位款项的减少（即偿还）；期末余额一般在贷方，表示尚未偿还的应付款的结余额。该账户应按供应单位的名称设置明细账户，进行明细分类核算。

**4. “预付账款”账户**

“预付账款”账户的性质属于资产类，是用来核算企业按照合同规定向供应单位预付购料款而与供应单位发生的结算债权的增减变动及结余情况。其借方登记结算债权的增加（即预付款的增加）；贷方登记收到供应单位提供的材料物资而应冲销的预付款债权（即预付款的减少）；期末余额一般在借方，表示尚未结算的预付款的结余额。该账户应按供应单位的名称设置明细账户，进行明细分类核算。

**5. “应付票据”账户**

“应付票据”账户的性质属于负债类，是用来核算企业单位采用商业汇票结算方式购买材料物资等而开出、承兑商业汇票的增减变动及结余情况的账户。其贷方登记企业开出、承兑商业汇票的增加；借方登记到期商业汇票的减少；期末余额在贷方，表示尚未到期的商业汇票的期末结余额。该账户不设置明细账户，但要设置“应付票据备查簿”登记其具体内容。

**6. “应交税费”账户**

“应交税费”账户的性质属于负债类，是用来核算企业按税法规定应缴纳的各种税费（包括增值税、消费税、所得税、资源税、土地增值税、城市维护建设税、房产税、土地使用税、车船税、教育费附加、矿产资源补偿费、印花税和耕地占用税等）的计算与实际缴纳情况的账户。其贷方登记计算出的各种应交而未交税金的增加；借方登记实际缴纳的各种税金，包括支付的增值税进项税额。期末余额方向不固定，如果在贷方，表示尚未缴纳的税费；如果在借方，表示多交或尚未抵扣的税费。该账户应按税费项目设置明细账户。这里主要讲述“应交税费——应交增值税”账户结构（见图 4-4）。

| 借　　　　应交税费——应交增值税 | 贷 |
|---|---|
| | 期初 |
| 进项税（已交供货方） | 销项税（代收购货方） |
| 已交税金 | |
| 期末余额（预交税额） | 期末余额（应交未交数） |

**图 4-4 “应交税费——应交增值税”账户结构图**

**提示**

税收是我国财政收入的主要来源，企业作为纳税义务人要积极承担社会责任，不能为了自身的经济利益做出损害国家利益的事情；对于偷税漏税等违法行为，更要明确自身的监督与制止责任。

## （二）业务举例

以下例题为甲公司20××年6月发生的业务（增值税税率为13%）。

【例4-9】1日，甲公司从红光工厂购入下列材料：甲材料5 000千克，单价24元；乙材料2 000千克，单价19元，全部款项通过银行付清。

首先要计算购入材料的买价和增值税进项税税额。甲材料的买价为120 000（24×5 000）元，乙材料的买价为38 000（19×2 000）元，甲、乙两种材料的买价合计158 000元，增值税进项税额为20 540（158 000×13%）元。

这项经济业务的发生，一方面使公司购入甲材料增加120 000元，乙材料增加38 000元，增值税进项税额增加20 540元；另一方面使公司的银行存款减少178 540（120 000+38 000+20 540）元；涉及“在途物资”“应交税费——应交增值税（进项税额）”“银行存款”三个账户。编制的会计分录如下：

借：在途物资——甲材料　　120 000
　　　　　　——乙材料　　38 000
　　应交税费——应交增值税（进项税额）　　20 540
　贷：银行存款　　178 540

【例4-10】甲公司用银行存款7 000元支付上述购入甲、乙材料的外地运杂费，按照材料的重量比例进行分配。

首先需要对甲、乙材料应共同负担的7 000元外地运杂费进行分配：

分配率=7 000÷(5 000+2 000)=1
甲材料负担的采购费用=1×5 000=5 000（元）
乙材料负担的采购费用=1×2 000=2 000（元）

这项经济业务的发生，一方面使公司的材料采购成本增加7 000元，其中甲材料采购成本增加5 000元，乙材料采购成本增加2 000元；另一方面使公司的银行存款减少7 000元；涉及“在途物资”和“银行存款”两个账户。编制的会计分录如下：

借：在途物资——甲材料　　5 000
　　　　　　——乙材料　　2 000
　贷：银行存款　　7 000

【例4-11】5日，甲公司从红星工厂购进丙材料7 200千克，发票注明的价款为216 000元，增值税税额为28 080（216 000×13%）元，红星工厂代甲公司垫付材料的运杂费为4 000元。材料已运达甲公司，账单、发票已到，但材料价款、税金及运杂费尚未支付。

这项经济业务的发生，一方面使公司的材料采购支出增加220 000元，其中材料买价216 000元、运杂费4 000元；另一方面使公司应付供应单位款项增加248 080（220 000+28 080）元；涉及“在途物资”“应交税费——应交增值税（进项税额）”“应付账款”三个账户。编制的会计分录如下：

借：在途物资——丙材料　　220 000
　　应交税费——应交增值税（进项税额）　　28 080
　贷：应付账款——红星工厂　　248 080

【例 4－12】甲公司按照合同规定用银行存款预付给胜利工厂订货款 180 000 元。

这项经济业务的发生，一方面使公司预付的订货款增加 180 000 元，另一方面使公司的银行存款减少 180 000 元，涉及“预付账款”和“银行存款”两个账户。编制的会计分录如下：

借：预付账款——胜利工厂　　180 000

　贷：银行存款　　180 000

【例 4－13】甲公司收到胜利工厂发运来的、前已预付货款的丙材料，并验收入库。随货物附来的发票注明该批丙材料的价款为 420 000 元，增值税进项税额为 54 600 元，除冲销原预付款 180 000 元外，不足款项立即用银行存款支付。另发生运杂费 5 000 元，用现金支付。

这项经济业务的发生，一方面使公司的材料采购支出（丙材料的买价和采购费用）增加 425 000（420 000＋5 000）元，增值税进项税额增加 54 600 元；另一方面使公司的预付款减少 180 000 元，银行存款减少 294 600（420 000＋54 600－180 000）元，库存现金减少 5 000 元；涉及“在途物资”“应交税费——应交增值税（进项税额）”“预付账款”“银行存款”“库存现金”五个账户。编制的会计分录如下：

借：在途物资——丙材料　　425 000

　　应交税费——应交增值税（进项税额）　　54 600

　贷：预付账款——胜利工厂　　180 000

　　　银行存款　　294 600

　　　库存现金　　5 000

【例 4－14】甲公司签发并承兑一张商业汇票购入丁材料，该批材料的含税总价款为 404 540 元。

这笔经济业务中出现的是含税总价款 404 540 元，应将其分解为不含税价款和税额两部分：

不含税价款＝含税价款÷(1＋税率)＝404 540÷(1＋13%)＝358 000（元）

增值税税额＝404 540－358 000＝46 540（元）

这项经济业务的发生，一方面使公司的材料采购支出增加 358 000 元，增值税进项税额增加 46 540 元；另一方面使公司的应付票据增加 404 540 元；涉及“在途物资”“应交税费——应交增值税（进项税额）”“应付票据”三个账户。编制的会计分录如下：

借：在途物资——丁材料　　358 000

　　应交税费——应交增值税（进项税额）　　46 540

　贷：应付票据　　404 540

【例 4－15】10 日，甲公司签发并承兑一张商业汇票，用以抵付 5 日从红星工厂购入丙材料的价税款和代垫的运杂费。

这项经济业务的发生，一方面使公司的应付账款减少 248 080 元，另一方面使公司的应付票据增加 248 080 元，涉及“应付账款”和“应付票据”两个账户。编制的会计分录如下：

借：应付账款——红星工厂　　248 080

　贷：应付票据　　248 080

债务人要具备诚信、友善的品格，及时足额地偿付货款，我国也有应对“老赖”的治理措施。

【例4-16】承例4-9至例4-15，甲公司购入的甲、乙、丙、丁材料已经验收入库，结转各种材料的实际采购成本。

首先计算本月购入的各种材料的实际采购成本：

甲材料实际采购成本＝120 000＋5 000＝125 000（元）

乙材料实际采购成本＝38 000＋2 000＝40 000（元）

丙材料实际采购成本＝216 000＋4 000＋420 000＋5 000＝645 000（元）

丁材料实际采购成本＝358 000（元）

这项经济业务的发生，一方面使公司已验收入库材料的实际采购成本增加1 168 000元，另一方面使公司的材料采购支出结转计1 168 000元，涉及“原材料”和“在途物资”两个账户。编制的会计分录如下：

| | | |
|---|---|---|
| 借：原材料——甲材料 | 125 000 | |
| ——乙材料 | 40 000 | |
| ——丙材料 | 645 000 | |
| ——丁材料 | 358 000 | |
| 贷：在途物资——甲材料 | | 125 000 |
| ——乙材料 | | 40 000 |
| ——丙材料 | | 645 000 |
| ——丁材料 | | 358 000 |

## ※三、材料按计划成本计价的核算

工业企业在材料采购收发业务量较大、材料种类比较多的情况下，为了简化对材料采购收发业务的管理，正确核算材料成本的收发，监督库存材料的增减变动和结存情况，需要采用计划成本进行核算。材料采用计划成本进行核算时，材料的收发及结存，无论总分类核算还是明细分类核算，均按照计划成本计价。材料实际成本与计划成本的差异，通过“材料成本差异”账户核算。月末，计算本月发出材料应负担的材料成本差异并进行分摊，根据领用材料的用途计入相关资产的成本或当期损益，从而将发出材料的计划成本调整为实际成本。

### （一）账户设置

**1. “原材料”账户**

原材料按计划成本核算所设置的“原材料”账户与按实际成本核算设置的“原材料”账户基本相同，只是将其实际成本改为计划成本，即“原材料”账户的借方、贷方和期末余额均表示材料的计划成本。

**2. “材料采购”账户**

“材料采购”账户的性质属于资产类，用来核算企业购入材料的实际成本和结转入库材料的计划成本，并据以计算确定购入材料的成本差异额。其借方登记购入材料的实际成本和结转入库材料的实际成本小于计划成本的节约差异；贷方登记入库材料的计划成本和结转入库材料的实际成本大于计划成本的超支差异；期末余额在借方，表示在途材料的实际成本。该账户应按材料的种类设置明细账户，进行明细分类核算。

**3. “材料成本差异”账户**

“材料成本差异”账户的性质属于资产类，用来核算企业库存材料实际成本与计划成本之间的超支或节约差异额的增减变动及结余情况。其借方登记入库材料实际成本大于计划成本的超支差异额；贷方登记入库材料实际成本小于计划成本的节约差异额及月末分配转出的发出材料应负担的差异额（超支差异额用蓝字，节约差异额用红字）；月末余额可能在借方也可能在贷方，表示月末结存材料应负担的超支或节约的差异额。该账户应按材料类别设置明细账户，进行明细分类核算。

原材料按计划成本计价核算的示意图如图 4－5 所示。

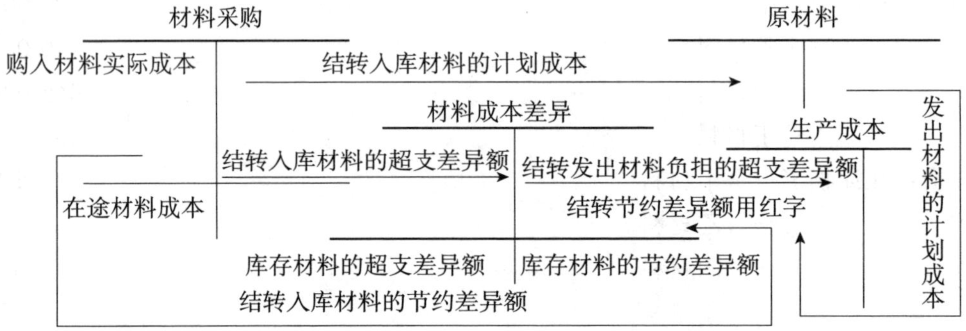


**图 4－5 原材料按计划成本计价核算示意图**

材料按计划成本计价核算，除上述三个账户外，其他账户与材料按实际成本计价核算所涉及的相关账户相同。

## （二） 业务举例

【例 4－17】甲公司购入丙材料 12 800 千克，单价为 40 元/千克，货款为 512 000 元，增值税税额为 66 560 元，全部款项以银行存款支付。

这项经济业务的发生，一方面使公司该材料的实际采购成本增加 512 000 元，支付 66 560 元的增值税；另一方面使公司的银行存款减少 578 560 元；涉及“材料采购”“应交税费——应交增值税（进项税额）”“银行存款”三个账户。编制的会计分录如下：

借：材料采购——丙材料　　512 000

　　应交税费——应交增值税（进项税额）　　66 560

　贷：银行存款　　578 560

【例 4－18】承前例，上述丙材料验收入库，其计划成本为 500 000 元，结转该材料的计划成本和材料成本差异。

这项经济业务的发生，一方面使公司的库存材料增加 500 000 元，另一方面使材料采购（计划成本）减少 500 000 元，涉及“原材料”和“材料采购”两个账户，它们都属于资产类账户，因此，应分别计入“原材料”账户的借方和“材料采购”账户的贷方。已知这批丙材料的实际成本为 512 000 元，计划成本为 500 000 元，故可以确定丙材料成本的超支差异为 12 000（512 000－500 000）元。结转入库材料的超支差异额，使得库存材料成本超支差异额增加 12 000 元，材料采购支出减少 12 000 元，分别记入“材料成本差异”账户的借方和“材料采购”账户的贷方。编制的会计分录如下：

借：原材料——丙材料　　500 000
　贷：材料采购——丙材料　　500 000
借：材料成本差异　　12 000
　贷：材料采购——丙材料　　12 000

或将以上两笔分录合并为一笔复合分录：

借：原材料——丙材料　　500 000
　　材料成本差异　　12 000
　贷：材料采购——丙材料　　512 000

【例 4－19】承前例，假定本月生产 C 产品领用丙材料，计划成本总额为 150 000 元。月末计算确定发出丙材料应负担的差异额，并予以结转。假设期初库存丙材料计划成本为 300 000 元，成本差异额为超支 8 000 元。

为了计算产品的实际生产成本，企业采用计划成本核算的，在会计期末需要将计划成本调整为实际成本。其方法是运用差异率对计划成本进行调整，以求得实际成本。材料成本差异率的计算方法有两种，即：

$$月初材料成本差异率=\frac{月初库初材料成本差异额}{月初库存材料的计划成本}\times100\%$$

$$本月材料成本差异率=\frac{月初库存材料成本差异额+本月购入材料差异额}{月初库存材料的计划成本+本月入库材料的计划成本}\times100\%$$

$$发出材料应负担的差异额=发出材料的计划成本\times成本差异率$$

根据本例资料，采用本月材料成本差异率，计算如下：

$$本月材料成本差异率=(8\ 000+12\ 000)\div(300\ 000+500\ 000)\times100\%=2.5\%$$

$$发出材料应负担的差异额=150\ 000\times2.5\%=3\ 750（元）$$

生产 C 产品领用原材料时，一方面使该产品的生产成本增加 150 000 元，记入“生产成本”账户的借方；另一方面使公司库存原材料计划成本减少 150 000 元，记入“原材料”账户的贷方。结转发出材料应负担的差异额时，使得生产成本增加 3 750 元，库存材料成本超支差异额减少 3 750 元，分别记入“生产成本”账户的借方和“材料成本差异”账户的贷方。编制的会计分录如下：

借：生产成本——C 产品　　150 000
　贷：原材料——丙材料　　150 000
借：生产成本——C 产品　　3 750
　贷：材料成本差异　　3 750

注：后面章节涉及的业务处理及计算不考虑该部分例题所发生的业务。

提示

以上内容为传统的会计核算下成本的计算方法，但在数智化会计循环背景下，采购成本的计算可以按照一定的规则从会计数据库中即时生成。

# 第三节 生产过程业务的核算

## 一、生产过程业务概述

生产过程业务：精益生产与人文关怀

工业企业的主要经济活动是生产符合社会需要的产品，产品的生产过程同时也是生产耗费过程。企业在生产经营过程中发生的各项耗费，是企业为获得收入而预先垫支并需要得到补偿的资金耗费，因而也是收入形成、实现的必要条件。这些在生产过程中发生的、能用货币额表现的生产耗费称为生产费用，它们最终都要归集、分配到一定种类的产品上去，形成各种产品的成本。企业生产过程的核算，就是生产费用的归集、产品成本计算的过程。

提示

费用与成本存在密切的联系，费用是产品成本形成的基础，费用的发生过程是成本的形成过程。同时，费用与成本也存在一定的区别，费用是在一定期间为进行生产经营活动而发生的各项耗费，费用与发生的期间直接相关，即费用强调“期间”；成本则是为生产某一产品或提供某一劳务所消耗的费用，成本与负担者直接相关，即成本强调“对象”。

生产费用按其计入产品成本的方式的不同，分为直接费用和间接费用。直接费用是指企业生产产品过程中实际消耗的直接材料、直接工资和其他直接支出；间接费用是指企业为生产产品和提供劳务而发生的各项间接支出，又称制造费用。上述各个项目是生产费用按其经济用途所进行的分类，一般称为成本项目，其具体构成包括：

（1）直接材料是指企业在生产产品和提供劳务的过程中所消耗的、直接用于产品生产，构成产品实体的各种原材料及主要材料、外购半成品及有助于产品形成的辅助材料等。

（2）直接人工是指企业在生产产品和提供劳务过程中，直接从事产品生产的工人工资及其他各种形式的职工薪酬。

（3）制造费用是指企业为生产产品和提供劳务而发生的各项间接费用，包括间接的工资费、福利费、折旧费、办公费、水电费、机物料消耗和季节性停工损失等。

按照这些成本项目将所发生的生产费用归集到具体的成本计算对象上，就构成了这一对象的生产成本。在只生产一种产品的企业或车间中，成本计算对象只有一个，所发生的全部生产费用只要按成本项目进行归集，就形成了该产品的成本。在这种情况下，生产费用不存在分配的问题。但在生产多种产品的企业或车间里，由于成本计算对象有两个以上，所发生的生产费用，凡是能够分清成本计算对象（即直接费用）的，应当按照有关凭证直接计入该种产品的生产费用明细账或成本计算单中；凡是分不清成本计算对象的共同费用（即间接费用），应采用一定的分配方法在应承担这类费用的有关产品之间进行分配。

## 二、材料费用的归集与分配

### （一）账户设置

为了反映和监督产品在生产过程中各项材料费用的发生、归集和分配情况，正确地计算产品生产成本中的材料费用，应设置“生产成本”“制造费用”等主要账户。

**1. “生产成本”账户**

“生产成本”账户的性质属于成本类，用来归集和分配产品生产过程中所发生的各项生产费用，正确计算产品生产成本。其借方登记应计入产品生产成本的各项费用，包括直接计入产品生产成本的直接材料费、直接人工费和其他直接支出，以及期末按照一定方法分配计入产品生产成本的制造费用；贷方登记结转完工入库产成品的生产成本；期末如有余额在借方，表示尚未完工产品（在产品）的成本，即生产资金的占用额。该账户应按产品种类或类别设置明细账户，进行明细分类核算。

**2. “制造费用”账户**

“制造费用”账户的性质属于成本类，用来归集和分配企业生产车间（包括基本生产车间和辅助生产车间）范围内为组织和管理产品的生产活动而发生的各项间接生产费用，包括车间范围内发生的间接工资（车间管理人员的工资等薪酬）及折旧费、办公费、水电费和机物料消耗等。其借方登记实际发生的各项制造费用；贷方登记期末经分配转入“生产成本”账户借方应计入产品制造成本的制造费用；期末结转后一般无余额。该账户应按不同车间设置明细账户，按费用项目设置专栏进行明细分类核算。

“生产成本”和“制造费用”账户的结构如图 4－6 所示。

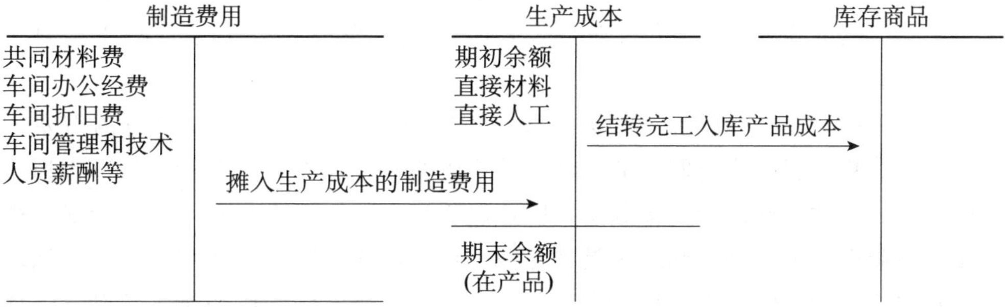


**图 4－6 “制造费用”与“生产成本”的账户结构图**

### (二)业务举例

【例 4-20】8 月末，甲公司根据各种材料领料凭证汇总、整理的材料耗用汇总表如表 4-2 所示。

**表 4-2 材料耗用汇总表**

| 项目 | 乙材料 | | 丙材料 | | 金额合计 |
|---|---|---|---|---|---|
| | 数量（千克） | 金额 | 数量（千克） | 金额 | |
| (1) 生产产品耗用 | 50 000 | 1 257 500 | 45 000 | 906 300 | 2 163 800 |
| A 产品 | 30 000 | 754 500 | 20 000 | 402 800 | 1 157 300 |
| B 产品 | 20 000 | 503 000 | 25 000 | 503 500 | 1 006 500 |
| (2) 车间管理部门耗用 | 1 000 | 25 150 | | | 25 150 |
| (3) 行政管理部门耗用 | | | 500 | 10 070 | 10 070 |
| 合计 | 51 000 | 1 282 650 | 45 500 | 916 370 | 2 199 020 |

这项经济业务涉及“原材料”“生产成本”“制造费用”“管理费用”四个账户。生产产品耗用材料 2 163 800 元，应记入“生产成本”账户的借方；车间管理部门耗用材料 25 150 元，应记入“制造费用”账户的借方；企业行政管理部门耗用材料 10 070 元，应记入“管理费用”账户的借方；仓库共发出原材料 2 199 020 元，应记入“原材料”账户的贷方。编制的会计分录如下：

借：生产成本——A 产品　　1 157 300
　　　　　　——B 产品　　1 006 500
　　制造费用　　25 150
　　管理费用　　10 070
　贷：原材料——乙材料　　1 282 650
　　　　　　——丙材料　　916 370

## 三、人工费用的归集与分配

### (一)人工费用的概念

人工费用是指企业为职工提供的服务或解除劳动关系而给予的各种形式的报酬或补偿。职工薪酬包括短期薪酬、离职后福利、辞退福利和其他长期职工福利。企业提供给职工配偶、子女、受赡养人、已故员工遗属及其他受益人等的福利，也属于职工薪酬。

**1. 短期薪酬**

短期薪酬是指企业在职工提供相关服务的年度报告期间结束后 12 个月内需要全部予以支付的职工薪酬，因解除与职工的劳动关系给予的补偿除外。短期薪酬具体包括：职工工资、奖金、津贴和补贴，职工福利费，医疗保险费、工伤保险费和生育保险费等社会保险费，住房公积金，工会经费和职工教育经费，短期带薪缺勤，短期利润分享计划，非货币性福利及其他短期薪酬。带薪缺勤是指企业支付工资或提供补偿的职工缺勤，包括年休假、病假、短期伤残、婚假、产假、丧假、探亲假等。利润分享计划是指因职工提供服务而与职工达成的基于利润或其他经营成果提供薪酬的协议。

**2. 离职后福利**

离职后福利是指企业为获得职工提供的服务而在职工退休或与企业解除劳动关系后，提供的各种形式的报酬和福利，短期薪酬和辞退福利除外。

**3. 辞退福利**

辞退福利是指企业在职工劳动合同到期之前解除与职工的劳动关系或为鼓励职工自愿接受裁减而给予职工的补偿。

**4. 其他长期职工福利**

其他长期职工福利是指除短期薪酬、离职后福利和辞退福利之外所有的职工薪酬，包括长期带薪缺勤、长期残疾福利和长期利润分享计划等。

这里所称职工是指与企业订立劳动合同的所有人员，含全职、兼职和临时职工，也包括虽未与企业订立劳动合同但由企业正式任命的人员。未与企业订立劳动合同或未由其正式任命，但向企业所提供服务与职工所提供服务类似的人员，也属于职工的范畴，包括通过企业与劳务中介公司签订用工合同而向企业提供服务的人员。

**提示**

应付职工薪酬一方面是单位对职工工作的肯定，也是职工从工作中获得的心理收入，即对工作的成就感、胜任感、责任感等积极的心理感受；另一方面，它与职工的工作价值紧密相连，“君子爱财，取之有道”，高绩效才能带来高收入，付出和回报呈正相关，幸福生活是需要奋斗的，要有积极的工作态度、敬业奉献的精神品质。

生产工人的计件工资和福利费等职工薪酬属于直接费用，直接记入“生产成本”账户；管理部门人员职工薪酬记入“管理费用”账户；销售人员职工薪酬记入“销售费用”账户。如果生产车间同时生产多种产品或生产工人以外的生产管理人员的职工薪酬，则记入“制造费用”账户，期末需采用一定的分配标准（实际生产工时或定额生产工时）将生产工人的工资、福利费等职工薪酬分配计入产品成本，其计算公式为：

$$\text{直接人工分配率}=\frac{\text{各产品生产工人工资总额}}{\text{各产品实际生产工时或定额生产工时之和}}$$

某产品应负担的工人工资＝直接人工分配率×该产品实际生产工时或定额生产工时

### （二）人工费用的核算

**1. 账户设置**

为了核算人工费用的发生和分配，企业需要设置“应付职工薪酬”账户。该账户的性质属于负债类，用来核算企业根据有关规定应付给职工的各种薪酬，反映应付职工薪酬的提取、结算、使用等情况。外商投资企业按规定从净利润中提取的职工奖励及福利基金，也在本账户中核算。其贷方登记已分配计入有关成本费用项目的职工薪酬的数额；借方登记实际发放职工薪酬的数额；期末如有贷方余额，表示企业应付未付的职工薪酬。该账户应按“工资”“职工福利”“社会保障费”“住房公积金”“工会经费”“职工教育经费”“非货币性福利”“辞退福利”“其他长期职工福利”等应付职工薪酬项目设置明细科目，进行明细分类核算。“应付职工薪酬”的账户结构如图 4－7 所示。

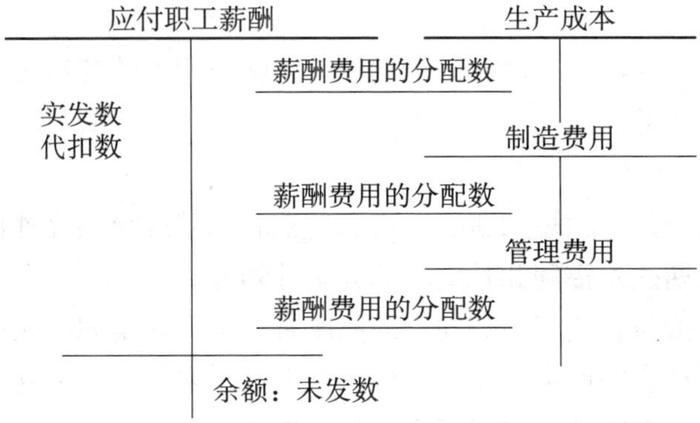


**图 4－7　“应付职工薪酬”账户结构图**

**2. 业务举例**

【例 4－21】12 月 10 日，甲公司开出转账支票 580 000 元，发放工资。

这项经济业务涉及“应付职工薪酬”和“银行存款”两个账户，实发工资应记入“应付职工薪酬”账户的借方，银行存款的减少应记入“银行存款”账户的贷方。编制的会计分录如下：

借：应付职工薪酬——工资　　580 000
　贷：银行存款　　580 000

【例 4－22】12 月 30 日，甲公司分配本月应付职工工资总额 580 000 元，工资费用分配汇总表上列示产品生产工人工资 420 000 元（生产 A 产品 100 000 工时，生产 B 产品 110 000 工时），车间管理人员工资为 80 000 元，企业行政管理人员工资为 80 000 元。

首先计算生产 A 产品和 B 产品的生产工人工资：

直接人工分配率＝420 000÷(100 000＋110 000)＝2（元/工时）

A 产品应负担工人工资＝2×100 000＝200 000（元）

B 产品应负担工人工资＝2×110 000＝220 000（元）

这项经济业务涉及“生产成本”“制造费用”“管理费用”“应付职工薪酬”四个账户。生产产品应负担的工人工资属于直接人工费，应记入“生产成本”账户的借方；车间管理人员工资属于间接人工费，应记入“制造费用”账户的借方；企业行政管理人员工资属于期间费用，应记入“管理费用”账户的借方；本月发生应付给职工的工资表明企业负债的增加，应记入“应付职工薪酬”账户的贷方。编制的会计分录如下：

借：生产成本——A 产品　　200 000
　　　　　——B 产品　　220 000
　　制造费用　　80 000
　　管理费用　　80 000
　贷：应付职工薪酬——工资　　580 000

【例4-23】甲公司实际支付职工福利费81 200元。其中，A产品生产工人福利费28 000元，B产品生产工人福利费30 800元，车间管理费用福利费11 200元，行政管理部门福利费11 200元。

这项经济业务涉及“生产成本”“制造费用”“管理费用”“应付职工薪酬”四个账户。生产工人应摊销福利费属于直接人工，应记入“生产成本”账户的借方；车间管理人员应摊销福利费属于间接费用，应记入“制造费用”账户的借方；企业行政管理人员应摊销福利费属期间费用，应记入“管理费用”账户的借方；摊销职工福利费表明对职工负债的增加，应记入“应付职工薪酬”账户的贷方。编制的会计分录如下：

| | | |
|---|---|---|
| 借：生产成本——A产品 | 28 000 | |
| 　　　　　——B产品 | 30 800 | |
| 　制造费用 | 11 200 | |
| 　管理费用 | 11 200 | |
| 　贷：应付职工薪酬——福利 | | 81 200 |

## 四、制造费用的归集与分配

### （一）制造费用的概念

制造费用是指工业企业为了生产产品和提供劳务而发生的各种间接费用，主要是企业生产部门（包括基本生产车间和辅助生产车间）为组织和管理生产活动及为生产活动服务而发生的费用，如车间管理人员的工资及提取的福利费、办公费和水电费等。

（1）间接用于产品生产的费用，如机物料消耗费用，车间生产用固定资产的折旧费、保险费，车间生产用的照明费、劳动保护费等。

（2）直接用于产品生产，但管理上不要求或不便于单独核算，因而没有单独设置成本项目进行核算的某些费用，如生产工具的摊销费、设计制图费、试验费，以及生产工艺用的动力费等。

（3）车间用于组织和管理生产的费用，如车间管理人员的职工薪酬，车间管理用的固定资产折旧费，车间管理用的水电费、办公费和差旅费等。

在生产多种产品的企业里，制造费用在发生时一般无法直接判定其应归属的成本核算对象，因而不能直接计入所生产的产品成本中，必须将上述各种费用按照发生的不同空间范围在“制造费用”账户中予以归集汇总，然后选用一定的标准（如生产工人工资、生产工时等），在各种产品之间进行合理的分配，以便于准确确定各种产品应负担的制造费用额。在制造费用的归集过程中，要按照权责发生制原则的要求，正确地处理跨期间的各种费用，使其摊配于应归属的会计期间。

### （二）制造费用的核算

#### 1. 账户设置

为了归集和分配各种间接费用的发生情况，企业需要设置“累计折旧”账户。该账户的性质属于资产类，用来核算企业固定资产已提折旧的累计情况。其贷方登记按月提取的折旧额即累计折旧的增加；借方登记因减少固定资产而转销的累计折旧；期末余额在贷方，表示已提折旧的累计额。该账户只进行总分类核算，不进行明细分类核算。如果要查明某项固定资产已提折旧的具体情况，可以通过固定资产卡片（台账）来了解。

**2. 业务举例**

【例 4－24】12 月 21 日，甲公司计提本月固定资产折旧费 30 000 元。其中，生产车间应提折旧费 22 000 元，行政管理部门使用的固定资产应提折旧费 8 000 元。

这项经济业务涉及“制造费用”“管理费用”“累计折旧”三个账户。生产部门使用固定资产计提的折旧费属于生产成本中的固定资产损耗费，是一种间接生产费用，应记入“制造费用”账户的借方；管理部门使用的固定资产损耗费，应记入“管理费用”账户的借方；计提固定资产折旧表明原有固定资产价值减少，即累计折旧的增加，应记入“累计折旧”账户的贷方。编制的会计分录如下：

| | | |
|---|---|---|
| 借：制造费用 | 22 000 | |
| 　　管理费用 | 8 000 | |
| 　贷：累计折旧 | | 30 000 |

【例 4－25】12 月 30 日，甲公司接到水电部门付款通知，应付车间耗用水电费 20 000 元，管理部门耗用水电费 2 000 元，增值税发票注明增值税税额 1 980 元，款项已付。

这项经济业务涉及“制造费用”“应交税费——应交增值税（进项税额）”“管理费用”“银行存款”四个账户。车间耗用水电费，应记入“制造费用”账户的借方；支付增值税进项税额，应记入“应交税费——应交增值税（进项税额）”账户的借方；管理部门耗用水电费，应记入“管理费用”账户的借方；已付账款，应记入“银行存款”账户的贷方。编制的会计分录如下：

| | | |
|---|---|---|
| 借：制造费用 | 20 000 | |
| 　　管理费用 | 2 000 | |
| 　　应交税费——应交增值税（进项税额） | 1 980 | |
| 　贷：银行存款 | | 23 980 |

【例 4－26】12 月 30 日，甲公司领用低值易耗品共计 40 000 元。其中，车间领用低值易耗品 35 000 元，公司行政管理部门领用低值易耗品 5 000 元。该公司低值易耗品采用一次摊销法进行核算。

这项经济业务涉及“制造费用”“管理费用”“周转材料——低值易耗品”三个账户。车间领用低值易耗品而发生的费用，应记入“制造费用”账户的借方；企业行政管理部门领用低值易耗品而发生的费用，应记入“管理费用”账户的借方；耗用的低值易耗品，应记入“周转材料——低值易耗品”账户的贷方。编制的会计分录如下：

| | | |
|---|---|---|
| 借：制造费用 | 35 000 | |
| 　　管理费用 | 5 000 | |
| 　贷：周转材料——低值易耗品 | | 40 000 |

月末汇总计算的制造费用发生额如表 4－3 所示（以例题号代凭证字号，下同）。

**表 4－3　制造费用总分类账**

总第　　页
分第　　页
会计科目：制造费用

| 年 | | 凭证 | | 摘要 | 页数 | 借方 | | | | | | | | | | | √ | 贷方 | | | | | | | | | | | √ | 借或贷 | 余额 | | | | | | | | | | | √ |
|---|---|---|---|---|---|---|---|---|---|---|---|---|---|---|---|---|---|---|---|---|---|---|---|---|---|---|---|---|---|---|---|---|---|---|---|---|---|---|---|---|---|---|
| 月 | 日 | 字 | 号 | | | 亿 | 千 | 百 | 十 | 万 | 千 | 百 | 十 | 元 | 角 | 分 | | 亿 | 千 | 百 | 十 | 万 | 千 | 百 | 十 | 元 | 角 | 分 | | | 亿 | 千 | 百 | 十 | 万 | 千 | 百 | 十 | 元 | 角 | 分 | |
| 略 | 略 | 例 4－20 | | 耗用材料 | | | | | | 2 | 5 | 1 | 5 | 0 | 0 | 0 | | | | | | | | | | | | | | 借 | | | | | 2 | 5 | 1 | 5 | 0 | 0 | 0 | |
| | | 例 4－22 | | 车间管理人员工资 | | | | | | 8 | 0 | 0 | 0 | 0 | 0 | 0 | | | | | | | | | | | | | | 借 | | | | 1 | 0 | 5 | 1 | 5 | 0 | 0 | 0 | |
| | | 例 4－23 | | 计提职工福利费 | | | | | | 1 | 1 | 2 | 0 | 0 | 0 | 0 | | | | | | | | | | | | | | 借 | | | | 1 | 1 | 6 | 3 | 5 | 0 | 0 | 0 | |
| | | 例 4－24 | | 计提固定资产折旧 | | | | | | 2 | 2 | 0 | 0 | 0 | 0 | 0 | | | | | | | | | | | | | | 借 | | | | 1 | 3 | 8 | 3 | 5 | 0 | 0 | 0 | |
| | | 例 4－25 | | 耗用水电 | | | | | | 2 | 0 | 0 | 0 | 0 | 0 | 0 | | | | | | | | | | | | | | 借 | | | | 1 | 5 | 8 | 3 | 5 | 0 | 0 | 0 | |
| | | 例 4－26 | | 低值易耗品摊销 | | | | | | 3 | 5 | 0 | 0 | 0 | 0 | 0 | | | | | | | | | | | | | | 借 | | | | 1 | 9 | 3 | 3 | 5 | 0 | 0 | 0 | |

【例 4－27】本月甲公司共发生制造费用 193 350 元，A 产品耗用生产工时 100 000 小时，B 产品耗用生产工时 110 000 小时，月末分配并结转制造费用。

企业当期发生的制造费用在“制造费用”账户归集后，就应在各受益对象之间采用适当的标准进行分配，以便计算完工产品和在产品的制造成本。制造费用的分配所选择的标准，应当与所分配的费用之间有较密切的关系，使分配的结果能体现受益原则，即受益大的产品多负担费用；反之，则少负担费用。制造费用分配标准有多种，如生产工时、生产工人工资和机器工时等。其分配的基本公式是：

$$制造费用分配率=\frac{制造费用总额}{各种产品分配标准（生产工时或生产工人工资等）合计}$$

某种产品应负担的制造费用＝制造费用分配率×该种产品的分配标准

本题计算分配如下：

制造费用分配率＝193 350÷(100 000＋110 000)＝0.920 7（元/小时）

A 产品应负担的制造费用＝0.920 7×100 000＝92 070（元）

B 产品应负担的制造费用＝193 350－92 070＝101 280（元）

制造费用分配表如表 4－4 所示。

**表 4－4　制造费用分配表**　　单位：元

| 产品名称 | 生产工时（小时） | 分配率（元/小时） | 分配金额（元） |
|---|---|---|---|
| A 产品 | 100 000 | | 92 070 |
| B 产品 | 110 000 | | 101 280 |
| 合计 | 210 000 | 0.902 7 | 193 350 |

根据“制造费用分配表”编制转账凭证，登记各种“产品成本计算单”和总分类账。

经过分配后，“制造费用”账户期末应无余额，这就是制造费用的结转。

这项经济业务涉及“生产成本”和“制造费用”两个账户。产品应负担的制造费用应记入“生产成本”账户的借方；结转制造费用，应记入“制造费用”账户的贷方。编制的会计分录如下：

借：生产成本——A 产品　　92 070

　　　　　　——B 产品　　101 280

　贷：制造费用　　193 350

## 五、完工产品生产成本的计算与结转

### （一）完工产品成本的确定

产品生产费用通过前述的费用归集与分配后，都归集到“生产成本”账户借方，最后将归集到的某种产品的各项费用（包括期初在产品成本和本期发生的费用）在本月完工产品和月末在产品之间进行分配，确定完工产品的制造成本。

在月末没有在产品的情况下，生产成本明细账内归集的费用总额就是完工产品的总成本。总成本除以本月该种产品产量，就是单位成本。如果月末全部产品未完工，该种产品生产成本所归集的费用总额就是该种产品在产品的总成本。如果月末某种产品一部分完工，一部分未完工，这时归集在生产成本账户中的费用总额就要采用适当的方法在完工产品和在产品之间进行分配，然后才能计算出完工产品总成本和单位成本。完工产品成本的简单计算公式为：

完工产品成本＝期初在产品成本＋本期发生的生产费用－期末在产品成本

【例 4－28】根据例 4－20 至例 4－27 的资料，确定甲公司本月完工产品的制造成本。生产成本总分类账如表 4－5 所示；生产成本明细账如表 4－6 和表 4－7 所示；产品成本计算单如表 4－8 和表 4－9 所示。

**表 4－5　生产成本总分类账**

总第　　页

分第　　页

会计科目：生产成本

| 年 | | 凭证 | | 摘要 | 页数 | 借方 | | | | | | | | | | | √ | 贷方 | | | | | | | | | | | √ | 借或贷 | 余额 | | | | | | | | | | | √ |
|---|---|---|---|---|---|---|---|---|---|---|---|---|---|---|---|---|---|---|---|---|---|---|---|---|---|---|---|---|---|---|---|---|---|---|---|---|---|---|---|---|---|---|
| 月 | 日 | 字 | 号 | | | 亿 | 千 | 百 | 十 | 万 | 千 | 百 | 十 | 元 | 角 | 分 | | 亿 | 千 | 百 | 十 | 万 | 千 | 百 | 十 | 元 | 角 | 分 | | | 亿 | 千 | 百 | 十 | 万 | 千 | 百 | 十 | 元 | 角 | 分 | |
| 略 | 略 | | | 期初金额 | | | | | | | | | | | | | | | | | | | | | | | | | | | | | | | | | | | 0 | | | |
| | | 例 4－20 | | 生产 A、B 产品耗用材料 | | | | 2 | 1 | 6 | 3 | 8 | 0 | 0 | 0 | 0 | | | | | | | | | | | | | | 借 | | | 2 | 1 | 6 | 3 | 8 | 0 | 0 | 0 | 0 | |
| | | 例 4－22 | | 生产工人工资 | | | | | 4 | 2 | 0 | 0 | 0 | 0 | 0 | 0 | | | | | | | | | | | | | | 借 | | | 2 | 5 | 8 | 3 | 8 | 0 | 0 | 0 | 0 | |
| | | 例 4－23 | | 生产工人福利费 | | | | | | 5 | 8 | 8 | 0 | 0 | 0 | 0 | | | | | | | | | | | | | | 借 | | | 2 | 6 | 4 | 2 | 6 | 0 | 0 | 0 | 0 | |
| | | 例 4－27 | | 分配制造费用 | | | | | 1 | 9 | 3 | 3 | 5 | 0 | 0 | 0 | | | | | | | | | | | | | | 借 | | | 2 | 8 | 3 | 5 | 9 | 5 | 0 | 0 | 0 | |
| | | | | 结转完工产品成本 | | | | | | | | | | | | | | | | 2 | 8 | 3 | 5 | 9 | 5 | 0 | 0 | 0 | | 平 | | | | | | | | | 0 | | | |

**表 4-6　生产成本明细账**

总账科目＿＿＿＿＿

子目或户名 A 产品

| 年 | | 凭证 | | 摘要 | 页数 | 借方（亿千百十万千百十元角分） | ✓ | 贷方（亿千百十万千百十元角分） | ✓ | 借或贷 | 余额（亿千百十万千百十元角分） | ✓ |
|---|---|---|---|---|---|---|---|---|---|---|---|---|
| 月 | 日 | 字 | 号 | | | | | | | | | |
| 略 | 略 | | | 期初金额 | | | | | | | 0 | |
| | | 例 4-20 | | A 产品耗用材料 | | 1 1 5 7 3 0 0 0 0 | | | | 借 | 1 1 5 7 3 0 0 0 0 | |
| | | 例 4-22 | | 生产工人工资 | | 2 0 0 0 0 0 0 0 | | | | 借 | 1 3 5 7 3 0 0 0 0 | |
| | | 例 4-23 | | 生产工人福利费 | | 2 8 0 0 0 0 0 | | | | 借 | 1 3 8 5 3 0 0 0 0 | |
| | | 例 4-27 | | 分配制造费用 | | 9 2 0 7 0 0 0 | | | | 借 | 1 4 7 7 3 7 0 0 0 | |
| | | | | 结转完工产品成本 | | | | 1 4 7 7 3 7 0 0 0 | | 平 | 0 | |

**表 4-7　生产成本明细账**

总账科目＿＿＿＿＿

子目或户名 B 产品

| 年 | | 凭证 | | 摘要 | 页数 | 借方（亿千百十万千百十元角分） | ✓ | 贷方（亿千百十万千百十元角分） | ✓ | 借或贷 | 余额（亿千百十万千百十元角分） | ✓ |
|---|---|---|---|---|---|---|---|---|---|---|---|---|
| 月 | 日 | 字 | 号 | | | | | | | | | |
| 略 | 略 | | | 期初金额 | | | | | | | 0 | |
| | | 例 4-20 | | B 产品耗用材料 | | 1 0 0 6 5 0 0 0 0 | | | | 借 | 1 0 0 6 5 0 0 0 0 | |
| | | 例 4-22 | | 生产工人工资 | | 2 2 0 0 0 0 0 0 | | | | 借 | 1 2 2 6 5 0 0 0 0 | |
| | | 例 4-23 | | 生产工人福利费 | | 3 0 8 0 0 0 0 | | | | 借 | 1 2 5 7 3 0 0 0 0 | |
| | | 例 4-27 | | 分配制造费用 | | 1 0 1 2 8 0 0 0 | | | | 借 | 1 3 5 8 5 8 0 0 0 | |
| | | | | 结转完工产品成本 | | | | 1 3 5 8 5 8 0 0 0 | | 平 | 0 | |

**表 4-8　A 产品成本计算单**

完工产品数量：100 台　在产品数量：0　　　　单位：元

| 项目 | 直接材料 | 直接人工 | 制造费用 | 合计 |
|---|---|---|---|---|
| 期初在产品成本 | 0 | 0 | 0 | 0 |
| 本期生产费用 | 1 157 300 | 228 000 | 92 070 | 1 477 370 |
| 合计 | 1 157 300 | 228 000 | 92 070 | 1 477 370 |
| 费用分配率（元/台） | 11 573 | 2 280 | 920.7 | |
| 完工产品成本 | 1 157 300 | 228 000 | 92 070 | 1 477 370 |
| 单位产品成本 | 11 573 | 2 280 | 920.7 | 14 773.7 |

**表 4-9　B 产品成本计算单**

完工产品数量：100 台　在产品数量：0　　单位：元

| 项目 | 直接材料 | 直接人工 | 制造费用 | 合计 |
| --- | --- | --- | --- | --- |
| 期初在产品成本 | 0 | 0 | 0 | 0 |
| 本期生产费用 | 1 006 500 | 250 800 | 101 280 | 1 358 580 |
| 合计 | 1 006 500 | 250 800 | 101 280 | 1 358 580 |
| 费用分配率（元/台） | 10 065 | 2 508 | 1 012.8 | |
| 完工产品成本 | 1 006 500 | 250 800 | 101 280 | 1 358 580 |
| 单位产品成本 | 10 065 | 2 508 | 1 012.8 | 13 585.8 |

### （二）完工产品成本的结转

产成品是指已经完成全部生产过程并已验收入库，可以作为商品对外销售的产品，根据完工产品生产成本计算单的资料可以结转产成品的生产成本。

为了核算完工产品成本结转及其库存商品成本情况，需要设置“库存商品”账户。该账户的性质属于资产类，用来核算企业库存的外购商品、自制产品（产成品）和自制半成品等的实际成本（或计划成本）的增减变动及结余情况。其借方登记验收入库商品成本的增加，包括外购、自产和委托加工等；贷方登记库存商品成本的减少（发出）；期末余额在借方，表示库存商品成本的期末结余额。该账户应按商品的种类、名称和存放地点等设置明细账，进行明细分类核算。

【例 4-29】甲公司本月完工并验收入库 A 产品 100 台，总成本为 1 477 370 元；验收入库 B 产品 100 台，总成本为 1 358 580 元。

这项经济业务涉及“库存商品”“生产成本”两个账户。产成品入库表明存货增加，应记入“库存商品”账户的借方；冲减制造成本应记入“生产成本”账户的贷方。编制的会计分录如下：

借：库存商品——A 产品　　1 477 370
　　　　　　——B 产品　　1 358 580
　贷：生产成本——A 产品　　1 477 370
　　　　　　　——B 产品　　1 358 580

**提示**

以上内容为传统的会计核算下生产成本的计算方法，但在数智化会计循环背景下，生产成本的计算也是按照一定的规则从会计数据库中快速计算出来的。

## 第四节　销售过程业务的核算

销售过程是企业生产经营过程的最后一个阶段。工业企业在销售过程中，通过销售产品，按照销售价格收取产品价款，形成商品销售收入。在销售过程中结转的商品销售成本，以及发生的运输、包装和广告等销售费用，按照国家税法的规定计算缴纳的各种销售税金等都应该从销售收入中得到补偿，补偿之后的差额即为企业销售商品的业务成果即利润或亏损。企业除了发生销售商品等主营业务外，还可能发生一些其他业务，如销售材料、出租包装物和出租固定资产等。

销售过程业务：诚信营销与消费者权益

## 一、主营业务收支的核算

工业企业的主营业务范围包括销售商品、自制半成品、代制品、代修品及提供工业性劳务等。主营业务核算的主要内容有主营业务收入的确认与计量、主营业务成本的计算与结转、销售费用的发生与归集、税金的计算与缴纳、主营业务利润或亏损的确定及货款的收回等。

### （一）商品销售收入的确认与计量

企业生产经营活动所获得的收入应当以权责发生制原则为基础，根据收入实现原则加以确认与计量。

在计量销售商品的收入时，要注意在销售过程中发生的销售退回、销售折让、商业折扣和现金折扣的内容。

**1. 销售退回**

销售退回是指企业售出的商品，由于质量、品种等不符合要求而发生的退货。销售退回如果发生在收入确认之前，其处理非常简单，只需转回库存商品即可。对于本年度或以前年度销售的商品，在年度终了（12 月 31 日）前退回，应冲减退回月份的收入，同时转回相关的成本、税费；对于报告年度或以前年度销售的商品，在年度财务会计报告批准报出前退回的，冲减报告年度的收入及相关的成本、税费。

**2. 销售折让**

销售折让是指企业因销售商品的质量不合格等原因而在售价上给予购买方的减让，实际发生销售折让时应直接冲减当期的销售商品收入。

**3. 商业折扣**

商业折扣是指企业为促进商品销售而在商品标价上给予的价格扣除，不影响销售商品收入的计量。

**4. 现金折扣**

现金折扣是指债权人为鼓励债务人在规定的期限内付款，而向债务人提供的债务扣除。也就是说如果债务人愿意提前付款，则可以比合同约定的总价款“少”付一部分款项。我国《企业会计准则》要求企业采用总额法对现金折扣进行处理，即在确定销售商品收入时，不考虑各种预计可能发生的现金折扣，按合同总价款全额计量收入，而在实际发生现金折扣时，既不冲减已确认的销售收入，也不减少销项税额，而是将其计入当期财务费用。

综上所述，在计量销售商品收入的金额时，应将销售退回、销售折让等作为销售收入的抵减项目记账，即：

销售净收入＝不含税单价×销售数量－销售退回－销售折让

### （二）销售商品的核算

销售商品业务属于企业的主营业务，一般需要设置“主营业务收入”“主营业务成本”“税金及附加”等账户，分别核算收入的实现及结转、成本的发生及转销、税金的计算及转销等具体内容，对于货款的结算还应设置“应收账款”等往来账户。

**1. 主营业务收入的核算**

为了反映和监督企业销售商品和提供劳务所实现的收入，以及因销售商品而与购买单位之间发生的货款结算业务，应设置下列账户：

(1)“主营业务收入”账户。该账户的性质属于损益类，用来核算企业销售商品和提供工业性劳务所实现收入的账户。其贷方登记企业实现的主营业务收入，即主营业务收入的增加；借方登记发生销售退回、销售折让时应冲减本期的主营业务收入和期末转入“本年利润”账户的主营业务收入净额；期末结转后无余额。该账户应按主营业务的种类设置明细账，进行明细分类核算。

(2)“应收账款”账户。该账户的性质属于资产类，用来核算因销售商品和提供劳务等而应向购货单位或接受劳务单位收取货款的结算情况（结算债权），以及代购买单位垫付的各种款项。其借方登记由于销售商品、提供劳务等而发生的应收账款（即应收账款的增加），包括应收取的价款、税款和代垫款等；贷方登记已经收回的应收账款（即应收账款的减少）。期末余额如在借方，表示尚未收回的应收账款；期末余额如在贷方，表示预收的账款。该账户应按不同的购货单位或接受劳务单位设置明细账户，进行明细分类核算。

(3)“预收账款”账户。该账户的性质属于负债类，用来核算企业按照合同规定预收购买单位订货款的增减变动及结余情况。其贷方登记预收购买单位订货款的增加；借方登记销售实现时冲减的预收货款。期末余额如在贷方，表示企业预收款的结余额；期末余额如在借方，表示购货单位应补付给本企业的款项。该账户应按购货单位设置明细账户，进行明细分类核算。

(4)“应收票据”账户。该账户的性质属于资产类，是用来核算企业销售商品而收到购买单位开出并承兑商业承兑汇票或银行承兑汇票的增减变动及结余情况。其借方登记企业收到购买单位开出并承兑的商业汇票，即企业票据应收款的增加；贷方登记票据到期收回款项，即企业应收票据款的减少。期末如有余额应在借方，表示尚未到期的应收票据结余额。该账户不设置明细账户，为了了解每一应收票据的结算情况，企业应设置“应收票据备查簿”，逐笔登记每一应收票据的详细资料。

对于正常的销售商品活动，应按照收入确认的条件进行确认和计量，然后对计量的结果进行会计处理。按确认的收入金额与应收取的增值税税额，借记“银行存款”“应收账款”“应收票据”等账户；按确定的收入金额，贷记“主营业务收入”账户；按应收取的增值税税额，贷记“应交税费——应交增值税（销项税额）”账户。

【例 4-30】甲公司向东方工厂销售 A 产品 50 台，每台售价 4 800 元，发票注明该批 A 产品的价款为 240 000 元，增值税税额为 31 200 元，收到已承兑的金额为 271 200 元的商业汇票一张。

这项经济业务的发生，一方面使公司应收票据款增加 271 200 元；另一方面使公司主营业务收入增加 240 000 元，应交增值税销项税额增加 31 200 元；涉及“应收票据”“主营业务收入”“应交税费——应交增值税（销项税额）”三个账户。编制的会计分录如下：

借：应收票据 271 200
　贷：主营业务收入 240 000
　　应交税费——应交增值税（销项税额） 31 200

【例 4-31】甲公司按合同规定预收正大工厂订购 B 产品的货款 500 000 元，存入银行。

这项经济业务的发生，一方面使公司银行存款增加 500 000 元，另一方面使公司预收款增加 500 000 元，涉及“银行存款”和“预收账款”两个账户。编制的会计分录如下：

借：银行存款 500 000
　贷：预收账款——正大工厂 500 000

【例 4-32】甲公司赊销给机车厂 A 产品 120 台，发票注明的价款为 576 000 元，增值税税额为 74 880 元。

这项经济业务的发生，一方面使公司的应收款增加 650 880（576 000＋74 880）元；另一方面使公司的主营业务收入增加 576 000 元，增值税销项税额增加 74 880 元；涉及“应收账款”“主营业务收入”“应交税费——应交增值税”三个账户。编制的会计分录如下：

借：应收账款——机车厂 650 880
　贷：主营业务收入 576 000
　　应交税费——应交增值税（销项税额） 74 880

【例 4-33】承例 4-31，甲公司本月预收正大工厂货款的 B 产品 70 台，现已发货，发票注明的价款为 1 400 000 元，增值税销项税额为 182 000 元。原预收款不足，其差额部分当即收到并存入银行。

公司原预收正大工厂货款 500 000 元，而现在发货的价税款为 1 582 000（1 400 000＋182 000）元，不足款项的差额为 1 082 000（1 582 000－500 000）元。这项经济业务的发生，一方面使公司的预收款减少 500 000 元，银行存款增加 1 082 000 元；另一方面使公司的主营业务收入增加 1 400 000 元，增值税销项税额增加 182 000 元；涉及“预收账款”“银行存款”“主营业务收入”“应交税费——应交增值税（销项税额）”四个账户。编制的会计分录如下：

借：预收账款——正大工厂 500 000
　银行存款 1 082 000
　贷：主营业务收入 1 400 000
　　应交税费——应交增值税（销项税额） 182 000

【例 4－34】甲公司收到机车厂开出并承兑的商业汇票 650 880 元，抵偿欠本公司的货款。

这项经济业务的发生，一方面使公司的应收票据款增加 650 880 元，另一方面使公司的应收款减少 650 880 元，涉及“应收票据”和“应收账款”两个账户。编制的会计分录如下：

借：应收票据　　650 880

　贷：应收账款——机车厂　　650 880

对于收到的机车厂的商业汇票，同时应在“应收票据备查簿”中进行备查登记。

【例 4－35】甲公司赊销给大明商店 52 台 A 产品，发票注明的货款为 258 000 元，增值税税额为 33 540 元。另外，公司用银行存款代大明商店垫付 A 商品运费 1 500 元。

这项经济业务的发生，一方面使公司的应收款增加 293 040（258 000＋33 540＋1 500）元；另一方面使公司的主营业务收入增加 258 000 元，增值税销项税额增加 33 540 元，银行存款减少 1 500 元；涉及“应收账款”“主营业务收入”“应交税费——应交增值税（销项税额）”“银行存款”四个账户。编制的会计分录如下：

借：应收账款——大明商店　　293 040

　贷：主营业务收入　　258 000

　　　应交税费——应交增值税（销项税额）　　33 540

　　　银行存款　　1 500

【例 4－36】甲公司上个月销售给创业集团的 B 产品由于质量问题本月被退回 10 台，按照规定应冲减本月的收入 200 000 元和增值税税额 26 000 元，有关款项通过银行付清。

这项经济业务的发生，一方面应冲减本月的收入和增值税税额，另一方面应减少公司银行存款，涉及“主营业务收入”“应交税费——应交增值税（销项税额）”“银行存款”三个账户。编制的会计分录如下：

借：主营业务收入　　200 000

　　应交税费——应交增值税（销项税额）　　26 000

　贷：银行存款　　226 000

**2. 主营业务成本的核算**

企业销售商品，一方面库存商品减少，另一方面表明为取得主营业务收入而垫支了资金，即主营业务成本。将销售发出的商品成本转为主营业务成本，应遵循配比原则的要求，也就是说，主营业务成本的结转应与主营业务收入在同一会计期间加以确认，同时主营业务成本应与主营业务收入在数量上应保持一致。主营业务成本的计算公式如下：

本期应结转的主营业务成本＝本期销售商品的数量×单位商品的生产成本

式中单位商品的生产成本的确定，应考虑期初库存的商品成本和本期入库的商品成本情况，可分别采用先进先出法、加权平均法等方法确定，方法一经确定，不得随意变动。

企业应当设置“主营业务成本”账户，该账户的性质属于损益类，用来核算企业主营业务而发生的实际成本及其结转情况。其借方登记主营业务发生的实际成本；贷方登记期末转入“本年利润”账户的主营业务成本；期末结转后无余额。该账户应根据主营业务的种类设置明细账户，进行明细分类核算。

【例4-37】根据例4-30至例4-36的资料，甲公司在月末结转本月已销售的A、B产品的销售成本，其中A产品的单位成本为3 200元，B产品的单位成本为13 600元。

首先需要计算确定已销售的A、B产品的销售成本。由于本期销售A产品222（52+120+50）台，其销售总成本为710 400（3 200×222）元。本期销售B产品70台，其销售成本为952 000（13 600×70）元，另外，本月还发生B产品退货10台，应冲减本月的销售成本为136 000（13 600×10）元，因而，本月应结转的B产品销售成本为816 000（952 000—136 000）元。

这项经济业务涉及“主营业务成本”和“库存商品”两个账户。编制的会计分录如下：

| | | |
|---|---|---|
| 借：主营业务成本——A商品 | 710 400 | |
| 　　　　　　　　——B商品 | 816 000 | |
| 　贷：库存商品——A商品 | | 710 400 |
| 　　　　　　　——B商品 | | 816 000 |

**3. 税金及附加的核算**

企业在销售商品产品过程中，实现了商品的销售额，就应按税法规定缴纳各种销售税金及附加，包括消费税、城市维护建设税、资源税、教育费附加、房产税、土地使用税、车船税和印花税等。它们一般是在当月计算而在下个月缴纳，因而计算税金及附加时，一方面形成企业的一项负债，另一方面作为企业发生的一项费用支出。

企业应当设置“税金及附加”账户，该账户的性质属于损益类，用来核算企业经营主要业务而应由主营业务负担的各种税金及附加及结转情况。其借方登记按照税法规定的计税依据计算得出的各种税金及附加额；贷方登记期末转入“本年利润”账户的税金及附加额；期末结转后无余额。

【例4-38】甲公司经计算，本月销售A、B产品应缴纳的城市维护建设税为14 000元，教育费附加为6 000元。另外，该公司本月应交土地使用税20 000元、车船税15 000元。

这项经济业务的发生，一方面使公司的税金及附加增加55 000（14 000+6 000+20 000+15 000）元，另一方面使公司的应交税费增加55 000元，涉及“税金及附加”“应交税费”两个账户。编制的会计分录如下：

| | | |
|---|---|---|
| 借：税金及附加 | 55 000 | |
| 　贷：应交税费——应交土地使用税 | | 20 000 |
| 　　　　　　　——应交车船税 | | 15 000 |
| 　　　　　　　——应交城市维护建设税 | | 14 000 |
| 　　　　　　　——应交教育费附加 | | 6 000 |

企业在销售过程中，为了销售产品，还要发生各种销售费用，如广告费等。按照《企业会计准则》的规定，销售费用不作为销售收入的抵减项目，而是作为期间费用直接计入当期损益。关于销售费用的核算将在下一节介绍。

## 二、其他业务收支的核算

### （一）其他业务收入的核算

工业企业其他业务主要包括对外销售材料，对外出租包装物、商品或固定资产，对外转让无形资产使用权等，由于发生其他业务而实现的收入称为其他业务收入。其他业务收入属于企业日常活动中次要交易实现的收入，一般占企业总收入的比重较小。

企业应设置“其他业务收入”账户，该账户的性质属于损益类，用来核算除主营业务以外的其他业务收入的实现及结转情况。其贷方登记其他业务收入的实现，即增加；借方登记期末转入“本年利润”账户的其他业务收入额；期末结转后无余额。该账户应按其他业务的种类设置明细账户，进行明细分类核算。

【例 4－39】甲公司销售一批原材料，价款为 28 000 元，增值税税额为 3 640 元，款项收到存入银行。

企业销售原材料、包装物等存货属于日常活动中的次要交易。这项经济业务的发生，一方面使公司银行存款增加 31 640（28 000＋3 640）元；另一方面使公司的其他业务收入增加 28 000 元，增值税销项税额增加 3 640 元；涉及“银行存款”“其他业务收入”“应交税费——应交增值税（销项税额）”三个账户。编制的会计分录如下：

| | | |
|---|---|---|
| 借：银行存款 | 31 640 | |
| 　贷：其他业务收入 | | 28 000 |
| 　　　应交税费——应交增值税（销项税额） | | 3 640 |

【例 4－40】甲公司向某单位转让商标的使用权，获得收入 100 000 元，增值税税率为 6%，款项存入银行。

这项经济业务的发生，一方面使公司的银行存款增加 106 000 元；另一方面使公司的其他业务收入增加 100 000 元、增值税销项税额增加 6 000 元；涉及“银行存款”“其他业务收入”“应交税费——应交增值税（销项税额）”三个账户。编制的会计分录如下：

| | | |
|---|---|---|
| 借：银行存款 | 106 000 | |
| 　贷：其他业务收入 | | 100 000 |
| 　　　应交税费——应交增值税（销项税额） | | 6 000 |

【例 4－41】甲公司出租一批包装物，收到租金 6 780 元存入银行。

出租包装物的租金收入同样属于让渡资产的使用权收入，应列入其他业务收入范围。由于租金中包括增值税税额，因此应进行分离，即不含税租金为 6 000 [6 780÷(1＋13%)] 元，增值税税额为 780 元。

这项经济业务的发生，一方面使公司的其他业务收入增加 6 000 元，增值税销项税额增加 780 元；另一方面使公司的银行存款增加 6 780 元；涉及“银行存款”“其他业务收入”“应交税费——应交增值税（销项税额）”三个账户。编制的会计分录如下：

| | | |
|---|---|---|
| 借：银行存款 | 6 780 | |
| 　贷：其他业务收入 | | 6 000 |
| 　　　应交税费——应交增值税（销项税额） | | 780 |

### （二）其他业务成本的核算

企业在实现其他业务收入的同时，往往还要发生一些其他业务支出，包括与其他业务有关的成本、费用和税金等，如销售材料的成本支出、出租固定资产的折旧额、出租无形资产的摊销额、出租包装物应摊销的成本支出等。

为了核算这些支出，企业需要设置“其他业务成本”账户，该账户的性质属于损益类，用来核算企业除主营业务以外的其他业务成本的发生及转销情况。其借方登记其他业务成本的发生，即其他业务成本的增加；贷方登记期末转入“本年利润”账户的其他业务成本；期末结转后无余额。该账户应按其他业务的种类设置明细账户，进行明细分类核算。

【例 4－42】甲公司月末结转本月销售材料的成本 16 000 元。

这项经济业务的发生，一方面使公司的其他业务成本增加 16 000 元，另一方面使公司的库存材料成本减少 16 000 元，涉及“其他业务成本”和“原材料”两个账户。编制的会计分录如下：

借：其他业务成本　　16 000

　贷：原材料　　16 000

【例 4－43】甲公司结转本月出租包装物的成本 4 680 元。

这项经济业务的发生，一方面使企业的其他业务成本增加 4 680 元，另一方面使企业的库存包装物成本减少 4 680 元，涉及“其他业务成本”和“周转材料——包装物”两个账户。编制的会计分录如下：

借：其他业务成本　　4 680

　贷：周转材料——包装物　　4 680

# 第五节　财务成果业务的核算

## 一、财务成果的概念

财务成果是指企业在一定会计期间所实现的最终经营成果，也就是企业所实现的利润或亏损总额。利润或亏损是按照配比原则的要求，将一定时期内存在因果关系的收入与费用进行配比而产生的结果，收入大于费用支出的差额部分为利润，反之则为亏损。财务成果是综合反映企业在一定时期生产经营成果的重要指标。

## 二、财务成果的构成与计算

我国《企业会计准则》规定，利润包括收入减去费用后的净额、直接计入当期利润的利得和损失等。直接计入当期利润的利得和损失是指应当计入当期损益、会导致所有者权益发生增减变动的、与所有者投入资本或向所有者分配利润无关的利得或损失。

### （一）营业利润的计算公式

营业利润＝营业收入－营业成本－税金及附加－销售费用－管理费用－财务费用－资产减值损失－信用减值损失＋其他收益＋投资收益（－投资损失）＋公允价值变动收益（－公允价值变动损失）＋资产处置收益（－资产处置损失）

其中：

营业收入＝主营业务收入＋其他业务收入

营业成本＝主营业务成本＋其他业务成本

资产减值损失是指企业计提各项资产减值准备所形成的损失；信用减值损失是指企业因无法收回销货款而遭受的损失；公允价值变动收益（或损失）是指企业交易性金融资产等公允价值变动形成的应计入当期损益的利得（或损失）。

### （二）利润总额的计算公式

利润总额＝营业利润＋营业外收入－营业外支出

营业外收入是指与企业正常的生产经营活动没有直接关系的各项利得；营业外支出是指与企业日常生产经营活动没有直接关系的各项损失。

财务成果业务：公平分配与社会贡献

### （三）净利润的计算公式

净利润＝利润总额－所得税费用

### ※（四）综合收益的计算公式

综合收益＝净利润＋其他综合收益的税后净额（从利润表角度）

综合收益是指企业在某一期间除与所有者以其所有者身份进行的交易之外的其他交易或事项所引起的所有者权益变动。因此，在一会计期间内，企业与所有者发生的资本性交易（所有者投入企业资本和向所有者分配利润）不属于企业的经营活动，但会导致所有者权益发生变动，应从综合收益中剔除。从资产负债表角度看，综合收益＝所有者权益变动额－与所有者发生的资本交易金额＝(期末所有者权益－期初所有者权益)－所有者投入资本（＋所有者减少资本)＋对所有者（或股东）分配。

## 三、净利润形成过程的核算

### （一）期间费用的核算

期间费用是指不能直接归属于某个特定的产品成本，而应直接计入当期损益的各种费用，包括为管理企业的生产经营活动而发生的管理费用、为筹集资金而发生的财务费用、为销售商品（产品）等而发生的销售费用等[①]。

① 这里只介绍管理费用和销售费用，财务费用已在本章第二节涉及。

管理费用是指企业为组织和管理企业的生产经营活动而发生的各种管理费用，包括企业在筹建期间发生的开办费、董事会和行政管理部门在企业的经营管理中发生的或应由企业统一负担的公司经费、工会经费、董事会费、聘请中介机构费、咨询费（含顾问费）、诉讼费、业务招待费、差旅费、技术转让费、研究费用、排污费及企业生产车间（部门）和行政管理部门发生的固定资产修理费等。

销售费用是指企业在销售商品（产品）、提供劳务等日常经营过程中发生的各项费用，以及专设销售机构（含销售网点、售后服务网点等）的各项经费，包括产品自销发生的运输费、装卸费、包装费、保险费、商品维修费和预计产品质量保证损失，产品促销发生的展览费、广告费、租赁费，以及为销售本企业商品（产品）而专设的销售机构的职工薪酬、业务招待费、折旧费和固定资产修理费等经常性费用。

为了核算期间费用的发生情况，企业需要设置以下账户：

(1)“管理费用”账户。该账户的性质属于损益类，用来核算管理费用的发生和结转情况。其借方登记企业发生的各项管理费用；贷方登记期末转入“本年利润”账户的管理费用；期末结转后无余额。该账户应按费用项目设置专栏，进行明细分类核算。

(2)“销售费用”账户。该账户的性质属于损益类，用来核算销售费用的发生和结转情况。其借方登记企业所发生的各项销售费用；贷方登记期末结转入“本年利润”账户的销售费用；期末结转后应无余额。该账户应按费用项目设置专栏，进行明细分类核算。

【例 4-44】甲公司的员工出差归来报销差旅费 2 460 元，费用全部用该员工的公务卡支付。

差旅费属于企业的期间费用，在“管理费用”账户核算。这项经济业务的发生，一方面使企业的管理费用增加 2 460 元，另一方面使公司的银行存款减少 2 460 元，涉及“管理费用”“银行存款”两个账户。编制的会计分录如下：

借：管理费用　　2 460

　贷：银行存款　　2 460

【例 4-45】甲公司用银行存款支付会务费 16 320 元。

会务费属于管理费用。这项经济业务的发生，一方面使公司的管理费用增加 16 320 元，另一方面使公司的银行存款减少 16 320 元，涉及“管理费用”和“银行存款”两个账户。编制的会计分录如下：

借：管理费用　　16 320

　贷：银行存款　　16 320

【例 4-46】甲公司用银行存款 5 200 元支付销售产品的运输费。

销售产品的运输费属于销售费用。这项经济业务的发生，一方面使公司的销售费用增加 5 200 元，另一方面使公司的银行存款减少 5 200 元，涉及“销售费用”和“银行存款”两个账户。编制的会计分录如下：

借：销售费用　　5 200

　贷：银行存款　　5 200

【例 4 - 47】甲公司下设一个销售网点，经计算确定该网点销售人员的工资为 36 500 元，提取的福利费为 5 110 元。

销售机构人员的工资及福利费等职工薪酬属于销售费用。这项经济业务的发生，一方面使公司的销售费用增加 41 610（36 500＋5 110）元，另一方面使公司的应付职工薪酬增加 41 610 元，涉及“销售费用”“应付职工薪酬”两个账户。编制的会计分录如下：

借：销售费用　　41 610
　贷：应付职工薪酬——工资　　36 500
　　　　　　　　——福利费　　5 110

【例 4 - 48】甲公司自行研究开发一项新产品专利技术，在研究阶段发生材料费 2 800 元、人工工资 20 210 元。

自行开发无形资产研究阶段的支出应全部费用化。这项经济业务的发生，一方面使公司的管理费用增加 23 010（2 800＋20 210）元；另一方面使公司的原材料减少 2 800 元，应付职工薪酬增加 20 210 元；涉及“管理费用”“原材料”“应付职工薪酬”三个账户。编制的会计分录如下：

借：管理费用　　23 010
　贷：原材料　　2 800
　　　应付职工薪酬　　20 210

### （二）营业外收支的核算

营业外收入是指与企业正常的生产经营活动没有直接关系的各种利得，主要包括处置毁损报废的固定资产利得、盘盈利得、罚没利得、捐赠利得和确实无法支付而按规定程序经批准后转作营业外收入的应付款项等。

营业外支出是指企业发生的与其日常活动无直接关系的各项损失，主要包括非流动资产毁损报废处置损失、盘亏损失、罚款支出、公益性捐赠支出和非常损失等。

营业外收入减去营业外支出后的余额即为企业的营业外收支净额，如为正数，则增加当期的利润总额；如为负数，则减少当期的利润总额。

为了核算营业外收支情况，企业应当设置以下账户：

(1)“营业外收入”账户。该账户的性质属于损益类，用来核算企业各项营业外收入的实现及结转情况。其贷方登记营业外收入的实现即营业外收入的增加；借方登记会计期末转入“本年利润”账户的营业外收入额；期末结转后无余额。该账户应按收入的具体项目设置明细账户，进行明细分类核算。

(2)“营业外支出”账户。该账户的性质属于损益类，用来核算企业各项营业外支出的发生及转销情况。其借方登记营业外支出的发生，即营业外支出的增加；贷方登记期末转入“本年利润”账户的营业外支出额；期末结转后无余额。该账户应按照支出的具体项目设置明细账户，进行明细分类核算。

【例 4 - 49】甲公司收到某单位的违约罚款收入 84 800 元，存入银行。

这项经济业务的发生，一方面使公司的银行存款增加 84 800 元，另一方面使公司的营业外收入增加 84 800 元，涉及“银行存款”和“营业外收入”两个账户。编制的会计分录如下：

借：银行存款　　84 800

　贷：营业外收入　　84 800

【例 4－50】甲公司用银行存款 20 000 元支付税收滞纳金。

这项经济业务的发生，一方面使公司的银行存款减少 20 000 元，另一方面使公司的营业外支出增加 20 000 元，涉及“银行存款”和“营业外支出”两个账户。编制的会计分录如下：

借：营业外支出　　20 000

　贷：银行存款　　20 000

### （三）企业净利润形成的核算

**1. 利润总额的计算**

将以上经济业务综合起来，就可以计算确定甲公司在本期所实现的利润或亏损总额。

甲公司的利润总额＝598 550＋84 800－20 000＝663 350（元）

注：算式中 598 550 是营业利润，可根据前面的资料算得。

**2. 所得税费用的核算**

所得税是企业按照国家税法的有关规定，对企业某一经营年度实现的经营所得和其他所得，按照规定的所得税税率计算缴纳的一种税款。所得税通常是按年计算，分期预交，税率一般为 25%，年末汇算清缴。其计算公式为：

所得税税额＝应纳税所得额×所得税税率

应纳税所得额＝会计利润总额±所得税前利润中予以调整的项目金额[①]

企业应当设置“所得税费用”账户，该账户的性质属于损益类，用来核算企业按照有关规定应在当期损益中扣除的所得税费用的计算及结转情况。其借方登记按照应纳税所得额计算出的所得税费用额；贷方登记期末转入“本年利润”账户的所得税费用额；期末结转后无余额。

【例 4－51】甲公司本期实现的利润总额为 663 350 元，按照 25%的税率计算本期的所得税税额。

这项经济业务的发生，一方面使公司的所得税费用增加 165 837.5 元，另一方面使公司的应交税费增加 165 837.5 元，涉及“所得税费用”和“应交税费”两个账户。编制的会计分录如下：

借：所得税费用　　165 837.5

　贷：应交税费——应交所得税　　165 837.5

**3. 净利润形成的核算**

企业应当设置“本年利润”账户，该账户的性质属于所有者权益类，用来核算企业一

---

① 本书假定纳税调整项目金额为零，因而可以会计利润总额为基础计算企业所得税税额。

定时期内净利润的形成或亏损的发生情况。其贷方登记会计期末转入的各项收入，包括主营业务收入、其他业务收入、营业外收入、资产处置收益、其他收益、公允价值变动收益和投资净收益等；借方登记会计期末转入的各项支出，包括主营业务成本、其他业务成本、税金及附加、管理费用、财务费用、销售费用、营业外支出、资产减值损失、信用减值损失、资产处置损失、公允价值变动损失、投资净损失和所得税费用等。期末余额在贷方，表示实现的累计净利润；期末余额在借方，表示累计发生的亏损。

年末应将“本年利润”账户的余额转入“利润分配”账户，如果是净利润，应自该账户的借方转入“利润分配”账户的贷方；如果是净亏损，应自该账户的贷方转入“利润分配”账户的借方，年末结转后无余额。

“本年利润”账户的结构如图 4-8 所示。

借　　　　　　本年利润　　　　　　贷

| 借方 | 贷方 |
| --- | --- |
| 期末转入的各项支出：<br>（1）主营业务成本<br>（2）其他业务成本<br>（3）税金及附加<br>（4）管理费用<br>（5）财务费用<br>（6）销售费用<br>（7）资产减值损失<br>（8）信用减值损失<br>（9）投资净损失<br>（10）公允价值变动损失<br>（11）资产处置损失<br>（12）营业外支出<br>（13）所得税费用 | 期末转入的各项收入：<br>（1）主营业务收入<br>（2）其他业务收入<br>（3）其他收益<br>（4）投资净收益<br>（5）公允价值变动收益<br>（6）资产处置收益<br>（7）营业外收入 |
| 期末余额：累计亏损 | 期末余额：累计净利润 |

**图 4-8 “本年利润”账户结构图**

【例 4-52】甲公司在会计期末将本期实现的各项收入，包括主营业务收入 2 274 000 元、其他业务收入 134 000 元、营业外收入 84 800 元转入“本年利润”账户。

这项经济业务的发生，一方面使公司的有关损益类账户所记录的各种收入减少，另一方面使公司的利润额增加，涉及“主营业务收入”“其他业务收入”“营业外收入”“本年利润”四个账户。编制的会计分录如下：

借：主营业务收入　　2 274 000
　　其他业务收入　　134 000
　　营业外收入　　84 800
　贷：本年利润　　2 492 800

【例 4-53】会计期末，企业将本期发生的各项支出，包括主营业务成本 1 526 400 元、其他业务成本 20 680 元、税金及附加 55 000 元、管理费用 158 060 元、财务费用 2 500 元、销售费用 46 810 元、营业外支出 20 000 元转入“本年利润”账户。

这项经济业务的发生，一方面需要将记录在有关损益类账户中的各项支出予以转销，另一方面结转支出会使得公司的利润减少，涉及“本年利润”“主营业务成本”“其他业务成本”“税金及附加”“管理费用”“财务费用”“销售费用”“营业外支出”等账户。编制的会计分录如下：

| | | |
|---|---|---|
| 借：本年利润 | 1 829 450 | |
| 贷：主营业务成本 | | 1 526 400 |
| 其他业务成本 | | 20 680 |
| 税金及附加 | | 55 000 |
| 管理费用 | | 158 060 |
| 财务费用 | | 2 500 |
| 销售费用 | | 46 810 |
| 营业外支出 | | 20 000 |

【例 4-54】承例 4-53 和例 4-54，会计期末，企业确认并结转所得税费用。

确认所得税费用时，应先计算出企业的利润总额为 663 350（2 492 800—1 829 450）元，企业的所得税税额为 165 837.5（663 350×25%）元。编制的会计分录如下：

| | | |
|---|---|---|
| 借：所得税费用 | 165 837.5 | |
| 贷：应交税费——应交所得税 | | 165 837.5 |

结转所得税费用，一方面使公司的所得税费用减少 165 837.5 元，另一方面使公司的利润额减少 165 837.5 元。所得税费用的减少是费用支出的减少，应记入“所得税费用”账户的贷方，利润的减少是所有者权益的减少，应记入“本年利润”账户的借方。编制的会计分录如下：

| | | |
|---|---|---|
| 借：本年利润 | 165 837.5 | |
| 贷：所得税费用 | | 165 837.5 |

所得税费用转入“本年利润”账户之后，就可以根据“本年利润”账户的借、贷方记录的各项支出和收入计算确定企业的净利润额。即：

净利润＝663 350－165 837.5＝497 512.5（元）

通过分析企业主营业务收入和其他业务收入的核算，企业可在合理合规合法的基础上实现主营业务收入和其他业务收入，在遵守职业道德的前提下追求企业利润的最大化。

## 四、企业利润分配业务的核算

利润分配是指企业根据法律、董事会或类似权力机构提请股东大会或类似批准机构批准的、对企业可供分配利润指定其特定用途和分配给投资者的行为。股份公司实现的净利润应按公司法、公司章程以及股东大会决议的要求进行分配。企业应当正确进行利润分配业务的核算，切实维护各方合法权益。盈余分配关系着职工、单位及国家等多方面利益，直接关联着单位的近期利益与长期的发展，更关系着单位局部利益与整体利益是否相协调。因此，对于盈余分配应当对各方面的利益进行兼顾，做到公平、公正与公开。若单位盈余分配出现问题，单位的和谐健康发展必然受到直接影响。

### （一）利润分配的顺序

企业当年实现的净利润，首先可弥补以前年度尚未弥补的亏损①，然后应当按照下列顺序进行分配。

**1. 提取法定盈余公积**

法定盈余公积应按照本年实现净利润的一定比例提取。《公司法》规定公司制企业按净利润的10%提取，其他企业可以根据需要确定提取比例，但不得低于10%。企业提取的法定盈余公积累计额超过注册资本50%以上的，可以不再提取。

**2. 提取任意盈余公积**

公司制企业可根据股东大会的决议提取任意盈余公积，其他企业经类似权力机构批准，也可提取任意盈余公积。

法定盈余公积和任意盈余公积的区别在于其各自计提的依据不同：前者以国家的法律法规为依据，后者由企业的权力机构自行决定。

**3. 向投资者分配利润或股利**

企业实现的净利润在扣除上述项目后，再加上年初未分配利润和其他转入数（公积金弥补的亏损等），形成可供投资者分配的利润，用公式表示为：

$$\begin{matrix}\text{可供投资者}\\\text{分配的利润}\end{matrix}=\text{净利润}-\begin{matrix}\text{弥补以前}\\\text{年度的亏损}\end{matrix}-\begin{matrix}\text{提取的法定}\\\text{盈余公积}\end{matrix}-\begin{matrix}\text{提取的任意}\\\text{盈余公积}\end{matrix}+\begin{matrix}\text{以前年度}\\\text{未分配利润}\end{matrix}$$

未分配利润是企业留待以后年度进行分配的利润或等待分配的利润，是所有者权益的一个重要组成部分。相对于所有者权益的其他部分来说，企业对于未分配利润的使用分配有较大的自主权。

### （二）利润分配业务的核算

**1. "利润分配"账户**

"利润分配"账户的性质属于所有者权益类，用来核算企业一定时期内净利润的分配或亏损的弥补，以及历年结存的未分配利润（或未弥补亏损）情况。其借方登记实际分配的利润额，包括提取的盈余公积和分配给投资者的利润及年末从"本年利润"账户转入的全年累计亏损额；贷方登记用盈余公积金弥补的亏损额等其他转入数及年末从"本年利润"账户转入的全年实现的净利润额。期末余额如果在借方，表示未弥补的亏损额；期末余额如果在贷方，表示未分配利润额。

"利润分配"账户一般应设置"提取法定盈余公积""提取任意盈余公积""应付现金股利或利润""转作股本的股利""盈余公积补亏""未分配利润"等明细账户。期末，将"利润分配"账户下的其他明细账户的余额转入"利润分配——未分配利润"明细账户，

① 《中华人民共和国企业所得税法》第18条规定，"企业纳税年度发生的亏损，准予向以后年度结转，用以后年度的所得弥补，但结转年限最长不得超过五年。"

结转后除“未分配利润”明细账户有余额外，其他各个明细账户均无余额。

“利润分配”的账户结构如图4-9所示。

| 借 | 利润分配 贷 |
|---|---|
| （1）已分配的利润额<br>①提取法定盈余公积<br>②提取任意盈余公积<br>③应付现金股利或利润<br>④转作股本的股利<br>（2）年末从“本年利润”账户转入的净亏损 | （1）盈余公积补亏<br>（2）年末从“本年利润”账户转入的净利润 |
| 年内余额：已分配利润额<br>年末余额：未弥补亏损额 | 期末余额：未分配利润 |

**图4-9 “利润分配”账户结构图**

**2. “盈余公积”账户**

“盈余公积”账户的性质属于所有者权益类，用来核算企业从税后利润中所提取盈余公积金的增减变动及结余情况。其贷方登记提取的盈余公积金，即盈余公积金的增加；借方登记实际使用的盈余公积金，即盈余公积金的减少；期末余额在贷方，表示结余的盈余公积金。“盈余公积”应设置“法定盈余公积”“任意盈余公积”明细科目。

**3. “应付股利”账户**

“应付股利”账户的性质属于负债类，用来核算企业按照董事会或股东大会决议分配给投资人股利（现金股利，下同）或利润的增减变动及结余情况。其贷方登记应付给投资人股利或利润的增加；借方登记实际支付给投资人的股利或利润即应付股利的减少；期末余额在贷方，表示尚未支付的股利或利润。需要注意的是，企业分配给投资人的股票股利不在本账户核算。

【例4-55】甲公司董事会决议，按净利润的10%提取法定盈余公积金，按净利润的5%提取任意盈余公积。该公司本年实现的净利润为497 512.5元，提取的法定盈余公积为49 751.25（497 512.5×10%）元，提取的任意盈余公积为24 875.625（497 512.5×5%）元。

这项经济业务的发生，一方面使公司的已分配的利润额增加74 626.875（49 751.25+24 875.625）元，另一方面使公司的盈余公积增加74 626.875元，涉及“利润分配”和“盈余公积”两个账户。编制的会计分录如下：

借：利润分配——提取法定盈余公积 49 751.25
　　　　　　——提取任意盈余公积 24 875.625
　贷：盈余公积——法定盈余公积 49 751.25
　　　　　　——任意盈余公积 24 875.625

【例4-56】甲公司董事会及股东大会决议，分配给股东现金股利80 000元，股票股利100 000元。

对于现金股利，在董事会确定利润分配方案之后，可立即进行账务处理，而股票股利在董事会确定利润分配方案并办理了增资手续之后，才能进行相应的账务处理。对于股利的分配，一方面使得公司已分配利润额增加 180 000（100 000＋80 000）元，另一方面，现金股利虽然已决定分配给股东，但在分配的当时并不实际支付，所以形成公司的一项负债，使得公司的应付股利增加 80 000 元，涉及“利润分配”和“应付股利”两个账户。已分配利润的增加是所有者权益的减少，应记入“利润分配”账户的借方，应付股利的增加是负债的增加，应记入“应付股利”账户的贷方。而对于股票股利，在分配时，应按面值记入“股本”账户（如有超面值部分应增加资本公积）。编制的会计分录如下：

对于现金股利：

借：利润分配——应付现金股利或利润　　80 000

　贷：应付股利　　80 000

对于股票股利：

借：利润分配——转作股本的股利　　100 000

　贷：股本　　100 000

【例 4－57】甲公司以前年度累计未弥补亏损 28 000 元，已经超过了用税前利润弥补的期限。经董事会决议，用盈余公积金全额弥补。

这项经济业务的发生，一方面使公司的盈余公积减少 28 000 元，另一方面使公司的可供分配利润增加 28 000 元，涉及“盈余公积”和“利润分配——未分配利润”两个账户。编制的会计分录如下：

借：盈余公积　　28 000

　贷：利润分配——盈余公积补亏　　28 000

【例 4－58】甲公司在年末结转本期实现的净利润。

这项经济业务的发生，一方面使公司记录在“本年利润”账户的累计净利润减少 556 972.5 元，另一方面使公司可供分配的利润增加 556 972.5 元，涉及“本年利润”和“利润分配”两个账户。编制的会计分录如下：

借：本年利润　　497 512.5

　贷：利润分配——未分配利润　　497 512.5

**提示**

以上内容为传统的会计核算下利润的计算方法，但在数智化会计循环背景下，利润的计算可以按照一定的规则从会计数据库中即时生成。

## 本章复习思维导图

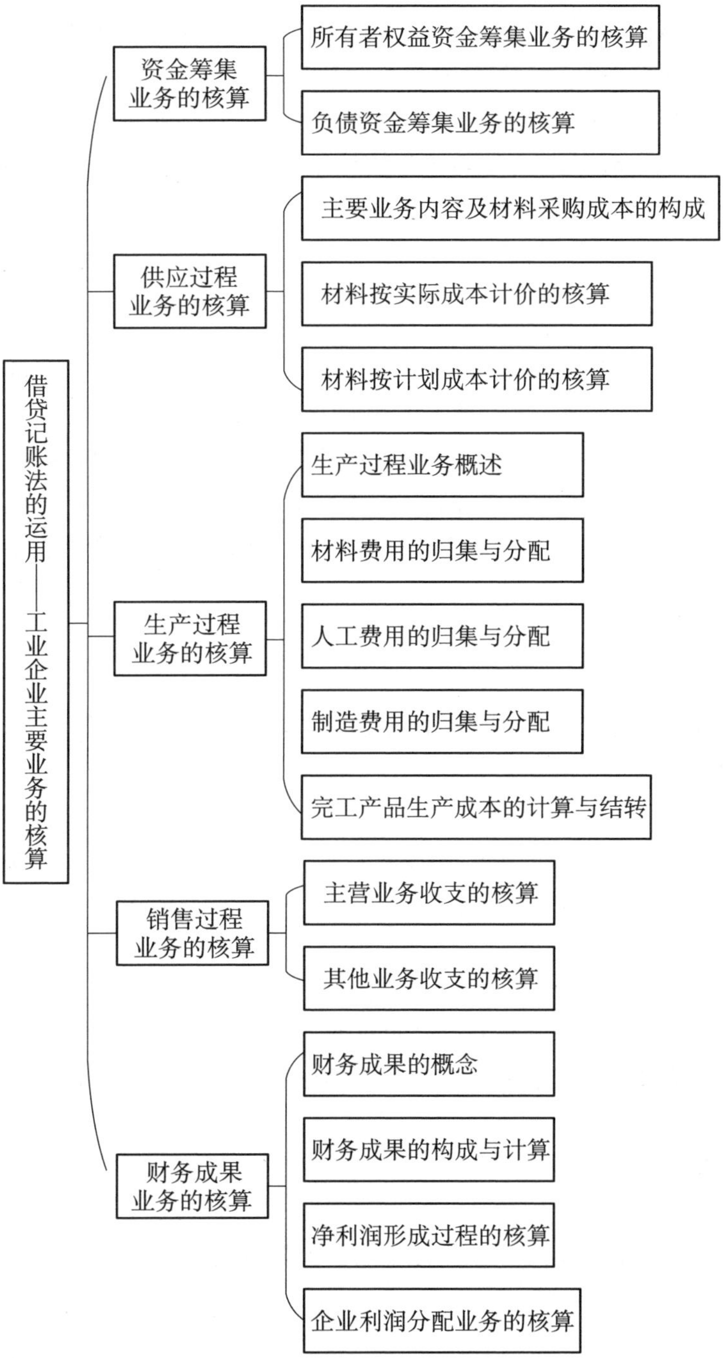


## 讨论与思考

1. 说明工业企业资金运动的过程及由此而形成的主要经济业务。

2. 企业筹资业务主要包括哪些内容？如何进行筹资业务的会计核算？

3. 企业供应阶段会计核算主要有哪些内容？如何进行会计处理？

4. 材料采购成本如何构成？怎样计算和结转材料采购成本？

5. 何谓生产费用？何谓产品成本？如何理解产品生产成本的计算与结转？

6. 何谓制造费用？怎样进行制造费用的归集与分配？

7. 企业销售阶段会计核算主要有哪些内容？如何进行账务处理？

8. 企业如何进行利润形成与分配的会计核算？怎样计算确定年末积存的未分配利润（或未弥补亏损）？

## 案例分析

李霞大学毕业后应聘到一家新成立的乡镇企业（增值税一般纳税人）做会计。她觉得自己是会计专业毕业的，熟稔会计专业的书本知识，认为只要采用复式记账法并遵循“有借必有贷，借贷必相等”的记账规则，为企业建一套规范的账目并非难事，因此她信心十足。下面是这个新企业第一个月所发生的部分经济业务，李霞为每笔经济业务作了如下会计分录。

（1）收到客户订购商品的订单，采购本公司产品 25 000 元。所购商品将于下月发出，本月编制会计分录如下：

| | | |
|---|---|---|
| 借：应收账款 | 25 000 | |
| 　贷：主营业务收入 | | 25 000 |

（2）企业司机运货途中违章驾驶支付交通违章罚款 200 元，编制会计分录如下：

| | | |
|---|---|---|
| 借：主营业务收入 | 200 | |
| 　贷：银行存款 | | 200 |

（3）由于市场原因该企业产品售价上浮 5%，上浮收入共计 10 000 元，款项已收。编制会计分录如下：

| | | |
|---|---|---|
| 借：银行存款 | 11 300 | |
| 　贷：营业外收入 | | 10 000 |
| 　　　应交税费——应交增值税（销项税额） | | 1 300 |

（4）经董事会决定同意新股东以 120 万元投资入股，拥有公司 100 万元的股份。编制会计分录如下：

| | | |
|---|---|---|
| 借：银行存款 | 1 200 000 | |
| 　贷：实收资本 | | 1 200 000 |

**试分析：**李霞所编制的会计分录是否正确？如果错误请改正。

## 客观题

### 一、单选题

1. “在途物资”账户必须（　　）才能转入“原材料”账户。

A. 已签订经济合同

B. 已结算货款

C. 已收到发票账单

D. 材料已验收入库并且采购成本计算完毕

2. 采购材料支付的增值税为价外税，以后可以从产品销售时取得的销项税额中抵扣。因此，企业收到的增值税专用发票上列示的增值税税额，应借记（ ）账户。

A. “在途物资——甲材料”

B. “应交税费——应交增值税（进项税额）”

C. “应收账款——甲材料”

D. “营业外支出——材料损耗”

3. “生产成本”账户的借方余额表示（ ）。

A. 完工产品成本 B. 期末在产品成本

C. 本期生产费用合计 D. 库存产成品成本

4. “库存商品”账户的期末借方余额表示（ ）。

A. 期末库存产成品的实际成本 B. 期末在产品的实际成本

C. 本期生产完工产品的实际成本 D. 本期发出产成品的实际成本

5.（ ）账户在期末费用分配以后，一般没有余额。

A. “在途物资” B. “生产成本” C. “制造费用” D. “累计折旧”

6. 下列经济业务中，引起资产和所有者权益同时减少的是（ ）。

A. 购买原材料一批、货款未付

B. 以银行存款购买原材料

C. 经批准某企业收回投资，以银行存款支付

D. 用银行存款偿还前欠购货款

7. “生产成本”账户的贷方登记（ ）。

A. 为生产产品发生的各项费用 B. 完工入库产品的生产成本

C. 已销产品的生产成本 D. 期末转入“本年利润”账户的成本

8. 销售部门人员的工资费用应计入（ ）。

A. 管理费用 B. 销售费用 C. 销售成本 D. 制造费用

9. 企业销售产品获得的收入应（ ）。

A. 贷记“主营业务收入”账户 B. 贷记“营业成本”账户

C. 借记“本年利润”账户 D. 贷记“营业外收入”账户

10. “累计折旧”账户余额反映了固定资产的（ ）。

A. 原价 B. 净值

C. 本年损耗价值 D. 累计损耗价值

11. 3 月 31 日，“本年利润”账户的贷方余额表示（ ）。

A. 年初至 3 月份累计实现的净利润 B. 3 月份实现的净利润

C. 3 月 31 日实现的净利润 D. 年初至 3 月份已分配的利润

12. 按协议，企业发给红星工厂 A 产品 1 000 件，含税价 22 600 元，则 A 产品的销售收入为（　　）元。

A. 22 600　　B. 20 000　　C. 25 538　　D. 17 699

13. 年末，“本年利润”账户贷方余额为 200 000 元，“利润分配”账户借方余额为 180 000 元，则年末“利润分配——未分配利润”账户的贷方余额为（　　）元。

A. 20 000　　B. 200 000　　C. 180 000　　D. 380 000

14. 本年利润总额为 10 000 元，应交所得税为 3 300 元，提取公积金 670 元，则未分配利润为（　　）元。

A. 6 030　　B. 6 700　　C. 6 000　　D. 5 000

15. 下列属于期间费用结转账户的是（　　）。

A. “管理费用”　　B. “生产成本”　　C. “制造费用”　　D. “库存商品”

16. 企业在销售过程中发生的广告费属于（　　）。

A. 直接费用　　B. 期间费用　　C. 间接费用　　D. 制造费用

17. 企业的营业利润加营业外收入减营业外支出以后的余额为（　　）。

A. 利润总额　　B. 计税利润　　C. 净利润　　D. 营业利润

18. 企业计提长期借款（到期还本付息）的利息支出时应贷记的账户是（　　）。

A. “财务费用”　　B. “长期借款——应计利息”

C. “应付利息”　　D. “在建工程”

19. 下列选项中，属于其他业务收入的是（　　）。

A. 存款利息收入　　B. 出售材料收入

C. 销售商品收入　　D. 清理固定资产净收益

20. 下列经济业务中，能引起资产和负债同时增加的是（　　）。

A. 用银行存款购买原材料　　B. 预收销货款存入银行

C. 提取盈余公积金　　D. 年终结转净利润

## 二、多选题

1. 下列账户中，可能与“本年利润”账户发生对应关系账户的有（　　）。

A. “库存商品”　　B. “主营业务成本”

C. “主营业务收入”　　D. “投资收益”

E. “所得税费用”

2. 某项经济业务发生后引起银行存款减少 5 000 元，则相应的有可能引起（　　）。

A. 应付职工薪酬增加 5 000 元　　B. 固定资产增加 5 000 元

C. 短期借款减少 5 000 元　　D. 短期借款增加 5 000 元

3. 构成生产成本组成项目的有（　　）。

A. 直接材料　　B. 直接人工

C. 制造费用　　D. 管理费用

4. 下列项目中，属于营业外支出的有（　　）。

A. 非常损失　　B. 罚款支出
C. 公益救济性捐赠　　D. 确实无法收回的应收账款

5. 材料的采购成本包括（　　）。
A. 材料买价　　B. 材料运杂费
C. 运输途中的合理损耗　　D. 增值税进项税额
E. 材料采购人员的差旅费

6. 产品生产完工，验收入库时，应借记（　　）账户，贷记（　　）账户。
A. "生产成本"　　B. "主营业务成本"
C. "库存商品"　　D. "制造费用"

7. 产品已售出，结转其销售成本的会计分录，应借记（　　）账户，贷记（　　）账户。
A. "生产成本"　　B. "主营业务成本"
C. "库存商品"　　D. "制造费用"

8. 企业的会计人员误将当月发生的增值税进项税额计入材料采购成本，会导致（　　）。
A. 月末资产增加　　B. 月末利润增加
C. 月末负债增加　　D. 月末财务费用增加
E. 月末应交税费增加

9. 下列项目属于其他业务收入核算内容的有（　　）。
A. 出售固定资产收入　　B. 罚款收入
C. 包装物出租收入　　D. 出租固定资产收入

※10. 下列关于"利润分配"账户结构的说法，表述正确的有（　　）。
A. 借方登记实际分配的利润额或本期转入的净亏损额
B. 贷方登记盈余公积弥补的亏损额或本期转入的净利润
C. 年末若余额出现在借方表示未弥补的亏损额
D. 年末其明细分类账户的余额都要转入到未分配利润明细分类账户中

## 三、判断题

1. 企业购入材料物资，其运杂费应计入材料物资的采购成本。（　　）
2. 应付账款是指因购买材料、商品或接受劳务供应等而发生的债务。（　　）
3. 企业发生的广告费，应记入"管理费用"账户的借方。（　　）
4. 原材料的实际成本包括材料的买价、采购费用和应负担的增值税。（　　）
5. 行政部门发生的管理人员的工资，应记入"管理费用"账户的借方。（　　）
6. 年终结转以后，"本年利润"账户和"利润分配"账户均无余额。（　　）
7. 企业所有者投入的资本应当保全，在任何情况下，企业所有者都不得抽走投资。（　　）
8. 企业的资金筹集业务包括接受外单位或个人捐赠资产。（　　）
9. 在材料采购过程中支付的各种采购费用，不构成材料的成本，故应将其列为期间费用处理。（　　）

10. “在途物资”账户期末如有余额，应为借方余额，表示在途材料的实际成本。（　　）

11. 在途材料是指企业采购的材料尚未运达企业或尚未验收入库，故不应该包括在企业的存货中。（　　）

## 实训题

### 实训一

1. 实训目的：练习资金筹集业务的核算。

2. 实训资料：20××年7月，大富公司（增值税一般纳税人）发生如下经济业务：

(1) 接受大力公司投资50 000元，存入银行。

(2) 收到电子公司投资，其中设备估价70 000元交付使用，材料价值15 000元验收入库。

(3) 自银行取得期限为6个月的借款200 000元存入银行。

(4) 上述借款年利率为6%，计算提取本月的借款利息。

(5) 经有关部门批准将资本公积金30 000元转增资本。

(6) 用银行存款47 200元偿还到期的银行临时借款40 000元和利息7 200元（假设利息已计提）。

3. 实训要求：根据上述经济业务编制相关会计分录。

### 实训二

1. 实训目的：练习实际计价方式下材料采购业务的核算。

2. 实训资料：大富公司（增值税一般纳税人）材料的收发采用实际计价方式。20××年7月，该公司发生如下材料采购业务：

(1) 公司购入甲材料3 500千克，单价8元，增值税进项税额3 640元，款项未付。

(2) 用银行存款1 750元支付上述甲材料运杂费。

(3) 购入乙材料120吨，单价420元，增值税进项税额6 552元，款项均通过银行付清。

(4) 公司购进甲材料1 800千克，含税单价9.04元；丙材料1 500千克，含税单价5.65元，增值税税率13%；另外供应单位代垫运费3 300元（按重量分配）。款项均已通过银行付清。

(5) 用银行存款10 000元预付订购材料款。

(6) 以前已预付款的丁材料本月到货，价款72 000元，增值税进项税额为9 360元。

(7) 本月购入的甲、乙、丙、丁材料均已验收入库，结转其成本。

3. 实训要求：根据上述经济业务编制相关会计分录（要求写出明细账户）。

### 实训三

1. 实训目的：练习生产过程业务的核算。

2. 实训资料：20××年7月，大富公司（增值税一般纳税人）发生如下产品生产业务：

（1）通过银行转账 58 000 元直接发放工资。

（2）仓库发出材料，用途如下：产品耗用 12 000 元；车间一般耗用 4 200 元；厂部一般耗用 1 500 元。

（3）开出现金支票 750 元购买厂部办公用品。

（4）计提本月固定资产折旧，其中车间折旧额 1 100 元，厂部折旧额 500 元。

（5）月末分配工资费用，其中生产工人工资 34 000 元，车间管理人员工资 16 000 元，厂部管理人员工资 8 000 元。

（6）各部门核销福利费，其中生产工人核销 4 760 元，车间管理人员核销 2 240 元，厂部管理人员核销 1 120 元。

（7）将本月发生的制造费用转入“生产成本”账户。

（8）本月生产的产品 40 台全部完工，验收入库，结转成本（假设没有期初期末在产品）。

3. 实训要求：根据上述经济业务编制相关会计分录。

**实训四**

1. 实训目的：练习销售过程业务的核算。

2. 实训资料：20××年 7 月，大富公司（增值税一般纳税人）发生如下销售业务：

（1）销售产品 18 台，单价 2 000 元，增值税税率 13%，价税款暂未收到。

（2）销售产品总价款 126 000 元，增值税销项税额 16 380 元，款项收到存入银行。

（3）用银行存款 1 500 元支付销售产品的广告费。

（4）预收某公司订货款 20 000 元存入银行。

（5）企业销售产品价款 478 000 元，增值税销项税额 62 140 元，收到一张已承兑的商业汇票。

（6）结转本月已销产品成本 350 000 元。

（7）经计算本月销售产品需缴纳城市维护建设税 1 600 元。

3. 实训要求：根据上述经济业务编制相关会计分录。

**实训五**

1. 实训目的：练习财务成果业务的核算。

2. 实训资料：20××年 7 月，大富公司（增值税一般纳税人）发生如下有关利润形成与分配的业务：

（1）用银行存款 4 500 元支付公司办公用品费。

（2）将无法偿还的应付款 18 000 元予以转账。

（3）用银行存款 6 000 元支付罚款支出。

（4）报销职工差旅费 2 000 元，费用全部用该员工的公务卡支付。

（5）预提应由本月负担的银行借款利息 450 元。

（6）收到罚款收入 20 000 元存入银行。

（7）结转本月实现的各项收入，其中产品销售收入148 000元，营业外收入32 000元。

（8）结转本月发生的各项费用，其中产品销售成本40 000元，产品销售费用1 500元，产品销售税金2 000元，管理费用33 600元，财务费用450元，营业外支出22 450元。

（9）确定公司7月份的利润总额，按25%的税率计算所得税并予以结转。

（10）年末结转本年净利润60 000元。

（11）按税后利润10%提取盈余公积金。

（12）将剩余利润的40%分配给投资人。

3. 实训要求：根据上述经济业务编制相关会计分录。

# 第五章 会计凭证及其智能化

## 职业能力目标

### 本章知识点

- 会计凭证的意义与种类
- 原始凭证与智能化处理（重点）
- 记账凭证与智能化处理（重点、难点）
- 会计凭证的传递与保管

### 学习目标

- 理解原始凭证与记账凭证的概念、内容
- 了解会计凭证的作用、传递与保管
- 熟悉会计凭证与智能化处理

北京国家会计学院的校训为“诚信为本、操守为重、坚持准则、不做假账”，“诚信为本”与“不做假账”充分体现了会计人员履行诚信职业道德的重要性，“坚持准则”明确了处理会计事项要按照法规办理。填制会计凭证是处理会计事项的起点，若起点出现错误或虚假，后续的会计账簿、会计报表也会失真，进而导致会计报表使用者做出错误决策，造成损失。因此我们必须坚持诚信、遵守法规、恪守会计职业道德，做合格的会计工作者。

# 第一节　会计凭证概述

## 一、会计凭证的概念

会计凭证，简称凭证，是记录经济业务、明确经济责任和登记账簿的书面证明。设置并填制会计凭证是会计核算方法之一。

《会计法》规定，会计主体办理任何一项经济业务，都必须办理凭证手续，由执行和完成该项经济业务的有关人员取得或填制会计凭证，记录经济业务的发生日期、具体内容、数量和金额，并在凭证上签名或盖章，对经济业务的合法性、真实性和正确性负完全责任。所有会计凭证都要由会计部门审核无误后才能作为记账的依据。因此，填制和审核会计凭证是会计信息处理的重要方法之一，也是整个会计核算工作的起点和基础。

## 二、会计凭证的作用

### （一）会计凭证是提供原始资料、传导经济信息的工具

会计信息是经济信息的重要组成部分。它一般是通过数据以会计凭证、会计账簿和会计报表等形式反映出来的。随着生产的发展，及时准确的会计信息在企业管理中的作用越来越重要。任何一项经济业务的发生，都要编制或取得会计凭证。会计凭证是记录经济活动的最原始资料，是经济信息的载体。通过会计凭证的加工、整理和传递，可以直接取得和传导经济信息，既协调了会计主体内部各部门、各单位之间的经济活动，保证生产经营各个环节的正常运转，又为会计分析和会计检查提供了基础资料。

### （二）会计凭证是登记会计账簿的依据

任何单位每发生一项经济业务，如现金的收付、商品的进出，以及往来款项的结算等，都必须通过填制会计凭证，如实记录经济业务的内容、数量和金额，然后经过审核无误后才能登记入账。如果没有合法的会计凭证作依据，任何经济业务都不能登记到会计账簿中。因此，做好会计凭证的填制和审核工作，是保证会计账簿资料真实、正确的重要条件。

### （三）会计凭证是加强经济责任的手段

会计凭证记录了每项经济业务的内容，并由有关部门和经办人员签章，这就要求有关部门和人员对经济活动的真实性、正确性、合法性负责。填制会计凭证有利于增强有关部门和人员的责任感，促使他们严格按照有关政策、法令、制度、计划或预算办事。如发生违法乱纪或经济纠纷事件，也可借助于会计凭证确定各经办部门和人员所负的经济责任，并据以进行正确地裁决和处理，从而加强经营管理的岗位责任制。

### （四）会计凭证是实行会计监督的条件

通过会计凭证的审核，可以查明各项经济业务是否符合法规、制度的规定，是否存在贪污盗窃、铺张浪费和损公肥私行为，从而发挥会计的监督作用，保护各会计主体所拥有资产的安全完整，维护投资者、债权人和有关各方的合法权益。

某咖啡公司财务造假事件

## 三、会计凭证的种类

《关于推广应用电子凭证会计数据标准的通知》

### （一）按生成、传输和存储方式的不同分类

按生成、传输和存储方式的不同，会计凭证可以分为电子会计凭证和纸质会计凭证两大类。

**1. 电子会计凭证**

电子会计凭证是指通过计算机系统工具，依赖计算机系统阅读、处理并可在通信网络上传输的会计凭证，电子会计凭证包括电子原始凭证和电子记账凭证，例如，电子发票、财政电子票据、电子客票、电子行程单、电子海关专用缴款书、银行电子回单等会计凭证。电子凭证的兴起主要依托于现代计算机、通信、互联网等信息化技术的深入研究。例如，增值税电子发票是由企业、单位在实际发生交易后，增值税电子发票开具方将电子发票结构化数据通过 XBRL 工具包生成 XBRL 格式的实例文档，形成电子凭证增值税发票。

**2. 纸质会计凭证**

纸质会计凭证是指以纸张为载体，用于记录和证明经济主体经济业务发生或完成情况，明确经济责任，并作为登记会计账簿依据的书面文件。

### （二）按编制程序和用途的不同分类

按编制程序和用途的不同，会计凭证可分为原始凭证和记账凭证两大类。

**1. 原始凭证**

原始凭证是指在经济业务发生或完成时取得或编制的载明经济业务的具体内容、明确经济责任、具有法律效力的书面证明。原始凭证是组织会计核算的原始资料和重要依据。随着信息技术在会计领域中的广泛应用以及电子商务的迅猛发展，大数据和人工智能已经

成为会计发展的必然趋势，原始凭证电子化应运而生。原始凭证电子化指利用信息技术通过企业信息平台对各项经济业务中产生的原始数据完成采集、传递及保管等一系列过程。无论是纸质原始凭证还是电子原始凭证都可以按不同标志进行分类。

（1）按来源不同分类。

按来源不同，原始凭证可分为外来原始凭证和自制原始凭证。

1）外来原始凭证是指在经济业务活动发生或完成时，从其他单位或个人直接取得的原始凭证，如增值税专用发票（见图5-1）、铁路运输部门的火车票、对外支付款项时取得的收据（见图5-2）等。

重庆增值税专用发票

全国统一发票监制章 国家税务总局 重庆市税务局

发票联

开票代码：041 001500123
发票号码：00941346
开票日期：20××年 08 月 15 日
校 验 码：69116 69985 41968 85241

机器编号：5023546532

| | | | |
|---|---|---|---|
| 购买方 | 名　　称：重庆嘉士园食品有限公司<br>纳税人识别号：510324592136526<br>地 址、电 话：重庆市沙坪坝区汉渝路58号 86553218<br>开户行及账号：工行沙坪坝区分行，31012863642578 | 密码区 | 1*6<+81+574+9*2+/>0-39063/*<br>-*0/968*624582>91*3/*1<6*42<br>2477>/42**0+7-2</24-630-391<br>611+>51433*124*5-+44<>9/940 |

| 货物或应税劳务、服务名称 | 规格型号 | 单位 | 数 量 | 单 价 | 金 额 | 税率 | 税 额 |
|---|---|---|---|---|---|---|---|
| 包装箱 | | 个 | 1 000 | 15 | 15 000.00 | 13% | 1 950.00 |
| 包装袋 | | 个 | 10 000 | 0.10 | 1 000.00 | 13% | 130.00 |
| 包装纸 | | 千克 | 400 | 15 | 6 000.00 | 13% | 780.00 |
| 合　计 | | | | | ¥220 000.00 | | ¥2 860.00 |
| 价税合计（大写） | ⊗贰万肆仟捌佰陆拾元整 | | | | ¥24 860.00 | | |

| | | | |
|---|---|---|---|
| 销售方 | 名　　称：重庆华美包装制品公司<br>纳税人识别号：500103478957891<br>地 址、电 话：重庆沙坪坝区 865387952<br>开户银行及账号：工行井口支行 31056872398561 | 备注 | 重庆华美包装制品公司 500103478957891 发票专用章 |

第三联：发票联 购货方记账凭证

**图5-1　增值税专用发票**

收 据

年　　月　　日　　　　　　NO.

付款单位＿＿＿＿＿＿＿＿＿＿＿＿＿＿＿＿　收款方式＿＿＿＿＿＿＿

人民币（大写）＿＿＿＿＿＿＿＿＿＿　（小写）¥＿＿＿＿＿＿＿

收款事由＿＿＿＿＿＿＿＿＿＿＿＿＿＿＿＿＿＿＿＿＿＿＿＿＿＿

会计：　　　　　出纳：　　　　　制单：

第　联

**图5-2　收据**

2）自制原始凭证是指本单位内部具体经办业务的部门和人员，在执行或完成某项经济业务时所填制的原始凭证，如收料单（见图 5-3）、领料单（见图 5-4）、产品入库单（见图 5-5）等。

**收 料 单**

供货单位：　　　　　年　月　日　　　　　凭证编号：

发票号码：　　　　　　　　　　　　　　　收料仓库：

| 材料类别 | 材料编号 | 材料名称及规格 | 计量单位 | 数量 | | 单价 | 金额 |
|---|---|---|---|---|---|---|---|
| | | | | 应收 | 实收 | | |
| | | | | | | | |
| | | | | | | | |
| 备注 | | | | | | 合　计 | |

第　联

仓库负责人：　　　记账：　　　仓库保管：　　　收料：

图 5-3　收料单

**领 料 单**

领料部门：　　　　　年　月　日　　　　　凭证编号：

领料用途：　　　　　　　　　　　　　　　发料仓库：

| 材料类别 | 材料编号 | 材料名称及规格 | 计量单位 | 数量 | | 单价 | 金额 |
|---|---|---|---|---|---|---|---|
| | | | | 请领 | 实领 | | |
| | | | | | | | |
| | | | | | | | |
| 备注 | | | | | | 合　计 | |

第　联

记账：　　　发料：　　　领料部门负责人：　　　领料：

图 5-4　领料单

**产 品 入 库 单**

年　月　日　　　　　编号：

交库单位：　　　　　　　　　　　　　　　产品仓库：

| 产品编号 | 产品名称 | 规格 | 单位 | 交付数量 | 检验结果 | | 实收数量 | 单价 | 金额 |
|---|---|---|---|---|---|---|---|---|---|
| | | | | | 合格 | 不合格 | | | |
| | | | | | | | | | |
| | | | | | | | | | |
| 备注 | | | | | | | | | |

第　联

记账：　　　检验：　　　仓库：　　　经手：

图 5-5　产品入库单

（2）按用途不同分类。

按用途不同，原始凭证可分为通知凭证、执行凭证和计算凭证。

1）通知凭证是指要求、指示或命令企业进行某项经济业务的原始凭证，如罚款通知书、付款通知单、银行进账单（见图 5－6）等。

中国工商银行 进账单（收账通知）

年 月 日

| | | | | | | | | | | | | | | | | |
|---|---|---|---|---|---|---|---|---|---|---|---|---|---|---|---|---|
| 收款人 | 全 称 | | 付款人 | 全 称 | | | | | | | | | | | | |
| | 账 号 | | | 账 号 | | | | | | | | | | | | |
| | 开户银行 | | | 开户银行 | | | | | | | | | | | | |
| 金额 | 人民币（大写） | | | | 亿 | 千 | 百 | 十 | 万 | 千 | 百 | 十 | 元 | 角 | 分 | |
| | | | | | | | | | | | | | | | | |
| 票据种类 | | | | | | | | | | | | | | | | |
| 票据张数 | | | | | | | | | | | | | | | | |
| 复核 记账 | | | 收款人开户银行签章 | | | | | | | | | | | | | |

此联是收款人开户银行交给收款人的收账通知

图 5－6 银行进账单

2）执行凭证是证明某项经济业务已经完成的原始凭证，如销货发票、收料单、领料单等。

3）计算凭证是对已完成的经济业务进行计算而编制的原始凭证，如产品成本计算单、制造费用分配表、职工薪酬计算表等。

（3）按填制的手段不同分类。

按填制的手段不同，原始凭证可分为一次凭证和累计凭证。

1）一次凭证是指填制手续一次完成的原始凭证。它反映一笔经济业务或同时反映若干同类经济业务的内容。日常的原始凭证多属此类，如现金收据、发货单等。外来原始凭证一般属一次凭证。

2）累计凭证是指一定时期内记载同类重复发生的经济业务并在一张凭证中多次填制才能完成的原始凭证，一般为自制原始凭证。为简化手续，平时随时登记发生的经济业务，并计算累计数，期末计算总数后作为记账的依据。最有代表性的是限额领料单（见图 5－7）。

限 额 领 料 单

领料部门　　　　　　　　　　　　　　　凭证编号

用　　途　　　　　　年　月　日　　　　发料仓库

| 材料类别 | 材料编号 | 材料名称及规格 | 计量单位 | 领用限额 | 实际领用 | 单价 | 金额 | 备注 |
|---|---|---|---|---|---|---|---|---|
| | | | | | | | | |
| 供应部门负责人： | | | | 生产计划部门负责人： | | | | |

| 日期 | 数量 | | 领料人签章 | 发料人签章 | 扣除代用数量 | 退料 | | | 限额结余 |
|---|---|---|---|---|---|---|---|---|---|
| | 请领 | 实发 | | | | 数量 | 收料人 | 发料人 | |
| | | | | | | | | | |
| | | | | | | | | | |
| | | | | | | | | | |

图 5－7 限额领料单

（4）按格式不同分类。

按格式不同，原始凭证可分为通用凭证和专用凭证。

1）通用凭证是指在一定范围内具有统一格式和使用方法的凭证。这里的一定范围，既可以是全国范围，也可以是某省、某市、某地区或某系统，如全国统一使用的银行承兑汇票，某一地区统一印制的收款收据等。

2）专用凭证是指具有特定内容和专门用途的原始凭证，如增值税专用发票、差旅费报销单等。

以上是按不同的标志对原始凭证所做的分类。它们之间相互依存、密切联系。例如，现金收据对出具收据的单位来讲是自制原始凭证，对接受收据的单位来讲则是外来原始凭证；同时，它既是一次凭证，又是执行凭证，还是专用凭证。

根据上述分类，可对原始凭证的分类做如下归纳（见图 5-8）。

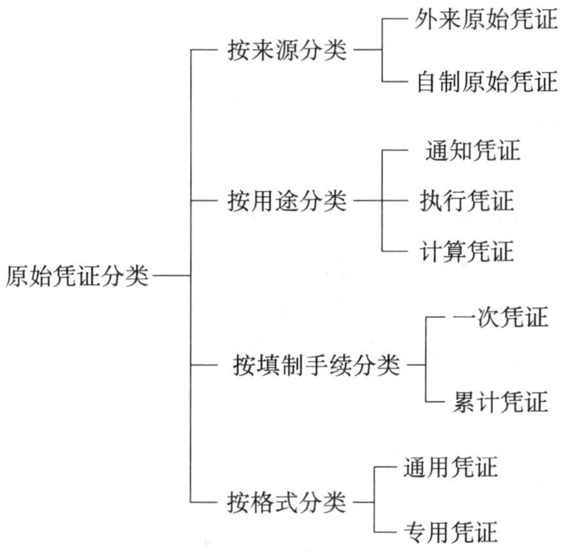


**图 5-8　原始凭证的分类**

在实际工作中，对业务内容相同、发生笔数较多的原始凭证，可按照一定的要求加以汇总，编制原始凭证汇总表，如发出材料汇总表（见图 5-9）。

**2. 记账凭证**

记账凭证是财会部门根据原始凭证填制，记载经济业务简要内容，确定会计分录，作为记账依据的会计凭证。

记账凭证，又称记账凭单或分录凭证，是由会计部门根据审核无误的原始凭证或原始凭证汇总表编制，按照登记会计账簿的要求确定会计账户名称、记账方向（应借、应贷）和金额的一种记录，是登记明细分类账和总分类账的依据。记账凭证可以按不同标志进行分类。

（1）按反映的经济业务的范围不同分类。

按反映的经济业务的范围不同，记账凭证可分为通用记账凭证和专用记账凭证。随着

**发出材料汇总表**

年　月　日

| 会计科目 | 领料部门 | 原材料 | 燃料 | 合计 |
|---|---|---|---|---|
| 基本生产成本 | 一车间 | | | |
| | 二车间 | | | |
| | 小计 | | | |
| 辅助生产成本 | 供电车间 | | | |
| | 锅炉车间 | | | |
| | 小计 | | | |
| 制造费用 | 一车间 | | | |
| | 二车间 | | | |
| | 小计 | | | |
| 合计 | | | | |

会计负责人　　复核　　制表

图 5-9　发出材料汇总表

数智化的普及，通用记账凭证已经成为一种通用的格式。专用记账凭证（收付转凭证）基本上不再采用。

1）通用记账凭证是指不论收付款业务还是转账业务，均编制一种格式的记账凭证。通用记账凭证没有将记账凭证按照内容进行分类，而是发生什么样的经济业务就直接做会计分录，不用再进行详细分类。通用记账凭证是一种适合所有经济业务的记账凭证。采用通用记账凭证，将经济业务所涉及的会计科目全部填列在一张凭证内，借方在前，贷方在后，将各会计科目所记应借应贷的金额填列在“借方金额”和“贷方金额”栏内。通用记账凭证通常适合规模不大、收付款业务不多的企业。通用记账凭证（见图 5-10）的基本格式与专用记账凭证中的转账凭证格式相同。

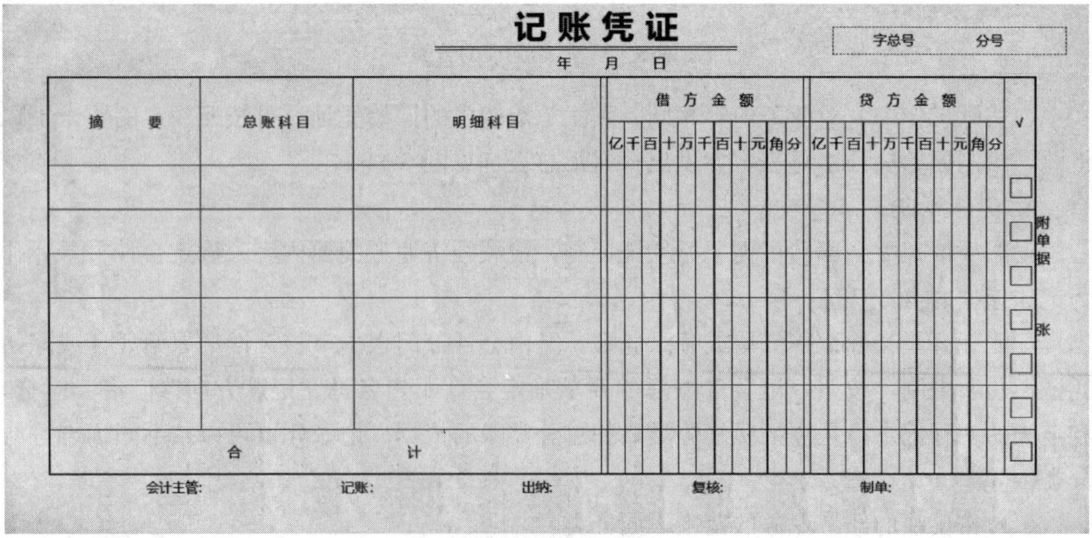


图 5-10　记账凭证

※2）专用记账凭证是指分类反映经济业务的记账凭证。专用记账凭证按其反映的经济业务是否与库存现金和银行存款的收付相关，又分为收款凭证、付款凭证和转账凭证。

收款业务是指与货币资金（主要指现金与银行存款）的收入直接相关的业务。所谓直接相关是指业务中直接用到现金和银行存款账户，并且记入其借方，表示现金与银行存款的增加。收款凭证就是根据收款业务填制的记账凭证（见图 5－11）。

**收 款 凭 证**

总字第____号

借方科目：____________　　年　　月　　日　　收字第____号

| 摘要 | 贷方科目 | | 金额 | | | | | | | | | | 记账（签章） |
|---|---|---|---|---|---|---|---|---|---|---|---|---|---|
| | 总账科目 | 明细科目 | 千 | 百 | 十 | 万 | 千 | 百 | 十 | 元 | 角 | 分 | |
| | | | | | | | | | | | | | |
| | | | | | | | | | | | | | |
| | | | | | | | | | | | | | |
| | | | | | | | | | | | | | |
| | | | | | | | | | | | | | |
| 人民币（大写） | | | | | | | | | | | | | |

附单据　张

财务主管（签章）　出纳（签章）　复核（签章）　制单（签章）

**图 5－11　收款凭证**

付款业务是指与货币资金（主要指现金与银行存款）的付出直接相关的业务。所谓直接相关是指业务中直接用到现金和银行存款账户，并且记入其贷方，表示现金与银行存款的减少。付款凭证就是根据付款业务填制的记账凭证（见图 5－12）。

**付 款 凭 证**

总字第____号

贷方科目：____________　　年　　月　　日　　付字第____号

| 摘要 | 借方科目 | | 金额 | | | | | | | | | | 记账（签章） |
|---|---|---|---|---|---|---|---|---|---|---|---|---|---|
| | 总账科目 | 明细科目 | 千 | 百 | 十 | 万 | 千 | 百 | 十 | 元 | 角 | 分 | |
| | | | | | | | | | | | | | |
| | | | | | | | | | | | | | |
| | | | | | | | | | | | | | |
| | | | | | | | | | | | | | |
| | | | | | | | | | | | | | |
| 人民币（大写） | | | | | | | | | | | | | |

附单据　张

财务主管（签章）　出纳（签章）　复核（签章）　制单（签章）

**图 5－12　付款凭证**

转账业务是指与货币资金的收付均不直接相关的业务，即业务中不直接用到现金和银行存款账户。根据转账业务填制的凭证称为转账凭证（见图 5－13）。

转账凭证

总字第____号

年 月 日

转字第____号

| 摘要 | 会计科目 | | 借方金额 | | | | | | | | | | 贷方金额 | | | | | | | | | | 记账（签章） |
|---|---|---|---|---|---|---|---|---|---|---|---|---|---|---|---|---|---|---|---|---|---|---|---|
| | 总账科目 | 明细科目 | 千 | 百 | 十 | 万 | 千 | 百 | 十 | 元 | 角 | 分 | 千 | 百 | 十 | 万 | 千 | 百 | 十 | 元 | 角 | 分 | |
| | | | | | | | | | | | | | | | | | | | | | | | |
| | | | | | | | | | | | | | | | | | | | | | | | |
| | | | | | | | | | | | | | | | | | | | | | | | |
| | | | | | | | | | | | | | | | | | | | | | | | |
| | | | | | | | | | | | | | | | | | | | | | | | |
| 合计 | | | | | | | | | | | | | | | | | | | | | | | |

附单据 张

财务主管（签章） 出纳（签章） 复核（签章） 制单（签章）

**图 5-13 转账凭证**

（2）按用途的不同分类。

按用途的不同，记账凭证可分为分录凭证、汇总凭证和联合凭证。

1）分录凭证是指直接根据原始凭证编制，载明会计科目、记账方向和金额的凭证。

2）汇总凭证是指对分录凭证加以汇总，据以登记总分类账的记账凭证，如记账凭证汇总表（见图 5-14）、汇总收款凭证等。

记账凭证汇总表

年 月 日

总字第 号

| 科目代码 | 科目名称 | 借方金额 | | | | | | | | | 记账 | 贷方金额 | | | | | | | | | 记账 |
|---|---|---|---|---|---|---|---|---|---|---|---|---|---|---|---|---|---|---|---|---|---|
| | | 百 | 十 | 万 | 千 | 百 | 十 | 元 | 角 | 分 | | 百 | 十 | 万 | 千 | 百 | 十 | 元 | 角 | 分 | |
| | | | | | | | | | | | | | | | | | | | | | |
| | | | | | | | | | | | | | | | | | | | | | |
| | | | | | | | | | | | | | | | | | | | | | |
| | | | | | | | | | | | | | | | | | | | | | |
| | | | | | | | | | | | | | | | | | | | | | |
| 合计 | | | | | | | | | | | | | | | | | | | | | |

财务主管（签章） 记账（签章） 复核（签章） 制单（签章）

**图 5-14 记账凭证汇总表**

3）联合凭证是指既有原始凭证或原始凭证汇总表的内容，同时具备记账凭证内容的凭证。例如，在自制原始凭证或原始凭证汇总表上同时印有对应科目，用以代替记账凭证，作为记账的依据。

（3）按编制方式不同分类。

按编制方式不同，记账凭证可分为单式记账凭证和复式记账凭证。

1）单式记账凭证是在每张凭证上只填列一个账户名称，而对应账户的名称仅作参考，不据以记账的会计凭证。填列借方账户的称为借项记账凭证（见图 5－15），填列贷方账户的称为贷项记账凭证（见图 5－16）。一项经济业务涉及几个会计账户，就分别填制几张凭证，并采用一定的编号方法将它们联系起来。单式记账凭证的优点是：内容单一，便于记账工作的分工，也便于按科目汇总，并可加速会计凭证的传递；其缺点是：凭证张数多，内容分散，在一张会计凭证上不能完整地反映一笔经济业务的全貌，故需加强凭证的复核、装订和保管工作。

**借 项 记 账 凭 证**

对应科目:＿＿＿＿＿　　　　年　　月　　日　　　　凭证编号　　字＿＿号

| 摘　要 | 总账科目 | 明细科目 | 账页 | 金额 | | | | | | | | | | 记账 |
|---|---|---|---|---|---|---|---|---|---|---|---|---|---|---|
| | | | | 千 | 百 | 十 | 万 | 千 | 百 | 十 | 元 | 角 | 分 | |
| | | | | | | | | | | | | | | |
| | | | | | | | | | | | | | | |
| | | | | | | | | | | | | | | |
| | | | | | | | | | | | | | | |
| | | | | | | | | | | | | | | |
| 合　　计 | | | | | | | | | | | | | | |

附单据　张

财务主管（签章）　记账（签章）　审核（签章）　出纳（签章）　制单（签章）

**图 5－15　借项记账凭证**

**贷 项 记 账 凭 证**

对应科目:＿＿＿＿＿　　　　年　　月　　日　　　　凭证编号　　字＿＿号

| 摘　要 | 总账科目 | 明细科目 | 账页 | 金额 | | | | | | | | | | 记账 |
|---|---|---|---|---|---|---|---|---|---|---|---|---|---|---|
| | | | | 千 | 百 | 十 | 万 | 千 | 百 | 十 | 元 | 角 | 分 | |
| | | | | | | | | | | | | | | |
| | | | | | | | | | | | | | | |
| | | | | | | | | | | | | | | |
| | | | | | | | | | | | | | | |
| | | | | | | | | | | | | | | |
| 合　　计 | | | | | | | | | | | | | | |

附单据　张

财务主管（签章）　记账（签章）　审核（签章）　出纳（签章）　制单（签章）

**图 5－16　贷项记账凭证**

2）复式记账凭证（见图 5－17）是在每张会计凭证上填列一笔会计分录的全部账户名称的凭证。其优点是：能完整地反映一笔经济业务的全貌，即经济业务所涉及的全部会计账户及其对应关系，且填写方便，附件集中，便于会计凭证的分析和审核。其缺点是：不便于分工记账，也不便于科目汇总。

**记 账 凭 证**

年　　月　　日　　　　　　　　第　　号

| 摘　要 | 总账科目 | 明细科目 | 借方金额 | | | | | | | | | 贷方金额 | | | | | | | | | 记账 |
|---|---|---|---|---|---|---|---|---|---|---|---|---|---|---|---|---|---|---|---|---|---|
| | | | 百 | 十 | 万 | 千 | 百 | 十 | 元 | 角 | 分 | 百 | 十 | 万 | 千 | 百 | 十 | 元 | 角 | 分 | |
| | | | | | | | | | | | | | | | | | | | | | |
| | | | | | | | | | | | | | | | | | | | | | |
| | | | | | | | | | | | | | | | | | | | | | |
| | | | | | | | | | | | | | | | | | | | | | |
| | | | | | | | | | | | | | | | | | | | | | |
| 合　计 | | | | | | | | | | | | | | | | | | | | | |

附单据　张

财务主管（签章）　记账（签章）　复核（签章）　制单（签章）

**图 5-17　复试记账凭证**

以上是按不同的标志对记账凭证所做的分类。根据上述分类，可对记账凭证的分类做如下归纳（见图 5-18）。

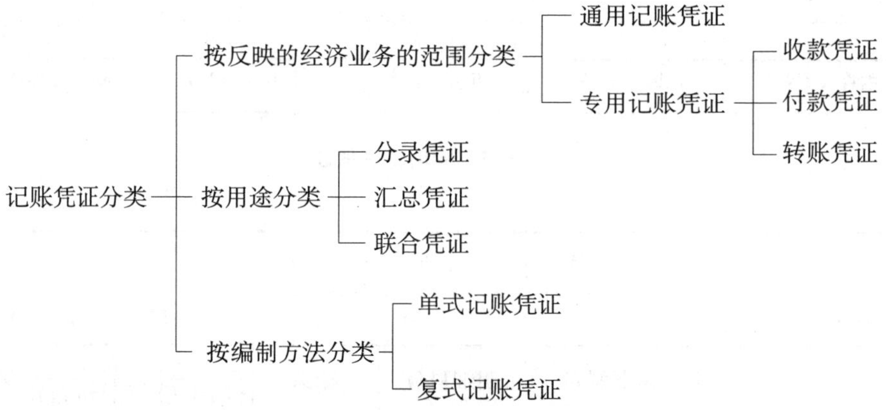


**图 5-18　记账凭证的分类**

# 第二节　原始凭证与智能化处理

## 一、原始凭证的基本内容

经济业务的内容是多种多样的，记录经济业务的原始凭证所包括的具体内容也各不相同。但每一种原始凭证都必须客观、真实地记录和反映经济业务的发生、完成情况，都必须明确有关单位、部门及人员的经济责任。这些共同的要求，决定了每种原始凭证都必须具备以下几方面的基本内容：

（1）原始凭证的名称。

（2）填制凭证的日期及编号。

（3）接受凭证的单位名称。

（4）经济业务的数量和金额。

（5）填制凭证单位的名称和有关人员的签章。

有些原始凭证除了包括上述基本内容以外，为了满足计划、统计等其他业务工作的需要，还要列入一些补充内容。例如，在有些原始凭证上要注明与该笔经济业务有关的计划指标、预算项目和经济合同等。

各会计主体根据会计核算和管理的需要，按照原始凭证应具备的基本内容和补充内容，即可设计和印制适合本主体需要的各种原始凭证。但是，为了加强宏观管理，强化监督，堵塞偷税、漏税的漏洞，各有关主管部门应当为同类经济业务设计统一的原始凭证格式。例如，由中国人民银行设计统一的银行汇票、本票和支票；由交通部门设计统一的客运、货运单据；由税务部门设计统一的发货票、收款收据等。这样，不但可以使反映同类经济业务的原始凭证的内容在全国统一，便于监督管理，而且可以节省会计主体的印刷费用。

## 二、原始凭证的采集与电子原始凭证

### （一）原始凭证的采集

#### 1. 传统模式下原始凭证的采集

原始凭证的采集是会计工作的基础，涉及从经济业务发生时起至凭证进入会计系统为止的整个过程。在传统会计处理中，原始凭证通常是通过手工填写的方式制作的。这包括填写纸质发票、收据、费用报告等。填写好的纸质凭证需要经过多个环节的审批，通常是通过手工传递的方式进行流转，从业务发生部门到财务部门。审批后的原始凭证需要按照一定的顺序和规则进行归档，存储在文件柜或档案室中，以备后续的查询和审计。

在传统模式下，各种原始凭证的具体填制依据和方法不尽一致，但就原始凭证应反映经济业务、明确经济责任而言，其填制的一般要求有以下几个方面：

（1）记录真实。原始凭证上记载的经济业务，必须与实际情况相符合，绝不允许有任何歪曲或弄虚作假的行为。对于实物的数量、质量和金额，都要经过严格的审核，确保原始凭证内容真实可靠。从外单位取得了原始凭证如有丢失，应取得原签发单位盖有“财务专用章”的证明，并注明原凭证的号码、所载金额等内容，由经办单位负责人批准后，可代作原始凭证；对于确实无法取得证明的，如火车票、轮船票或飞机票等，可由当事人写出详细情况，由经办单位负责人批准后，也可以作原始凭证。

（2）手续完备。原始凭证的填制手续，必须符合内部牵制的要求。凡是填有大写和小写金额的原始凭证，大写与小写金额必须相符；购买实物的原始凭证，必须有实物的验收证明；支付款项的原始凭证，必须有收款方的收款证明。一式几联的凭证，必须用双面复写纸套写，单页凭证必须用钢笔填写；销货退回时，除填制退货发票外，必须取得对方的收款收据或开户行的汇款凭证，不得以退货发票代替收据；各种借出款项的收据，必须附在记账凭证上，收回借款时，应另开收据或退回收据副本，不得退回原借款收据。经有关部门批准办理的某些特殊业务，应将批准文件作为原始凭证的附件或在凭证上注明批准机关名称、日期和文件字号。

（3）内容齐全。原始凭证中的基本内容和补充内容都要详尽地填写齐全，不得漏填或省略不填。如果项目填写不全，则不能作为经济业务的合法证明，也不能作为有效的会计凭证。为了明确经济责任，原始凭证必须由经办部门和人员签章。从外单位取得的原始凭证，必须有填制单位的公章或财务专用章；从个人取得的原始凭证，必须有填制人员的签名或盖章。自制原始凭证必须有经办部门负责人或其指定人员的签名或盖章。对外开出的原始凭证，必须加盖本单位的公章或财务专用章。

（4）书写规范。

1）原始凭证数字与文字大小写要求。原始凭证上的文字要按规定书写，字迹要工整、清晰，易于辨认，不得使用未经国务院颁布的简化字，阿拉伯金额数字不能连笔书写。合计的小写金额前要冠以人民币符号“¥”（用外币计价、结算的凭证，金额前要加注外币符号，如“US$”等），币值符号与阿拉伯数字之间不得留有空白；所有以“元”为单位的阿拉伯数字，除表示单价等情况外，一律填写到角分，无角分的要以“0”补位。汉字大写金额数字，一律用正楷字或行书字写，如壹、贰、叁、肆、伍、陆、柒、捌、玖、拾、佰、仟、万、亿、元（圆）、角、分、零、整（正）。大写金额最后为“元”或“角”的应加写“整”（或“正”）字断尾。

一般的原始凭证日期均小写，但是票据的出票日期必须使用中文大写；为防止变造票据的出票日期，在填写月、日时，月为壹、贰和壹拾的，日为壹至玖和壹拾、贰拾、叁拾的，应在其前加“零”，日为拾壹至拾玖的，应在其前加“壹”。例如，1月15日，应写成零壹月壹拾伍日；10月20日，应写成零壹拾月零贰拾日。又如，2025年1月1日应写成贰零贰伍年零壹月零壹日（见图5－19）。

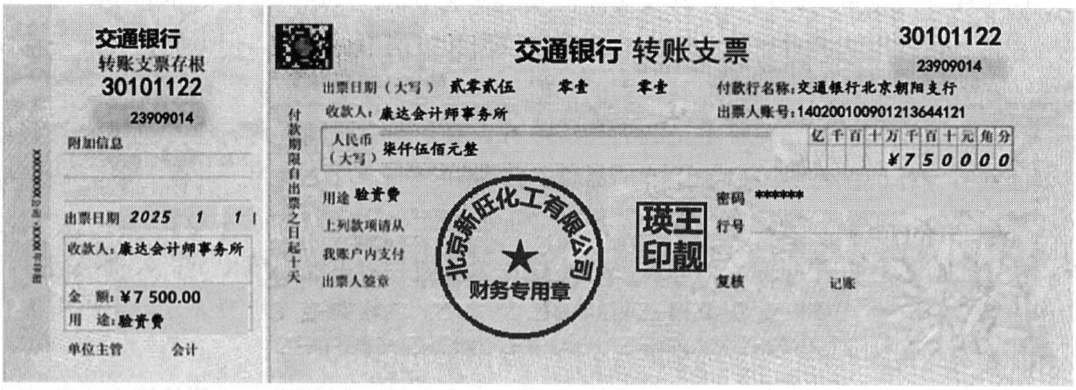
交通银行
转账支票存根
30101122
23909014
附加信息
出票日期 2025 1 1
收款人：康达会计师事务所
金 额：¥7 500.00
用 途：验资费
单位主管 会计

交通银行 转账支票
30101122
23909014
出票日期（大写） 贰零贰伍 零壹 零壹 付款行名称：交通银行北京朝阳支行
收款人：康达会计师事务所 出票人账号：140200100901213644121
付款期限自出票之日起十天
人民币（大写） 柒仟伍佰元整 ¥750000
用途 验资费 密码 ******
上列款项请从我账户内支付 行号
出票人签章 复核 记账
北京新旺化工有限公司 财务专用章
瑛王印靓

图5－19 支票日期大写

2）原始凭证小写金额数字的大写写法规范。

a. 阿拉伯金额数字中间有“0”时，汉字大写金额要写“零”字，如¥1 409.50，汉字大写金额应写成“人民币壹仟肆佰零玖元伍角整”。

b. 阿拉伯金额数字中间连续有几个“0”时，汉字大写金额中可以只写一个“零”

字，如¥6 007.14，汉字大写金额应写成“人民币陆仟零柒元壹角肆分”。

b. 阿拉伯金额数字万位或元位是“0”，或数字中间连续有几个“0”，元位也是“0”，但千位、角位不是“0”时，汉字大写金额中可以只写一个“零”字，也可以不写“零”字，如¥1 580.32，汉字大写金额应写成“人民币壹仟伍佰捌拾元零叁角贰分”或“人民币壹仟伍佰捌拾元叁角贰分”；又如¥107 000.53，汉字大写金额应写成“人民币壹拾万柒仟元零伍角叁分”或“人民币壹拾万零柒仟元伍角叁分”。

d. 阿拉伯金额数字角位是“0”，而分位不是“0”时，汉字大写金额“元”后面应写“零”字，如¥16 409.02，汉字大写金额应写成“人民币壹万陆仟肆佰零玖元零贰分”。

（5）填制及时。每笔经济业务发生或完成后，经办业务的有关部门和人员必须及时填制原始凭证，做到不拖延、不积压，并按规定的程序将其送交会计部门。

原始凭证记载的各项内容均不得涂改。原始凭证有错误的应当由出具单位重开或更正，更正处应当加盖出具单位印章，对于支票等重要的原始凭证若填写错误，一律不得在凭证上更正，应按规定的手续注销留存，另行重新填写。

**2. 智能化背景下原始凭证的采集**

在智能化系统中，原始凭证可以通过电子方式录入，如通过扫描、OCR（光学字符识别）技术自动识别纸质文档上的信息，或者直接在系统中在线填写。电子化的原始凭证可以通过企业内部网络进行审批流转，审批人员可以在任何有网络连接的地方进行审批，大大提高了审批效率。审批后的电子原始凭证存储在服务器或云平台上，便于长期保存和快速检索。智能化系统可以通过预设的校验规则来减少数据录入错误，提高凭证的准确性。

随着技术的发展，智能化会计系统逐渐成为主流，原始凭证的采集方式也在不断向电子化、自动化和智能化转型。

### （二）电子原始凭证

电子原始凭证是指在经济业务发生时，通过电子方式（如电子表格、数据库记录、电子票据等）生成的，用以证明业务活动发生及其相关信息的电子文档。它包含了传统纸质原始凭证的所有必要信息，如日期、金额、业务内容、相关当事人等，但以电子形式存在。

随着信息技术的不断进步和电子政务、电子商务的普及，电子原始凭证的应用将越来越广泛，成为会计和企业管理的重要工具。

## 三、原始凭证的传统与智能审核

为了保证原始凭证内容的真实性和合法性，防止不符合填制要求的原始凭证影响会计信息的质量，必须由会计部门对一切外来的和自制的原始凭证进行严格的审核。

### （一）审核原始凭证所反映的经济业务是否合法、合规、合理

审核时应以国家颁布的现行财务法规、财会制度，以及本单位制定的有关规则、预算和计划为依据，审核经济业务是否符合有关规定，有无弄虚作假、违法乱纪或贪污舞弊的

行为；审核经济活动的内容是否符合规定的开支标准，是否履行规定的手续，是否存在背离经济效益原则和内部控制的要求的情况；通过电子签名、数字水印等技术验证电子凭证的真实性和完整性。

### （二）审核原始凭证的填制是否符合规定的要求

首先应审核原始凭证是否具备作为合法凭证所必需的基本内容，所有项目是否填写齐全，是否存在涂改、刮擦和挖补，有关单位和人员是否已签字盖章；其次要审核凭证中所列数字的计算是否正确，大、小写金额是否相符，数字和文字是否清晰等。数智化背景下系统自动校验金额计算、税额计算等是否准确无误。

原始凭证的审核是一项细致而严肃的工作，必须坚持原则，依法办事。对于不真实、不合法的原始凭证，会计人员有权不予受理，并要向单位负责人报告；对于记载不准确、不完整的原始凭证应予以退回，并要求按照国家统一的会计制度的规定更正、补充。原始凭证经审核无误后，才能作为编制记账凭证和登记明细分类账的依据。随着数智化时代的到来，OCR 文本识别技术在会计业务中的应用主要是对原始凭证的识别和审核，如果存在凭证缺失的问题，系统会发出提醒或警告，或运用技术手段，让信息无法传递到下一位审核人手中，从而使凭证应用、审核更加规范，弥补传统凭证在经营管理中的短板，降低企业内部风险，提高财会服务水平。

# 第三节　记账凭证与智能化处理

记账凭证是会计人员根据审核无误的原始凭证及有关资料按记账的要求归类整理而编制的，是登记会计账簿的直接依据。

## 一、记账凭证的基本内容

由于记账凭证所反映的经济业务内容不同，因而在具体格式上也有一些差异。但所有的记账凭证都必须满足记账的要求，具备下列共同的基本内容：

（1）记账凭证的名称。

（2）填制凭证的日期和凭证的编号。

（3）会计科目（包括子目、细目）、借贷方向和金额，即会计分录。

（4）经济业务的内容摘要。

（5）所附原始凭证的张数。

（6）填制凭证人员、稽核人员、记账人员、机构负责人和会计主管人员签名盖章。

此外，收款和付款凭证还需要有出纳人员的签章。

## 二、传统记账凭证填制的要求

记账凭证是进行会计处理的直接依据，记账凭证的填制除了要做到“真实可靠、内容完整、填写及时和书写清楚”外，还必须注意遵守一些基本要求。

### （一）日期的填写

现金收付业务的记账凭证，按办理现金收付的实际日期填写；银行付款业务的记账凭证，一般按财会部门开出付款单据的日期或承付的日期填写；银行收款业务的记账凭证，一般按银行进账单或银行受理回执的戳记日期填写；月末结转的业务，按当月最后一天的日期填制。

### （二）摘要的填写

摘要的填写，一要真实准确，其内容与经济业务的内容和所附原始凭证的内容相符；二要简明扼要，书写整齐清洁。

### （三）会计科目的填写

填写会计科目时，应填写会计科目的全称或会计科目的名称和编号，不得简写或只填会计科目的编号而不填名称。需填明细科目的，应在“明细科目”栏填写明细科目的名称。

### （四） 金额的填写

记账凭证的金额必须与原始凭证的金额相符。在记账凭证的“合计”行填列合计金额；阿拉伯数字的填写要规范；在合计数字前应填写货币符号，不是合计数字前不应填写货币符号。一笔经济业务因涉及会计科目较多，需填写多张记账凭证的，只在最末一张记账凭证的“合计”行填写合计金额。

### （五） 记账凭证附件张数的计算

记账凭证一般附有原始凭证。附件张数的计算方法有两种：一种是按构成记账凭证金额的原始凭证（或原始凭证汇总表）计算张数，如按转账业务的原始凭证数计算；另一种是以所附原始凭证的自然张数为准，即凡与经济业务内容相关的每张一凭证，都要作为记账凭证的附件。凡属收付款业务的，原始凭证张数的计算均以自然张数为准。但对差旅费、市内交通费或医疗费等报销单据，可贴在一张纸上，作为一张原始凭证（报销清单）附件。

附件张数应用阿拉伯数字填写。对简单的摊提转账业务，可以在“摘要”栏注明计算依据，而不需经过分摊或计算的属于纯结转性业务的记账凭证可不附原始凭证。

当一张或几张原始凭证涉及几张记账凭证时，可将原始凭证附在一张主要的记账凭证后面，在“摘要”栏说明“本凭证附件包括××号记账凭证业务”字样，在其他记账凭证上注明“原始凭证在××号记账凭证后面”字样。

### （六） 会计分录的填制

不同类型的经济业务不得填制在一张记账凭证中，也不得对同类经济业务采取大汇总的办法填制记账凭证。转账凭证和通用记账应按先“借”后“贷”的顺序填列。不得填制“有借无贷”或“有贷无借”的会计分录。

### （七）记账凭证的编号

会计人员应及时对记账凭证予以编号。记账凭证无论是全部作为一类编号，还是按收、付、转编号，均应按月从“1”开始顺序编号，不得跳号、重号。一组会计分录使用两张以上记账凭证，应按顺序用“带分数”编列分号，两张记账凭证之间不要填写“过次页”“承前页”。例如，第8号会计事项有3张记账凭证，编号分别$8\frac{1}{3}$号、$8\frac{2}{3}$号、$8\frac{3}{3}$号。

### （八）签名或盖章

记账凭证上规定的有关人员的签名或盖章应全部签章齐全，以明确责任。财会人员较少的单位，在收、付记账凭证上，至少应有两人（会计和出纳）签章。一张记账凭证涉及几个会计记账的，凡记账的会计均应在“记账”签章处签章。会计主管对未审阅过的记账凭证，可以不签章，但仍应对其合法性、准确性负责。

### （九）对空行的要求

记账凭证不准跳行或留有余行。填制完毕的记账凭证如有空行的，应在金额栏画一斜线或“S”形线注销。划线应从金额栏最后一笔金额数字下面的空行划到合计数行的上面一行，并注意斜线或“S”形线两端都不能划到有金额数字的行次上。

### （十）填写用笔要求

填制记账凭证可用蓝黑墨水或碳素墨水；金额按规定需用红字表示的，数字可用红色墨水书写，不准以“负数”表示。下列两种情况，金额可用红色墨水填写（即红字记账凭证）：

（1）记账后发现记账凭证有错误，需采用红字更正法进行更正的。

（2）会计核算制度规定采用红字填制记账凭证的特定会计业务。

## 三、记账凭证手工填制与自动化处理

目前，仍有个别小微企业采用财务软件手工输入生成记账凭证。传统模式下记账凭证是会计人员根据审核无误的原始凭证或者原始凭证汇总表编制的。它记载经济业务的简要内容，确认会计分录，通过手工操作完成，是登记账簿的依据。而在数智化时代，审核无误的原始凭证转入票据池，智能系统通过自动整理功能，自动将这些原始凭证进行规整，并进一步进行审核，最终由机器生成记账凭证，提高了业务处理效率和质量，加快了审核、对账与核算环节的处理速度，减少了合规风险。智能系统使用通用记账凭证，不再区分收付转。

通用记账凭证填制样本如图5-20所示。

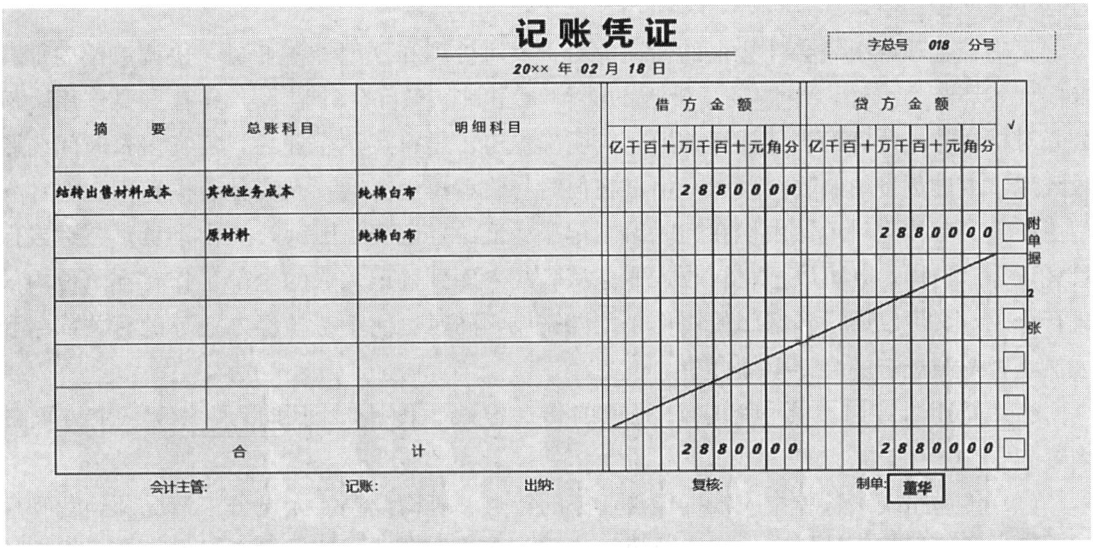

记账凭证

字总号 018 分号

20×× 年 02 月 18 日

| 摘要 | 总账科目 | 明细科目 | 借方金额（亿千百十万千百十元角分） | 贷方金额（亿千百十万千百十元角分） | √ |
|---|---|---|---|---|---|
| 结转出售材料成本 | 其他业务成本 | 纯棉白布 | 2880000 | | |
| | 原材料 | 纯棉白布 | | 2880000 | |
| | | | | | |
| | | | | | |
| | | | | | |
| | | | | | |
| 合计 | | | 2880000 | 2880000 | |

附单据 2 张

会计主管:　记账:　出纳:　复核:　制单: 董华

图 5－20　通用记账凭证填制样本

## 四、记账凭证的传统与智能审核

为了保证会计账簿记录的准确性，记账前必须由专人对已编制的记账凭证进行认真、严格地审核。审核的内容主要有以下几个方面：

（1）按原始凭证审核的要求，对所附的原始凭证进行复核。

（2）记账凭证所附的原始凭证是否齐全，是否同所附原始凭证的内容相符，金额是否一致等。对一些需要单独保管的原始凭证和文件，应在凭证上加注说明。

（3）凭证中会计科目使用是否准确；应借、应贷的金额是否一致。会计账户的对应关系是否清晰；核算的内容是否符合会计制度的规定等。

（4）记账凭证所需填写的项目是否齐全，有关人员是否都已签章等。

在审核中如发现记账凭证有记录不全或错误时，应重新填制或按规定办理更正手续。只有经过审核无误的记账凭证，才能据以登记会计账簿。

在大数据时代背景下，记账凭证的审核可以借助于高新技术实现，如借助影像系统将发生业务时对应的单据或者票据信息录入数据层，以此检验业务单据与票据是否一一对应，进而对记账凭证进行审核。

# 第四节　会计凭证的传递与保管

## 一、会计凭证的传递

会计凭证的传递是指会计凭证从取得或填制时起，经过审核、记账、装订到归档保管止，在单位内部各有关部门和人员之间按规定的时间、路线办理业务手续和进行处理的过程。

正确、合理地组织会计凭证的传递，对于及时处理和登记经济业务，协调单位内部各部门、各环节的工作，加强经营管理的岗位责任制，实行会计监督，具有重要作用。例如，对材料收入业务的会计凭证传递，应明确规定：材料运达企业后，需在多长时间内验收入库，由谁负责填制收料单，又由谁在何时将收料单送交会计及其他有关部门；会计部门由谁负责审核收料单，由谁在何时编制记账凭证、登记会计账簿，又由谁负责整理或保管凭证等。这样，既可以把材料收入业务从验收入库到登记入账的全部工作在本单位内部进行分工，又可以通过各部门的协作来共同完成，同时也便于考核经办业务的有关部门和人员是否按照规定的会计手续办事。

会计凭证的传递主要包括会计凭证的传递路线、传递时间和传递手续三个方面的内容。

（1）传递路线。各单位应根据经济业务的特点、机构设置、人员分工情况及经营管理的需要，明确规定会计凭证的联次及流转流程，既要使会计凭证经过必要的环节，能够被及时审核和处理，又要避免会计凭证在不必要的环节停留，保证会计凭证沿着最便捷、最合理的路线传递。在数智化环境下，会计凭证的传递通常是电子化的。这意味着凭证从产生到审核、再到记账，整个流程都在电子系统中完成。

（2）传递时间。会计凭证的传递时间是指各种凭证在各经办部门、环节所停留的最长时间。它应根据各部门和有关人员在正常情况下办理经济业务所需时间来合理确定。明确会计凭证的传递时间，以防止拖延处理和积压会计凭证，保证会计工作的正常秩序，从而提高工作效率。一切会计凭证的传递和处理，都应在报告期内完成。否则，将会影响会计核算的及时性。在数智化背景下，与传统纸质凭证相比，电子凭证的传递几乎是即时的。一旦某个节点完成操作，凭证可以立即传递到下一个节点。由于减少了物理移动和手工处理的时间，整个传递过程更加迅速，提高了财务处理的效率。

（3）传递手续。会计凭证的传递手续是指在凭证传递过程中的衔接手续，应该做到既完备严密，又简便易行。会计凭证的收发、交接都应按一定的制度办理，以保证会计凭证的安全和完整。在数智化环境下，电子系统会记录每一步操作的时间、用户和状态，便于事后审计和查询。

## 二、会计凭证的保管

会计凭证是各项经济活动的历史记录，是重要的经济档案。为了便于随时查阅利用，各种会计凭证在办理好各项业务手续，并据以记账后，应由会计部门加以整理、归类，并送交档案部门妥善保管。电子会计凭证档案应同时实施在线和离线存储。在线存储按电子会计档案管理信息系统运行要求实施，离线存储应使用具有较好耐久性的载体，包括硬磁盘、磁带、固态硬盘（SSD）、DVD 光盘、蓝光光盘、缩微胶片等。有条件的单位，可在此基础上进行异地备份。单位以电子会计凭证的纸质打印件作为报销、入账、归档依据的，必须同时保存打印该纸质件的电子会计凭证原文件并建立纸质会计凭证与其对应电子文件的检索关系。根据要求，收到的数电票可以仅使用含有数字签名的 XML 文件进行报销、入账及归档，可不再另以纸质形式保存。但是，使用 PDF、OFD 格式文件纸质打印件作为报销依据的，需同时保存含有数字签名的 XML 文件。会计凭证的保管期限为 30 年。

### （一）会计凭证的整理归类

会计部门在记账以后，应定期（一般为每月）将会计凭证加以归类整理，即把记账凭证及其所附的原始凭证，按记账凭证的编号顺序进行整理，在确保记账凭证及其所附的原始凭证完整无缺后，将其折叠整齐，加上封面和封底，装订成册，并在装订线上加贴封签，以防散失和任意拆装。在封面上要注明单位名称、凭证种类、所属年月、起讫日期、起讫号码和凭证张数等。会计主管或指定的装订人员要在装订线封签处签名或盖章，然后入档保管。

对于那些数量过多或各种随时需要查阅的原始凭证，可以单独装订保管，在封面上要注明记账凭证的日期、编号和种类，同时在记账凭证上注明“附件另订”。各种经济合同和重要的涉外文件等会计凭证，应另编目录，单独登记保管，并在有关记账凭证和原始凭证上注明。

在数智化背景下，会计凭证按照类型、日期、业务性质等标准进行电子分类，便于检索和管理，同时为每个凭证添加元数据标签，如关键词、业务部门、项目代码等，以实现更精细的管理。

### （二）会计凭证的造册归档

每年会计凭证都应由会计部门按照归档的要求，负责整理立卷或装订成册。当年的会计凭证，在会计年度终了后，可暂由会计部门保管一年，期满后，原则上应由会计部门编造清册移交本单位档案部门保管。档案部门接收的会计凭证，原则上要保持原卷册的封装，个别需要拆封重新整理的，应由会计部门和经办人员共同拆封整理，以明确责任。会计凭证必须做到妥善保管，存放有序，查找方便，并要严防毁损、丢失和泄密。

在数智化背景下，创建电子目录或数据库，记录所有会计凭证的详细信息，包括凭证编号、日期、摘要、金额等。建立索引系统，使得凭证能够快速定位和查询。

### （三）会计凭证的借阅

会计凭证原则上不得借出，如有特殊需要，须报请批准，但不得拆散原册，并应限期归还。需要查阅已入档的会计凭证时，必须办理借阅手续。其他单位因特殊原因需要使用原始凭证时，经本单位负责人批准，可以复制。但向外单位提供的原始凭证复印件，应在专设的登记簿上登记，并由提供人员和收取人员共同签名或盖章。

数智化背景下，设置借阅权限，确保只有授权人员能够访问特定的会计凭证。通过电子系统实现借阅申请、审批、跟踪和归还流程，减少纸质文档的物理移动，记录借阅历史，包括借阅人、时间、用途等信息，以便审计和监控。

### （四）会计凭证的销毁

保管期未满，任何人都不得随意销毁会计凭证。保管期满后，按规定销毁会计凭证时，必须开列清单，报经批准后，由档案部门和会计部门共同派员监销。在销毁会计凭证前，监督销毁人员应认真清点核对，销毁后，在销毁清册上签名或盖章，并将监销情况报本单位负责人。对于电子凭证，保管期限到期后，通过电子方式销毁会计凭证，确保数据不可恢复。

## 本章复习思维导图

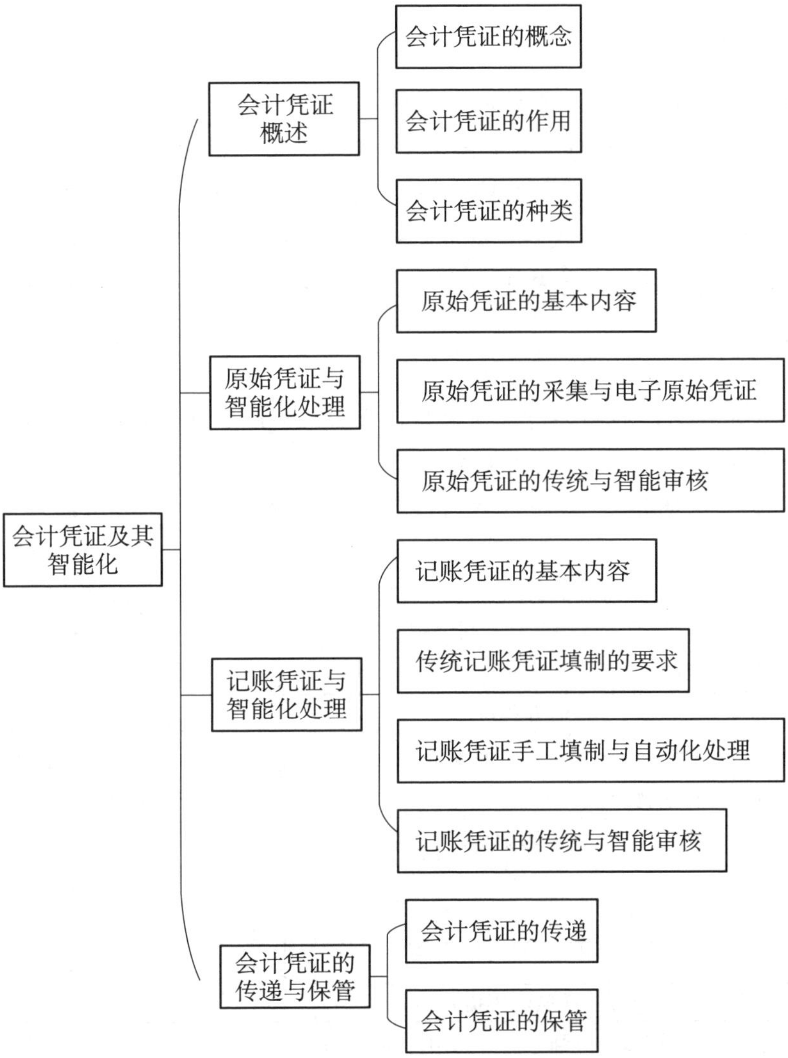


## 讨论与思考

1. 什么是会计凭证？准确填制和严格审查会计凭证有什么意义？

2. 会计凭证分为哪几类？有什么区别？

3. 请详细描述原始凭证的基本内容和填制要求，以及如何通过智能化手段提高原始凭证的审核效率和质量。

4. 请说明记账凭证的基本内容，以及如何在数智化背景下通过自动化手段提高记账凭证的处理效率。

5. 请讨论会计凭证的传递与保管在数智化背景下的变化，以及这些变化将如何提高会计凭证的管理效率和安全性。

## 案例分析

**案例一：**

20××年5月9日，红达股份有限公司的出纳员李宏在办理报销工作时，发现采购部送来报销的三张由销货方开具的增值税专用发票有更改迹象：其中两张发票分别更改了数量和用途，另一张发票更改了金额，且三张发票的更改处均有销货方印章。尽管出纳员李宏拿到发票时有所犹豫，但考虑到三张发票已经公司总经理、财务科长签字同意，最后均予以报销。

**试分析：**李宏对三张更改的增值税专用发票予以报销的做法是否正确，应如何处理？

**案例二：**

20××年8月9日，胜利公司从外地某企业购入生产用材料一批，取得的增值税专用发票上列明价款150 000元，增值税税额19 500元，运费发票列明运输费用3 000元（假设运费不考虑增值税抵扣），款项以银行存款支付。该公司会计部门编制如下记账凭证（见图5－21）。

付 款 凭 证

总字第____号

贷方科目：银行存款　　20××年8月09日　　付字第 15 号

| 摘要 | 借方科目 | | 金额 | | | | | | | | | | 记账（签章） |
|---|---|---|---|---|---|---|---|---|---|---|---|---|---|
| | 总账科目 | 明细科目 | 千 | 百 | 十 | 万 | 千 | 百 | 十 | 元 | 角 | 分 | |
| 购买生产用材料 | 在途物资 | | | | | 1 | 5 | 3 | 0 | 0 | 0 | 0 | ✓ |
| | 应交税费 | 应交增值税（进项税额） | | | | | 1 | 9 | 5 | 0 | 0 | 0 | ✓ |
| | | | | | | | | | | | | | |
| | | | | | | | | | | | | | |
| | | | | | | | | | | | | | |
| 人民币（大写）壹万陆仟玖佰伍拾元整 | | | | | ¥ | 1 | 6 | 9 | 5 | 0 | 0 | 0 | ✓ |

附单据1张

财务主管：李莉　　记账：陈强　　出纳：孙小梅　　复核：王珊　　制单：赵萌

**图5－21　付款凭证**

**试分析：**(1) 若不考虑金额是否正确，该记账凭证在填制方面还存在哪些问题？

(2) 针对该记账凭证中金额的错误，会计人员赵萌和陈强打算用涂改液进行更正，这种做法正确吗？如果不正确，应该怎样更正？

## 客观题

### 一、单选题

1. 按其（　　）不同，会计凭证可以分为原始凭证和记账凭证。

A. 填制的方式　B. 取得的来源
C. 填制的程序和用途　D. 适用的经济业务

2. 下列选项中，属于原始凭证的是（　）。
A. 材料请购单　B. 产品销售计划
C. 经济合同　D. 领料单

3. 限额领料单是一种（　）。
A. 记账凭证　B. 汇总凭证　C. 一次凭证　D. 累计凭证

4. 发料凭证汇总表属于（　）。
A. 累计凭证　B. 原始凭证汇总表
C. 一次凭证　D. 记账凭证汇总表

5. 下列选项中，属于外来原始凭证的是（　）。
A. 材料入库单　B. 银行收款通知单
C. 产成品出库单　D. 收料凭证汇总表

6. 会计凭证的传递是指（　），在本单位各有关部门和人员之间的传递程序和传递时间。
A. 从取得原始凭证到编制成记账凭证时止
B. 从取得原始凭证到登记账簿时止
C. 从填制记账凭证到编制财务报表时止
D. 从取得或填制会计凭证起到归档保管时止

7. 400 705.90 元的汉字大写金额为（　）。
A. 肆拾万零柒佰零伍元玖角　B. 肆拾万零零柒佰零伍元玖角整
C. 肆拾万零柒佰零伍元玖角整　D. 肆拾万零柒佰零伍元玖角零分

8. 在数智化背景下，原始凭证的采集方式主要包括（　）。
A. 电子会计凭证　B. 纸质会计凭证
C. 原始凭证的直接填制　D. 原始凭证的汇总填制
E. 以上都是

9. 下列选项中，不是原始凭证的是（　）。
A. 发货票　B. 收料单　C. 经济合同　D. 领料单

10. 电子会计凭证的传输和存储方式包括（　）。
A. 电子原始凭证和电子记账凭证　B. 纸质原始凭证和电子记账凭证
C. 纸质原始凭证和电子原始凭证　D. 以上都不是

11. 会计人员审核凭证时发现其金额有差错，应由（　）。
A. 原制单人更正　B. 经办人员更正
C. 会计人员更正　D. 审批人员更正

12. 随着数智化时代的到来，（　）能够完成原始凭证的识别、审核。
A. OCR 文本识别技术　B. 5G
C. 物联网技术　D. 机器学习

## 二、多选题

1. 会计凭证的作用有（　　）。

A. 反映每项经济业务的具体情况　　B. 综合反映企业的财务状况

C. 作为记账的依据　　D. 对经济业务进行日常的监督

E. 加强经济责任制

2. 自制原始凭证按其反映经济业务的次数，可分为（　　）。

A. 一次凭证　　B. 累计凭证

C. 收、付款凭证　　D. 转账凭证

E. 汇总原始凭证

3. 下列选项中，属于原始凭证的有（　　）。

A. 销货发票　　B. 收款凭证

C. 工资结算单　　D. 购料合同

E. 发料凭证汇总表

4. 下列选项中，属于汇总原始凭证的有（　　）。

A. 科目汇总表　　B. 限额领料单

C. 工资结算汇总表　　D. 收料凭证汇总表

E. 汇总付款凭证

5. 记账凭证可以根据（　　）填制。

A. 账簿提供的某些数据　　B. 原始凭证

C. 原始凭证汇总表　　D. 实际发生的经济业务

E. 累计凭证

6. 电子原始凭证相较于纸质原始凭证的优点有（　　）。

A. 便于长期保存和快速检索　　B. 便于携带和传递

C. 便于编辑和修改　　D. 便于存储和备份

7. 下列选项中，符合原始凭证填制要求的有（　　）。

A. 所填内容和数字必须真实、可靠、清晰、完整

B. 填写要工整、规范，不能任意涂改、刮擦、挖补

C. 原始凭证应分类连续编号

D. 按规定签章

E. 原始凭证的填制和传递必须及时

8. 根据审核无误的原始凭证填制记账凭证是为了（　　）。

A. 确定会计分录　　B. 证明经济业务已完成或已发生

C. 汇总原始凭证　　D. 明确经济责任

E. 据以登记账簿

## 三、判断题

1. 一切原始凭证都是由本单位经办经济业务的有关人员填制的。（　　）

2. 外来原始凭证都是一次性使用的会计凭证。 （　）

3. 记账凭证都是累计凭证。 （　）

4. 电子原始凭证可以替代纸质原始凭证。 （　）

5. 所有的原始凭证都是根据实际发生的经济业务填制的。 （　）

6. 在所有会计凭证上只要财会人员签字盖章，该凭证便具备了合法性、真实性和正确性。 （　）

7. 汇总原始凭证与原始凭证一样，都具有法律效力。 （　）

8. 为了防止涂改，一切会计凭证都应填写大写金额。 （　）

9. 记账凭证只能根据一张原始凭证编制。 （　）

10. 单位以电子会计凭证的纸质打印件作为报销入账归档依据的，必须同时保存打印该纸质件的电子会计凭证。 （　）

## 实训题

1. 实训目的：练习编制记账凭证。

2. 实训资料：20××年8月，某单位发生如下经济业务（假设材料的收发按实际计价）：

（1）4日，收到A公司归还前欠货款20 000元，存入银行。

（2）9日，向B工厂购入甲材料，价款40 000元，增值税税率为13%，货款以商业承兑汇票支付，材料已验收入库。

（3）16日，销售甲产品一批，价款计32 000元，增值税税率为13%。对方采用银行转账方式支付货款。

（4）22日，车间领用甲材料18 000元，用以生产丙产品。

（5）23日，管理人员王某出差回来报销用公务卡支付的差旅费2 230元。

（6）26日，向C公司销售乙产品一批，价税款合计22 600元，增值税税率为13%，货款未收。

（7）29日，以银行存款支付电费1 240元、水费480元。

3. 实训要求：根据上述经济业务编制相关通用记账凭证。

# 第六章 会计账簿及其智能化

## 职业能力目标

### 本章知识点

- 会计账簿概述
- 会计账簿的自动化登记
- 平衡试算与错账更正（重点）
- 期末有关账项的调整与结转（重点）
- 对账、结账与智能化处理（重点）
- 会计账簿的保管

### 学习目标

- 了解会计账簿的概念和种类
- 熟悉会计账簿的自动化登记
- 掌握错账更正方法、对账与结账的方法
- 理解有关账项的调整与结转
- 了解数智化对会计账簿的影响

# 第一节 会计账簿概述

## 一、会计账簿的概念

会计账簿是指以会计凭证为依据，序时、连续、系统、全面地记录和反映企业、机关和事业单位等经济活动全部过程的簿籍。这种簿籍是由若干具有专门格式、相互联结的账页组成的，账页一旦标明会计科目，这个账页就成为用来记录该科目所核算内容的会计账户。也就是说，账页是会计账户的载体，会计账簿则是若干账页的集合。根据会计凭证在有关会计账户中进行登记是指把会计凭证所反映的经济业务内容记入设立在会计账簿中的会计账户，即通常所说的登记会计账簿，又称记账。设置和登记会计账簿是会计核算的专门方法之一。

在会计核算工作中，每项经济业务发生以后，首先要取得或填制会计凭证，并加以审核确认，然后据以在有关会计账户中进行登记。

在数智化背景下，新的会计循环流程为梳理会计信息流，确定会计信息采集方法，形成会计信息数据库，最终从会计信息数据库中出具报表。在新的会计循环过程中不存在登记会计账簿这一传统环节了。若需使用账簿，只需向智能化平台下达一定的指令，即可从数据库中导出。如果没有管理或者其他方面的需求，企业无须设置账簿。

## 二、会计账簿的种类

会计账簿的种类繁多，不同的会计账簿，用途、形式、内容和登记方法都各不相同。为了更好地了解和使用各种会计账簿，有必要对其进行分类。在实际工作中，人们使用最多的分类方法是以下两种。

### （一）按照会计账簿的用途分类

按用途的不同，会计账簿可分为序时账簿、分类账簿和备查账簿。

**1. 序时账簿**

序时账簿，又称日记账，是指按照经济业务完成时间的先后顺序逐日逐笔登记的会计账簿。在古代会计中，序时账簿被称作“流水账”。日记账又可分为普通日记账和特种日记账。普通日记账是将企业每天发生的所有经济业务，不考虑其性质如何，按其发生的先后顺序编成会计分录记入会计账簿。特种日记账是按经济业务性质单独设置的会计账簿，它只把特定项目按经济业务顺序登入会计账簿，反映其详细情况，如现金日记账和银行存款日记账。特种日记账的设置，应根据业务特点和管理需要而定，特别是那些发生频繁、需严加控制的项目，应予以设置。

**2. 分类账簿**

分类账簿是对全部经济业务按总分类账和明细分类账进行分类登记的会计账簿。总分类账簿，简称总账，是根据总账科目开设账户来分类登记全部经济业务，提供总括核算资料的分类账簿。明细分类账簿，简称明细账，是根据总账科目设置，按照其所属明细科目开设账户，用以分类登记某一类经济业务，提供明细核算资料。

**3. 备查账簿**

备查账簿，又称辅助账簿，是对某些在日记账和分类账等主要会计账簿中未能记载的事项或记载不全的经济业务的内容提供必要的参考资料。备查账簿的设置应视实际需要而定，并非一定要设置，而且没有固定格式。

## （二）按照账页的格式分类

会计账簿按照账页格式的不同，可分为三栏式账簿、多栏式账簿、数量金额式账簿。

**1. 三栏式账簿**

三栏式账簿是指设有“借方”、“贷方”和“余额”三个金额栏目的账簿。各种日记账、总账以及资本、债权、债务明细账均可采用三栏式账簿。总分类账和应收账款明细账，如表 6－1 和表 6－2 所示。

**表 6－1　总分类账**

总第　　页
分第　　页
会计科目：原材料

| 20××年 | | 凭证 | | 摘要 | 页数 | 借方 | | | | | | | | | 贷方 | | | | | | | | | 借或贷 | 余额 | | | | | | | | |
|---|---|---|---|---|---|---|---|---|---|---|---|---|---|---|---|---|---|---|---|---|---|---|---|---|---|---|---|---|---|---|---|---|---|
| 月 | 日 | 字 | 号 | | | 百 | 十 | 万 | 千 | 百 | 十 | 元 | 角 | 分 | 百 | 十 | 万 | 千 | 百 | 十 | 元 | 角 | 分 | | 百 | 十 | 万 | 千 | 百 | 十 | 元 | 角 | 分 |
| 6 | 1 | | | 期初余额 | | | | | | | | | | | | | | | | | | | | 借 | | | 6 | 0 | 0 | 0 | 0 | 0 | 0 |
| | 2 | | 001 | 购进 A 材料 | | | | 1 | 0 | 0 | 0 | 0 | 0 | 0 | | | | | | | | | | 借 | | | 7 | 0 | 0 | 0 | 0 | 0 | 0 |
| | 15 | | 003 | 生产领用材料 | | | | | | | | | | | | | 2 | 0 | 0 | 0 | 0 | 0 | 0 | 借 | | | 5 | 0 | 0 | 0 | 0 | 0 | 0 |
| | 25 | | 008 | 车间一般领用 | | | | | | | | | | | | | 1 | 0 | 0 | 0 | 0 | 0 | 0 | 借 | | | 4 | 0 | 0 | 0 | 0 | 0 | 0 |
| | 30 | | | 本月合计 | | | | 1 | 0 | 0 | 0 | 0 | 0 | 0 | | | 3 | 0 | 0 | 0 | 0 | 0 | 0 | 借 | | | 4 | 0 | 0 | 0 | 0 | 0 | 0 |
| | | | | | | | | | | | | | | | | | | | | | | | | | | | | | | | | | |

**表 6－2　应收账款明细账**

总账科目______
子母或户名：红星公司

| 20××年 | | 凭证 | | 摘要 | 页数 | 借方 | | | | | | | | | | | ✓ | 贷方 | | | | | | | | | | | ✓ | 借或贷 | 余额 | | | | | | | | | | | ✓ |
|---|---|---|---|---|---|---|---|---|---|---|---|---|---|---|---|---|---|---|---|---|---|---|---|---|---|---|---|---|---|---|---|---|---|---|---|---|---|---|---|---|---|---|
| 月 | 日 | 字 | 号 | | | 亿 | 千 | 百 | 十 | 万 | 千 | 百 | 十 | 元 | 角 | 分 | | 亿 | 千 | 百 | 十 | 万 | 千 | 百 | 十 | 元 | 角 | 分 | | | 亿 | 千 | 百 | 十 | 万 | 千 | 百 | 十 | 元 | 角 | 分 | |
| 6 | 1 | | | 期初余额 | | | | | | | | | | | | | | | | | | | | | | | | | | 借 | | | | | 6 | 0 | 0 | 0 | 0 | 0 | 0 | |
| | 2 | | 1 | 售出商品款项未收 | | | | | | 1 | 0 | 0 | 0 | 0 | 0 | 0 | | | | | | | | | | | | | | 借 | | | | | 7 | 0 | 0 | 0 | 0 | 0 | 0 | |
| | 15 | | 3 | 收回前欠货款 | | | | | | | | | | | | | | | | | | 2 | 0 | 0 | 0 | 0 | 0 | 0 | | 借 | | | | | 5 | 0 | 0 | 0 | 0 | 0 | 0 | |
| | 30 | | | 本月合计 | | | | | | 1 | 0 | 0 | 0 | 0 | 0 | 0 | | | | | | 2 | 0 | 0 | 0 | 0 | 0 | 0 | | 借 | | | | | 5 | 0 | 0 | 0 | 0 | 0 | 0 | |

### 2. 多栏式账簿

多栏式账簿是指在账簿的两个金额栏目（借方和贷方）按需要分设若干专栏的账簿。这种账簿可以按借方和贷方分别设专栏，也可以只设借方专栏或贷方专栏，设多少栏根据需要确定。收入、成本、费用明细账一般采用这种格式的账簿。借方多栏式明细账如表 6－3 所示。

**表 6－3　借方多栏式明细账**

| 20××年 | | 凭单 | | 摘要 | 合计 | | | | | | | | | | 借方 | | | | | | | | | | | | | | | | | | | | | | | | | | | | | | | | | | | | | | | | | | | | |
|---|---|---|---|---|---|---|---|---|---|---|---|---|---|---|---|---|---|---|---|---|---|---|---|---|---|---|---|---|---|---|---|---|---|---|---|---|---|---|---|---|---|---|---|---|---|---|---|---|---|---|---|---|---|---|---|---|---|---|---|
| | | | | | | | | | | | | | | | 办公 | | | | | | | | | 工资 | | | | | | | | | 折旧 | | | | | | | | | 劳保 | | | | | | | | | …… | | | | | | | | |
| 月 | 日 | 字 | 号 | | 千 | 百 | 十 | 万 | 千 | 百 | 十 | 元 | 角 | 分 | 百 | 十 | 万 | 千 | 百 | 十 | 元 | 角 | 分 | 百 | 十 | 万 | 千 | 百 | 十 | 元 | 角 | 分 | 百 | 十 | 万 | 千 | 百 | 十 | 元 | 角 | 分 | 百 | 十 | 万 | 千 | 百 | 十 | 元 | 角 | 分 | 百 | 十 | 万 | 千 | 百 | 十 | 元 | 角 | 分 |
| 6 | 1 | | 6 | 购买办公品 | | | | | 1 | 0 | 0 | 0 | 0 | 0 | | | | 1 | 0 | 0 | 0 | 0 | 0 | | | | | | | | | | | | | | | | | | | | | | | | | | | | | | | | | | | | |
| | 2 | | 9 | 计提工资费 | | | | 2 | 0 | 0 | 0 | 0 | 0 | 0 | | | | | | | | | | | | 2 | 0 | 0 | 0 | 0 | 0 | 0 | | | | | | | | | | | | | | | | | | | | | | | | | | | |
| | 15 | | 12 | 计提折旧费 | | | | | 5 | 0 | 0 | 0 | 0 | 0 | | | | | | | | | | | | | | | | | | | | | | 5 | 0 | 0 | 0 | 0 | 0 | | | | | | | | | | | | | | | | | | |
| | 24 | | 14 | 交纳劳保费 | | | | | 2 | 0 | 0 | 0 | 0 | 0 | | | | | | | | | | | | | | | | | | | | | | | | | | | | | | | 2 | 0 | 0 | 0 | 0 | 0 | | | | | | | | | |
| | 30 | | | 本月合计 | | | | 2 | 8 | 0 | 0 | 0 | 0 | 0 | | | | 1 | 0 | 0 | 0 | 0 | 0 | | | 2 | 0 | 0 | 0 | 0 | 0 | 0 | | | | 5 | 0 | 0 | 0 | 0 | 0 | | | | 2 | 0 | 0 | 0 | 0 | 0 | | | | | | | | | |
| | 30 | | | 结转 | | | | 2 | 8 | 0 | 0 | 0 | 0 | 0 | | | | | | | | | | | | | | | | | | | | | | | | | | | | | | | | | | | | | | | | | | | | | |

用红字登记

由于不设“贷方”栏，因此用红字登记减少额

### 3. 数量金额式账簿

数量金额式账簿是指在账簿的“借方”、“贷方”和“余额”三个栏目内，每个栏目再分设“数量”、“单价”和“金额”三个小栏，借以反映财产物资的实物数量和价值量的账簿。原材料、库存商品等存货类明细账一般都采用数量金额式账簿。原材料明细账如表 6－4 所示。

**表 6－4　数量金额式明细账**

总第　　页

分第　　页

类别：　　　　名称：　　　　计量单位：千克　　　　规格：　　　　编号：

| 20××年 | | 凭证 | | 摘要 | 借方 | | | | | | | | | | | 贷方 | | | | | | | | | | | 余额 | | | | | | | | | | |
|---|---|---|---|---|---|---|---|---|---|---|---|---|---|---|---|---|---|---|---|---|---|---|---|---|---|---|---|---|---|---|---|---|---|---|---|---|---|
| 月 | 日 | 字 | 号 | | 数量 | 单价 | 百 | 十 | 万 | 千 | 百 | 十 | 元 | 角 | 分 | 数量 | 单价 | | 十 | 万 | 千 | 百 | 十 | 元 | 角 | 分 | 数量 | 单价 | 百 | 十 | 万 | 千 | 百 | 十 | 元 | 角 | 分 |
| 6 | 1 | | | 期初余额 | | | | | | | | | | | | | | | | | | | | | | | 10 | 100 | | | | 1 | 0 | 0 | 0 | 0 | 0 |
| | 2 | 转 | 1 | 购进 | 20 | 100 | | | | 2 | 0 | 0 | 0 | 0 | 0 | | | | | | | | | | | | | | | | | 3 | 0 | 0 | 0 | 0 | 0 |
| | 15 | 转 | 2 | 领用 | | | | | | | | | | | | 5 | 100 | | | | 5 | 0 | 0 | 0 | 0 | 0 | | | | | | 2 | 5 | 0 | 0 | 0 | 0 |
| | 30 | | | 本月合计 | 20 | 100 | | | | 2 | 0 | 0 | 0 | 0 | 0 | 5 | 100 | | | | 5 | 0 | 0 | 0 | 0 | 0 | 25 | 100 | | | | 2 | 5 | 0 | 0 | 0 | 0 |
| | | | | | | | | | | | | | | | | | | | | | | | | | | | | | | | | | | | | | |

# 第二节 会计账簿的登记

## 一、传统手工会计账簿的设置原则和基本内容

### （一）传统手工会计账簿的设置原则

每一个会计主体需要设置哪些会计账簿，应当根据经济业务的特点和管理上的需要来确定。设置会计账簿应当遵循以下原则：

（1）会计账簿的设置要能保证系统、全面地反映和监督经济活动的情况，满足经济管理的需要，为经济管理提供总括的核算资料和明细的核算资料。

（2）会计账簿的设置要能保证组织严密，各会计账簿之间既有明确的分工，又有密切的联系，考虑人力和物力的节约，力求避免重复或遗漏。

（3）会计账簿的格式应简便适用，便于查账。

### （二）传统手工会计账簿的基本内容

由于管理的要求不同，因此所设置的会计账簿也不同，各种会计账簿所记录的经济业务也不同，其形式也多种多样，但所有会计账簿一般都应具备以下基本内容：

（1）封面，写明账簿名称和记账单位名称。

（2）扉页，填明启用的日期和截止的日期、页数和册次，经管会计账簿人员一览表和签章，会计主管签章，会计账户目录等。

（3）账页，基本内容包括：会计账户的名称（一级科目、二级或明细科目）；记账日期；会计凭证种类和栏数；摘要栏；金额栏；总页次和分户页次。

## 二、传统会计账簿的登记

### （一）传统手工会计账簿的启用规则

在启用新的会计账簿时，应在会计账簿的有关位置记录以下相关信息：

（1）设置会计账簿的封面与封底。除订本账不另设封面以外，各种活页账都应设置封面和封底，并登记单位名称、会计账簿名称和所属会计年度。

（2）填写会计账簿启用及经管人员一览表，在启用新会计账簿时，应首先填写印制在扉页上的“账簿启用及交接表”中的启用说明，其中包括单位名称、会计账簿名称、会计账簿编号、起止日期、单位负责人、主管会计、审核人员和记账人员等项目，并加盖单位公章。在会计人员发生变更时，应办理交接手续并填写“账簿启用及交接表”中的交接说明。

（3）填写会计账户目录，总账应按照会计科目顺序填写会计科目名称及启用页号。在启用活页式明细分类账时，应按照所属会计科目填写会计科目名称和页码，在年度结账

后，撤去空白账页，填写使用页码。

### （二）传统手工会计账簿的登记规则

（1）会计账簿必须根据审核无误的会计凭证连续、系统地登记，不能错记、漏记和重记；应将会计凭证的序号记入会计账簿；在记账时必须使用会计科目、子目、细目的全称，不得简化。

（2）登记会计账簿时必须使用蓝黑墨水登记，不能使用圆珠笔和铅笔，红墨水只能在结账划线、改错和冲账时使用，以防篡改。

（3）各种会计账簿必须按照事先编定的页码连续登记，不能隔页、跳行，如果不慎发生类似的情况，应在空页或空行处用红墨水划一对角的叉线，并注明此页或此行空白，而且要加盖印鉴，不得任意撕毁或抽换账页。

（4）登账时或登账后如果发现差错，应根据错误的具体情况，按照更正错账的方法进行更正，不得刮擦、挖补、涂改和用褪色药水更改字迹，应保持会计账簿字迹清晰和整洁。

（5）“摘要”栏的文字应简明扼要，并采用标准的简化汉字，不能使用不规范的汉字；“金额”栏的数字应该采用阿拉伯数字，并且对齐位数，注意“0”不能省略和连写；数字和文字一般应占行高的 1/2，为更正错误留有余地。

（6）每登满一页账页，应该在该页的最后一行加计本页的发生额及余额，在“摘要”栏中注明“过次页”，并在下一页的首行记入上页的发生额和余额，在“摘要”栏内注明“承前页”，以便对账和结账。

## 三、智能化会计账簿的登记

在数智化背景下，系统利用计算机和相关技术，根据凭证的财务信息自动登入会计账簿，实时生成会计账簿。这一过程无须人工干预，确保了账簿信息的即时性和准确性。财务人员可以根据管理需求、审计要求或决策支持的需要，进行账簿查询。他们可以快速检索特定日期、特定科目或特定交易类型的会计记录，获取详细或汇总的财务数据。

### （一）明细账的智能化登记

明细账的形成是对特定会计科目的交易进行详细记录和追踪的过程。智能化系统依据相关技术根据业务自动、实时地生成和管理。业务发生时，财务数据同步产生，明细账作为数据载体，实时反映业务动态。如应收账款明细账的智能化登记，销售部门在 ERP 系统中开具销售发票或确认销售收入，该业务事件会触发系统进行自动生成记账凭证，凭证生成后，系统实时将这笔分录登记到“应收账款”总账以及“客户×”的明细账中。自动识别交易日期、金额、摘要、会计科目等关键信息，无须人工干预。

### （二）总账的智能化登记

总账的形成是一个持续的过程，智能化背景下，总账的登记不再是一个需要独立登记的账簿，而是由其下级账户的数据实时、自动、强制性地汇总而来。随着每笔经济业务的发生，智能化系统会根据交易的性质和影响，记录相应的分录并更新明细账余额，继而将这一余额更新至总账中，这样，总账逐渐形成并累积了企业的全部会计信息，提供了全面法人财务记录和概览。它为企业管理层提供了随时可用的、高质量的决策支持数据。

### （三）日记账的智能化登记

日记账是按照经济业务发生或完成时间的先后顺序逐日逐笔进行登记的账簿。在传统会计体系中，现金日记账和银行存款日记账是日记账的核心，会计人员需要根据银行回单、现金收付款凭证等，在业务发生后的一段时间内，手动将每一笔资金的流入流出信息抄录到日记账中。在智能化背景下，日记账不再依赖会计人员的事后手工录入，而是通过银企直连等技术，将银行系统中的交易事件作为起点，实时、自动地生成日记账记录。如银行存款日记账的智能化登记，首先，企业 ERP 系统与银行通过安全 API 或专线建立加密数据通道。当企业账户发生交易时，银行系统会实时生成电子回单并主动推送至 ERP。系统接收到回单后，自动解析关键信息，并启动智能匹配引擎，匹配成功后，系统自动生成记账凭证并实时登记银行存款日记账，摘要、方向、金额等信息。

**提示**

数智背景下，各种会计账簿的生成不仅是普通财务软件能根据设定的规则自动生成，新的会计循环体系下的软件平台可以根据规则生成账簿，也可以不设置账簿，根据会计数据库设置既定的规则可以直接生成各种会计报表，满足管理的需要。

# 第三节　平衡试算表与错账更正

## 一、平衡试算表

传统的手工会计账簿登记完毕之后，登记是否正确是会计工作者非常关心的问题。编制平衡试算表是检验总账的记录是否存在差错的重要手段。随着大数据时代的到来与人工智能技术的深度应用，智能会计平台的数据库中的数据均是根据一定的规则计算出来的，账户间的钩稽关系通过系统逻辑得到精准维护，发生错误的概率大幅降低，因此，在数智背景下，会计平衡试算表的功能已经弱化。

### （一）平衡试算表的编制原理

平衡试算表的编制原理建立在会计恒等式和借贷记账法的记账规则之上，通过汇总计算和比较，来检查会计账户记录的正确性和完整性。平衡试算公式有以下两个。

**1. 发生额平衡试算公式**

经济业务发生后，按照借贷记账法的记账规则记账时，借贷两方的金额必然是相等的。当一定会计期间的全部经济业务都记入相关会计账户后，所有会计账户的借方发生额和贷方发生额的合计数也必然相等。因此有公式：

全部会计账户借方发生额合计＝全部会计账户贷方发生额合计

**2. 余额平衡试算公式**

借贷记账法以“资产＝负债＋所有者权益”的等式作为理论依据时，资产类账户都表现为借方余额，全部会计账户的借方余额合计数应该与资产总额相等；负债及所有者权益类账户都表现为贷方余额，全部会计账户的贷方余额合计数应该与负债及所有者权益总额相等。当“资产＝负债＋所有者权益”时，就有了余额平衡试算公式：

全部会计账户借方余额合计＝全部会计账户贷方余额合计

### （二）平衡试算表的作用

利用发生额平衡试算公式可以检查每一项经济业务的记录是否正确，也可以检查一定会计期间内所有经济业务记录的正确性。

利用余额平衡试算公式可以检查每一会计账户记录的正确性，也可以检查一定会计期间内所有会计账户记录的正确性。

### （三）平衡试算表的编制方法

通常在每一会计期间结束时，在已经结出各个会计账户本期发生额和期末余额的基础上，通过编制平衡试算表完成平衡试算工作。平衡试算表有两种：一种是将本期期末余额和发生额分别编表进行试算平衡（见第三章表 3－3 和表 3－4）；另一种是将本期发生额和期末余额合并在一张表中进行试算平衡（见第三章表 3－5）。期末计算出各账户本期借贷方发生额及期末余额，并将计算结果抄入平衡试算表（见第三章例 3－5 中的表 3－7 所示。

如果试算表平衡，一般说明记账没有错误。特殊情况下尽管试算表平衡，记账也会有错误，如发生重记、漏记等均不会影响试算表的平衡。如果试算表不平衡，若不是平衡表本身计算错误，那么一定是记账环节有错误。这就需要采取一定的方法查找并改正。

## 二、错账的查找与更正

### （一）传统错账的查找方法

查找错账的方法主要有个别检查法和全面检查法两种。

**1. 个别检查法**

个别检查法是针对错账的数字来进行检查的方法。这种方法适用于检查方向记反、数字错位和数字颠倒等造成的记账错误。个别检查法又可分为差数法、倍数法和除 9 法。

（1）差数法是指记账人员首先确定错账的差数，再根据差数去查找错误的方法。这种方法对于发现漏记账目比较有效，简便快捷。

（2）倍数法，又称除 2 法，是指先算出借方和贷方的差额，再根据差额的一半来查找错误的方法。这种方法适用于记账方向记错的情况。

（3）除 9 法是指先算出借方与贷方的差额，再除以 9 来查找错误的方法。这种方法适用于两种情况，即数字错位和相邻数字颠倒。

**2. 全面检查法**

全面检查法是对一定时期的账目进行核对的检查方法，具体分为顺查法和逆查法。

（1）顺查法是指按记账的顺序，从头到尾依次检查原始凭证、会计凭证、总账、明细账和会计科目余额表等。

（2）逆查法是指与记账的顺序相反，从尾到头的检查方法，即先检查科目余额表中数字的计算是否正确，其次检查各会计账户的计算是否正确，再次核对各会计账簿与记账凭证是否相符，最后检查记账凭证与原始凭证是否相符。

### （二）传统错账的更正规则

由于记账差错的具体情况不同，更正错误的方法也不同，一般常用的更正错误的方法有划线更正法、红字更正法和补充登记法。

**1. 划线更正法**

划线更正法适用于记账凭证正确，在记账或结账过程中发现会计账簿记录中文字或数字错误或会计凭证中的文字和数字发生错误，但尚未登账的情况。更正时，应先在错误的文字或数字（整个数字）上划一红线注销，并使原来的字迹仍可辨认，然后在红线上方空白处用蓝字填上正确的文字或数字，并在更正处由记账人员盖章。对需改正的数字一定要用红线全部划去，不能只改个别数字。如将 6 900 错写成 9 600，应将 9 600 用红线划去，再在红线上方的空白处用蓝字写 6 900 予以更正。

**2. 红字更正法**

红字更正法，又称赤字冲账法或红笔订正法，适用于记账凭证上的应记科目、方向或金额发生错误，并已登记入账的情况。红字更正方法又可分为全额红字更正法和差额红字更正法。

当会计分录中科目或方向错误，应采用全额红字更正法。更正时，先用红字填制一张内容与错误记账凭证完全相同的记账凭证，并在摘要中写明“更正第×号凭证错误”，并据以用红字登记入账，冲销原有的错误记录；然后，再用蓝字重填一张正确的记账凭证，登记入账。

【例 6－1】某车间耗用仓库发出的 A 材料 10 000 元，编制记账凭证时，借方账户误写为“管理费用”并已登记入账。其错误分录如下：

借：管理费用　　10 000

　贷：原材料　　10 000

更正上述错误，应用红字金额填制一张内容与原来一样的记账凭证：

借：管理费用　　　　10 000

　贷：原材料　　　　10 000

（注：□表示红字）

然后，重新填制一张正确的记账凭证：

借：制造费用　　　　10 000

　贷：原材料　　　　10 000

将上述两张记账凭证登记入账后，账簿记录的错误得以更正。

当记账后发现记账凭证中应借、应贷的会计账户无误，只是所填金额大于应记金额，即多记时，应采用差额红字更正法。更正时，可填制一张红字金额记账凭证，在“金额”栏中填列多计的数额，在“摘要”栏内注明“冲转第×号凭证多计数”，并据以入账，以冲销原来多记的金额。

【例 6-2】某车间耗用仓库发出的 A 材料 10 000 元。填制记账凭证时，将金额记为 100 000 元。其错误分录如下：

借：制造费用　　　　100 000

　贷：原材料　　　　100 000

为了更正上述账户中多记的 9 000 元，应填制一张红字金额的记账凭证：

借：制造费用　　　　90 000

　贷：原材料　　　　90 000

将上述更正错误的记账凭证记入有关账户后，原账簿中的错误记录便得到更正。

**3. 补充登记法**

补充登记法适用于记账后发现记账凭证中应借、应贷的会计账户、方向均正确，但所填的金额小于正确金额的情况，即少记。

采用补充登记法时，将少填的金额（即正确金额与错误金额之间的差额）用蓝字填制一张记账凭证，在“摘要”栏内注明“补记第×号凭证少记数”，并据以登记入账。这样便将少记的金额补充登记入账。

【例 6-3】若某车间耗用仓库发出的 A 材料 10 000 元，填制记账凭证时，将金额记为 1 000 元。其错误分录如下：

借：制造费用　　　　1 000

　贷：原材料　　　　1 000

为了更正错误的记录，可将少记的 9 000 元用蓝字填制一张记账凭证：

借：制造费用　　　　9 000

　贷：原材料　　　　9 000

将上述更正错误的记账凭证登记入账后，原账簿记录中的错误记录就得到更正。

使用红字更正法和补充登记法更正错误时，所填制的更正记账凭证上，应注明被更正记账凭证的日期和编号，以便核对查考。

**提示**

理解和掌握这几种错账的更正方法的关键是把握好它们的适用前提条件。例如，划线更正法的适用条件是在结账前发现的，记账凭证无误，只是在过账时出现的笔误。而红字更正法的适用条件是记账凭证有误且已经登记入账，错误分为两种情况：(1) 记账凭证中会计分录的科目、方向之一出错或科目、方向与金额同时出错，适合采用全额红字更正法；(2) 记账凭证中会计分录的科目、方向没错，只是金额多记，适合采用差额红字更正法。补充登记法适用于记账凭证已登记入账，但是会计分录中科目、方向均没错，只是金额少记的情况。

## 第四节　期末有关账项的调整与结转

### 一、期末账项调整的原因

企业的交易多数比较直观，会计人员在业务发生时便能直接记录，但像折旧计提、预付租金到期摊销类交易直观性相对较弱，甚至看上去根本就不像一项交易。这类交易的特殊性在于我们仅仅在会计期末对其进行确认，而它们与其他大多数交易的区别就在于：看上去是否直观明了。这正是期末账项调整的原因，即显性交易和隐性交易。

(1) 显性交易是指那些看上去比较直观，并需要逐日编制常规会计分录的事项，如现金收支、赊购与赊销业务等。对于每一笔显性交易，我们可以确定某项经济业务已经发生，并且会计人员必须编制一笔会计分录。编制此类经济业务的会计分录时必须依据原始凭证，如销售单、购货发票、薪金付款凭证或其他有形证据等。需要注意的是，并不是所有显性交易都存在核算主体与其他主体之间发生销售货物或提供货物的实际交易行为。例如，因为火灾或盗窃而导致的财产损失是一项显性交易，但并没有实际交易行为的发生。当然，通常情况下，只要有某项实际事件的发生，就需要编制一笔会计分录。

(2) 隐性交易发生时一般不会形成原始凭证或任何有形证据。由于会计人员不会收到记录此类业务的特定报告，因此这类交易的确认仅在会计期末进行，而非会计期中。例如，在会计期末，会计人员根据备忘信息编制计提折旧费用或摊销预付租金的分录。而显性交易通常不会形成此类分录，例如，当公司购买某项资产或在最初支付租金时，会计就会记录这些显性交易。我们把这些在会计期末编制的、用来记录隐性交易的会计分录称为会计调整。会计调整或称调整分录将隐性交易的财务影响分配至恰当的会计期间，因此，会计调整要定期进行，通常在将要编制当期财务报表时进行。在编制调整分录时，首先需要在记账凭证（普通日记账）中编制会计分录，然后过账到总分类账中，更新总分类账户的期末余额并据以编制财务报表。通过编制调整分录，可以使某一特定期间的收入和费用相配比，并可以使资产负债表恰当地反映企业的资产和负债。

企业期末结账应予调整的项目一般有以下几类：应计项目（包括应计费用、应计收入）、递延项目（包括预付费用、预收收入）和估计项目等。在数智化背景下，由于权责发生制的弱化，应计项目与递延项目也随之弱化。

## 二、应计项目

凡是本会计期间已耗用的费用和已赚取的收入，因尚未收付现金而未予记录的，均应于会计期末调整入账。

### （一）应计费用

应计费用，又称应付费用，是指本期已发生（耗用）而尚未支付现金的各项费用，如应付利息、应付水电费、应计设备修理费、应付工资和应交税费等。应计费用的调整，一方面确认费用，另一方面增加负债。费用账户结账时转入“本年利润”账户，以正确确认当期费用，负债则于以后期间支付现金时再予以冲销。

【例 6-4】某月某公司应交企业所得税额为 10 000 元。编制调整分录如下：

借：所得税费用　　10 000

　贷：应交税费——应交所得税　　10 000

【例 6-5】20××年 12 月 1 日，某公司借入 3 个月的短期借款 100 000 元，年利率为 6%，那么应由本年承担的利息费用为 500（100 000×6%÷12）元。年末编制调整分录如下：

借：财务费用　　500

　贷：应付利息　　500

【例 6-6】20××年 12 月末，某公司的驻外销售机构收到水电费通知单共计 1 000 元，在 12 月 31 日前仍未支付。年末编制调整分录如下：

借：销售费用　　1 000

　贷：应付账款　　1 000

### （二）应计收入

应计收入，又称应收收入，是指本会计期间已实现（赚取）而尚未收现的各项收入，如应收利息、应收租金和应收佣金等。应计收入的调整一方面增加收入，另一方面增加资产。收入账户于结账时转入“本年利润”账户，以正确确认当期收入，资产账户（债权）待实际收到现金时再予以冲销。

【例 6-7】20××年 12 月初，某企业收到一张商业票据，票面利率为 6%，期限为两个月，面值为 60 000 元。则 20××年 12 份应收票据发生的利息收入为 300（60 000×6%÷12）元。年末编制调整分录如下：

借：应收利息　　300

　贷：财务费用　　300

## 三、递延项目

递延项目是指推迟确认已收现的收入或已付现的费用。这种预收收入或预付费用，随着企业营业的继续逐渐成为已实现的收入或已发生的费用。企业应在期末将已发生的费用从预付费用账户（资产类）转入费用类账户，将已实现的收入从预收收入账户（负债类）转入收入类账户。

### （一）预付费用

预付费用是指虽然已经支出款项但并不属于本期而应归属于未来月份的支出项目，如预付的房租、保险费和报纸杂志费等。预付费用的核算一般是通过“预付账款”“长期待摊费用”账户来进行核算的，其性质是先支付后分摊。

【例 6－8】20××年 12 月初，某企业总部交纳了半年保险金共计 60 000 元，月保险额为 10 000 元。支付保险费时，编制分录如下：

借：预付账款　　60 000

　贷：银行存款　　60 000

【例 6－9】承例 6－8，20××年 12 月 31 日，应编制调整分录，记录 12 月份的保险费用。

借：管理费用　　10 000

　贷：预付账款　　10 000

### （二）预收收入

企业在尚未提供产品或劳务之前，向客户先行收取的款项，属于企业的一项负债，如预收货款、预收利息和预收房租等。当企业交付产品或提供劳务时，此项收入才得以实现。企业预收现金时，应当记录为负债，以后随着产品的交付、劳务的提供，预收收入应从负债类账户调整到收入类账户。

【例 6－10】某公司年初曾经预收半年房租 60 000 元，则应由 1 月份分摊的租金收入为 10 000（60 000÷6）元。

预收房租时，编制会计分录如下：

借：银行存款　　60 000

　贷：预收账款（其他应付款）　　60 000

1 月末调整分录如下：

借：预收账款（其他应付款）　　10 000

　贷：其他业务收入　　10 000

## 四、估计项目

企业在会计期末，所需调整的账项，除上述应计账项和递延账项外，为使成本与收入更精确配比，以正确计算利润，还需要对一些账项进行调整。这些账项与前述调整的不同之处在于调整金额具有不确定性。在计算此类金额时，需要考虑未来事项作为计算依据，这类账项称为估计项目，比如坏账准备的计提、固定资产折旧的提取等。

### （一）坏账准备

应收账款作为常见的商业信用形式可以提高企业的销售量，但市场经济中存在极大的不确定性，可能导致企业的应收账款最终不能全部收回。坏账是指企业无法收回或收回的可能性极小的应收账款。企业应收账款符合下列条件之一的，应确认为坏账：因债务人死亡，以其遗产清偿后仍然无法收回；因债务人破产，以其财产清偿后仍然无法收回；债务人较长时期内（如超过 3 年）未履行偿债义务，并有足够的证据表明无法收回或收回的可能性极小。

企业对于可能发生的坏账，有两种会计处理方法。

**1. 直接转销法**

直接转销法是指平时不对可能发生的坏账进行预计，只是到坏账实际发生时冲销应收账款。其账务处理如下：

借：管理费用——坏账损失

　贷：应收账款

**2. 备抵法**

备抵法是指平时在每个会计期末按照权责发生制对可能发生的坏账进行预计，并编制如下分录：

借：信用减值损失

　贷：坏账准备

实际发生坏账时，编制如下分录：

借：坏账准备

　贷：应收账款

【例 6－11】20××年 12 月 31 日，某制造企业有应收账款 1 000 000 元，根据以往收款经验，估计其中有 2%可能收不回，形成坏账。为了正确反映应收账款的真实价值，即可能收回的金额，企业必须编制调整分录（假设首次计提坏账准备）：

借：信用减值损失　　20 000

　贷：坏账准备　　20 000

### （二）累计折旧

企业固定资产随着日常使用或时间流逝而逐渐磨损、自然朽坏或不适用，最终退出使用，房屋、机器和设备都有耐用年限，为了使成本与收入相配比，固定资产应于使用期间内将取得成本，以合理且系统的方法分摊于各使用期间。这种成本的摊销即为折旧。

固定资产折旧计算的主要目的是将固定资产成本分摊于各使用期间，计算时一般需考虑三个要素，即固定资产原值、预计的净残值和估计耐用年限。具体的计算方法有多种，如直线折旧法、加速折旧法（双倍余额递减法、年限总和法），以下仅介绍直线折旧法。

【例 6－12】某公司厂房原值 2 450 000 元，预计使用年限为 40 年，假定净残值为 50 000

元，则：

固定资产的年折旧额=(2 450 000−50 000)÷40=60 000（元）

固定资产的月折旧额=60 00÷12=5 000（元）

每月月末编制的折旧分录为：

借：制造费用　　5 000

　贷：累计折旧　　5 000

# 第五节　对账、结账与智能化处理

## 一、传统对账与智能对账

### （一）对账的概念

对账即核对账目。一般是在会计期间（月份、季度和年度）终了时，检查和核对账证、账账和账实是否相符，以确保会计账簿记录的正确性。会计人员在填制会计凭证、登记会计账簿等一系列工作中出现的差错，因管理工作不善而导致财产管理中的各种问题及其他一些因素，都会影响会计账簿记录的真实性、正确性。为了保证会计账簿记录的真实、正确、可靠，必须对会计账簿和会计账户所记录的有关数据加以检查和核对。

### （二）对账的内容

对账的内容一般包括账证核对、账账核对和账实核对。

**1. 账证核对**

账证核对是指将各种会计账簿记录与会计凭证进行核对。这种核对主要是在日常编制会计凭证和记账过程中进行。必要时，也可采用抽查核对和目标核对的方法进行。核对的重点是会计凭证所记载的业务内容、金额和分录是否与会计账簿记录一致。若发现差错，应重新对会计账簿记录和会计凭证进行复核，直到查出错误的原因为止，以保证账证相符。

**2. 账账核对**

账账核对是对各种会计账簿之间的有关数字进行核对。账账核对包括：(1) 总分类账各会计账户的借方期末余额合计数与贷方期末余额合计数核对相符；(2) 明细分类账各会计账户的余额合计数与有关的总分类账的余额核对相符；(3) 日记账余额与总分类账各会计账户余额核对相符；(4) 会计部门各种财产物资明细分类账的期末余额与保管或使用部门的财产物资明细分类账的期末余额核对相符。

**3. 账实核对**

账实核对是指就账面数字和实际的物资、款项进行核对。账实核对包括：(1) 现金日记账账面余额与库存现金相互核对。(2) 银行存款日记账账面余额与银行各账户的银行对账单相互核对。传统银企对账业务是由于企业与银行信息不对称导致的，但是在大数据时代，可以采用银企对账 RPA 机器人自动提取企业、银行系统、第三方的账务信息，然后自动匹配账单信息、自动生成对账报告。(3) 各种材料物资明细账账面余额与材料物资实存数额相互核对。(4) 各种应收、应付款项明细账账面余额与有关的债权、债务单位相互核对。保证账实相符，一般通过财产清查来进行，有关内容将在第七章中介绍。

**提示**

实际工作中对账与结账、账项调整、平衡试算和错账的查找与更正应有机结合，并不固定先后顺序。

## 二、传统结账与智能结账

### (一) 传统结账与智能结账概述

传统结账是指把一定时期内所发生的经济业务全部登记入账，结算出每个会计账户的本期发生额和期末余额，并将期末余额转入下期或下年新账（期末余额结转到下期即为下期期初余额)。根据会计分期的不同，结账工作可在月末、季末和年末进行，但不能为减少本期的工作量而提前结账，也不能将本期的会计业务推迟到下期或编制报表之后再进行结账。

智能结账是指利用先进的计算机技术、网络通信技术、大数据分析和其他智能技术，对传统结账流程进行自动化和优化的一种结账方式。在会计领域，智能结账通常包括自动化的交易处理、发票生成、费用报销、账户核对和财务报告等功能。

对资产、负债和所有者权益等会计账户可以在会计期末直接结账，而对收入、费用等会计账户，应在调整之后再结账。权责发生制要求以应收和应付为标准确认本期收入和费用，即凡是属于本期应该赚取或发生的收入和费用，不论款项是否收到或付出，均应作为本期的收入和费用入账；凡是不属于本期的应该赚取或发生的收入和费用，即使款项在本期收到或支付，也不应作为本期的收入或费用入账。根据权责发生制，只有将企业发生的收入和费用按正确会计期间划分其归属，才能真实反映企业本期的财务状况和经营成果。

为了保证结账工作的顺利进行，结账前应做好准备工作，具体包括检查会计凭证和会计账簿的正确性、进行相应的账项调整，如收入的确认、成本的结转等。简单地说，结账工作主要由两部分构成：一是结出总分类账和明细分类账的本期发生额和期末余额（包括本期累计发生额)，并将余额在本期和下期之间进行结转；二是收入、成本和费用等损益类账户的结转，并计算本期利润（利润的确定一般在年结时进行)。

结账有利于企业管理者定期总结生产经营情况，对不同会计期间的数据资料进行比较分析，以便发现问题，采取措施及时解决；结账有利于编制会计报表，提供会计报表所需的数据资料，满足与企业有利益关系的投资者、债权人做出正确的投资决策和国家进行宏观调控的要求。另外，企业因撤销、合并而办理账务交接时，也需要办理结账手续。

## （二）结账的步骤

**1. 传统结账的步骤**

（1）检查结账日止以前发生的全部经济业务是否都已经登记入账。检查会计账簿记录的完整性和正确性，不能漏记、重记每一项经济业务，也不能有错误的记账分录。值得注意的是，各种收入和费用应该按照权责发生制的要求进行处理。

（2）编制结账分录。在有关经济业务都已经登记入账的基础上，要将各种收入、成本和费用等会计账户的余额进行结转，编制各种转账分录，结转到利润账户，再编制利润分配的分录。

（3）计算发生额和余额。计算出各会计账户的发生额和余额并进行结转，最终计算出资产、负债和所有权益类账户的本期发生额和余额。

**2. 智能结账的步骤**

智能结账的步骤与传统结账目的相似，但在执行方式上更加自动化和智能化。

（1）数据完整性与正确性检查。系统自动检查所有经济业务是否已经登记入账。利用预设的审核规则和算法，自动识别漏记、重记或错误的记账分录。实时监控交易数据，确保按照权责发生制进行处理。系统自动标记异常或不符合规则的经济业务。系统向会计人员发出电子提示，指出需要修正的地方。提供自动或半自动的修正工具，帮助快速更正错误。

（2）编制结账分录。系统根据预设的会计准则和规则，自动编制结账分录。自动将收入、成本和费用等账户余额结转到利润账户。利润分配的分录也由系统根据预设参数自动生成。系统支持自定义转账规则，以适应不同的会计需求。

（3）计算发生额和余额。系统自动计算各会计账户的发生额和余额。利用算法进行账户余额的结转和汇总。自动生成财务报表，包括资产、负债和所有者权益类账户的本期发生额和余额。系统支持实时查看和下载财务报告。所有计算结果和财务报表在系统中电子存储并自动备份，以确保数据的安全性和可追溯性。

## （三）结账的方法

结账分为月结、季结和年结。

**1. 月结**

传统月度结账时，应该结出本月借贷双方的月内发生额和期末余额，在“摘要”栏内注明“本期发生额及期末余额”，同时，在“本期发生额及期末余额”行的上、下端各画一条红线，表示会计账簿记录已经结束。

智能月度结账时，系统自动汇总当月所有账户的借贷双方发生额，利用会计软件自动计算期末余额，同时，在电子账簿的“摘要”栏内自动生成“本期发生额及期末余额”的标注，且在相应的记录上下端绘制电子红线，以示会计账簿记录结束，最后自动生成月度财务报告，供管理层审核，并通过电子邮件或内部通信系统自动发送报告给相关人员。

**2. 季结和年结**

传统季度结账应在本季度最后一个月的结账数字的红线下边一行，把本季度 3 个月的借贷双方月结数汇总，并在“摘要”栏内注明“本季发生额合计及季末余额”，同样在数字下端画一条红线。年度结账时，应将 4 个季度的借、贷双方季结数加以汇总，在“摘要”栏内注明“本年发生额及年末余额”，并在数字下端画双红线，表示本年度账簿记录已经结束。传统年度结账后，各账户的年末余额，应转入下年度的新账簿。

智能季度结账时，系统自动将 3 个月的月结数据汇总，得出季度借贷发生额合计，自动计算季末余额，同时，在电子账簿中自动添加“本季发生额合计及季末余额”的摘要说明，且在相应的记录下绘制一条电子红线，最后，利用数据分析工具进行季度财务分析，自动生成季度财务分析报告。智能年度结账自动完成年度结算，并将各账户的年末余额转入下一年度的新账簿。新账簿的初始化过程也由系统自动完成。

# 第六节　会计账簿的更换与保管

## 一、会计账簿的更换

会计账簿的更换是指在会计年度终了时，将上年度的会计账簿更换为次年度的新账簿。每一会计年度结束、新一会计年度开始时，更换一次总账、日记账和大部分明细账。少部分明细账还可以继续使用，年初可以不必更换账簿，如固定资产明细账等。

更换账簿时，应将上年度各会计账户的余额直接记入新账簿相应的会计账户中，并在旧账簿各会计账户年终余额的“摘要”栏内加盖“结转下年”戳记（现行会计记账规范规定，不需要再编制转账分录结平旧账）。在新账簿中相关会计账户的第一行“摘要”栏内加盖“上年结转”戳记，并在余额栏内记入上年余额。

## 二、会计账簿的保管

会计账簿是会计工作的重要历史资料，也是重要的经济档案。在经营管理中具有不可替代的作用。因此，每一个企业、单位都应遵循国家有关规定，利用智能技术加强对会计账簿的管理，确保会计账簿管理工作的现代化和高效化。

在智能化背景下，会计账簿的保管应明确责任主体，保障电子会计账簿的安全和会计资料的完整，防止交接过程中的混乱和舞弊行为。智能账簿交接时，应通过电子系统记录该会计账簿的相关信息，包括页数、记账人员姓名、启用日期和交接日期等，并以电子形式附在会计账簿的扉页，由相关人员电子签名和加盖电子印章。

会计账簿的定期（通常为年终）收集、审查核对、整理立卷、装订成册等工作，将由智能系统自动完成，并由专人负责保管，确保数据不丢失和不被损坏。

智能会计账簿的保管期限具体如下：日记账保管 30 年，固定资产卡片在固定资产报废清理后继续保管 5 年；总账和明细分类账保管 30 年。保管期满后，按照会计档案管理办法的规定，通过智能系统进行鉴定，并由财会部门和档案部门共同审批后进行电子处理。

在单位合并的情况下，原各单位的电子会计档案应由合并后的单位统一电子保管。若原各单位仍存续，其电子会计档案仍应由原各单位继续电子保管。

日常管理中，智能会计账簿应由各自分管的记账人员通过安全认证系统专门保管。未经领导和会计负责人或有关人员批准，非经管人员不得访问、查看、摘抄和复制电子账簿。除非特殊需要或司法介入要求，一般不允许将电子账簿携带外出。

新会计年度开始时，对更换下来的旧账簿，应通过智能系统进行整理、分类，并对缺少手续的会计账簿补办必要的手续，然后电子装订成册。编制电子目录，办理移交手续，并按期电子归档保管。

对会计账簿的保管既是会计人员应尽的职责，也是智能会计工作的重要组成部分。通过智能化的管理，会计账簿的保管更加高效、安全，为企业的长期发展和合规性提供了有力保障。

## 本章复习思维导图

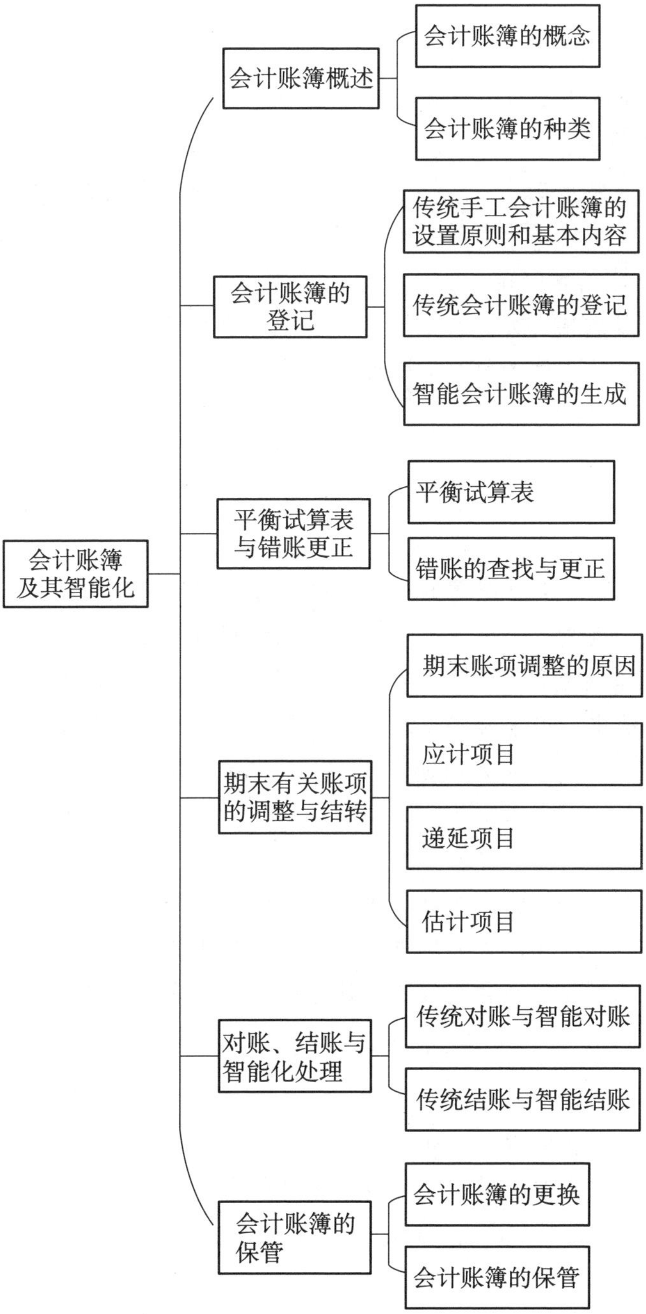


## 讨论与思考

1. 为什么要进行账项调整？调整的项目有哪些？各种调整分录的特征是什么？
2. 什么是收入和费用的收支期间和应归属期间？两者是否一致？

## 客观题

### 一、单选题

1. 数智化会计系统中，以下哪项功能有助于提高会计账簿的准确性？（　　）

A. 手动录入账簿数据　　B. 自动生成账簿报表
C. 定期打印账簿纸质副本　　D. 限制账簿的访问权限

2. 在数智化背景下，以下哪项不属于智能会计的核心特征？（　　）

A. 实时生成会计账簿内容　　B. 无须人工干预
C. 无法提高决策效率　　D. 确保账簿信息的即时性和准确性

3. 下列哪项是智能会计平台的主要功能？（　　）

A. 数据采集　　B. 报表生成
C. 数据分析　　D. 会计账簿的保管

### 二、多选题

1. 在数智化背景下，会计账簿的电子化管理可以实现以下哪些功能？（　　）

A. 实时更新账簿数据　　B. 提高账簿的准确性
C. 简化账簿的审核流程　　D. 降低账簿的存储成本

2. 智能会计系统中，以下哪些技术主要用于提高账务处理的准确性？（　　）

A. 人工智能　　B. 大数据　　C. 云计算　　D. 区块链

### 三、判断题

1. 数智化背景下，会计账簿的电子化管理可以降低账簿的存储成本。（　　）

2. 会计账簿是会计工作的重要历史资料，也是重要的经济档案。（　　）

3. 智能会计系统可以完全替代传统会计账簿，无须人工干预。（　　）

## 实训题

1. 实训目的：练习错账更正方法。

2. 实训资料：20××年5月，某企业查账时发现下列错账：

(1) 从银行提取现金3 500元，过账后，原记账凭证没错，会计人员在账簿上错将金额记为5 300元。

(2) 接受某企业投资原材料一批，价值70 000元。查账时发现凭证与账簿均记为“借：原材料，贷：资本公积”。

(3) 以银行存款偿还短期借款4 000元，查账时发现凭证与账簿中科目没有记错，但金额均记为40 000元。

(4) 开出现金支票600元，支付企业管理部门日常零星开支。原编记账凭证的会计分录如下：

借：管理费用　　600

　贷：库存现金　　600

（5）结转本月实际完工的生产成本 49 000 元。原编记账凭证的会计分录如下：

借：库存商品　　94 000

　贷：生产成本　　94 000

（6）用银行存款支付所欠供货单位货款 7 600 元。原编会计分录如下：

借：应付账款　　6 700

　贷：银行存款　　6 700

3. 实训要求：请指出上述账目的错误并加以改正。

# 第七章 成本计算与财产清查及其受数智化的影响

## 职业能力目标

### 本章知识点

- 成本计算的意义与基本要求
- 采购成本、生产成本与销售成本的计算
- 财产清查的意义与种类
- 财产清查的制度与方法（难点）
- 财产清查结果的处理（重点）

### 学习目标

- 初步掌握工业企业供产销资产成本的基本会计处理
- 了解成本的作用及计算过程
- 了解财产清查的概念与种类
- 理解财产清查的盘存制度与方法
- 掌握财产清查结果的会计处理，并了解数智化对财产清查的影响企业会计对于生产经营过程中所发生的各项费用，应当根据会计账簿记录进行成本计算，以便正确计量资产、确定盈亏。为了保证财务会计报表所提供信息的真实性，需对会计账簿记录的客观性进行检查，通过财产清查核对账实是否一致，如果不一致，则需填制会计凭证调整会计账簿记录；如果一致，可根据会计账簿记录编制企业财务会计报表。以会计账簿记录为基础的成本计算和财产清查，对企业财务会计信息的可靠性与相关性有着至关重要的影响，因而也是企业会计核算方法体系中的两种重要方法。

# 第一节 成本计算

## 一、成本计算概述

### （一）成本与费用的关系

成本和费用是两个相互关联的概念，既有联系又有区别。

按照《企业会计准则——基本准则》的规定，费用是指企业在日常活动中发生的、会导致所有者权益减少的、与向所有者分配利润无关的经济利益的总流出。费用按功能不同，可分为从事经营业务发生的成本、管理费用、财务费用和销售费用等。

成本是可以直接归结到产品中去的生产耗用，有采购成本、生产成本和销售成本等，成本项目一般包括直接材料、直接人工和制造费用。成本是对象化了的费用，即按一定产品或劳务对象所归集的费用。成本与一定种类的产品相联系，如生产某产品耗用的材料、工人工资等。

管理费用、财务费用和销售费用称为期间费用。期间费用是指不能直接归属于某一特定产品成本，但容易确定其发生期间而应直接计入当期损益的费用。期间费用是为了本期的生产经营活动所发生的费用，难以确定其所归属的产品，但能确定它所发生的期间，如房租、招待费和广告费等。期间费用在发生当期列入发生当期损益，不列入各产品成本。

### （二）成本计算的概念与意义

成本计算是指对生产经营过程中所发生的各种费用，按照一定对象和标准进行归集和分配，以计算各对象的总成本和单位成本的一种专门方法。成本计算是整个会计核算中的重要环节。通过成本计算，可以核算和监督生产经营过程中所发生的各项费用是否达标，成本计算提供的信息是否是企业成本管理所需要的主要信息。正确地选择成本计算方法，准确地计算成本，是企业正确计算利润的前提条件之一，对企业降低成本有重要意义。

成本反映生产经营过程中产品的实际耗费，是确定产品补偿价值的指标，也是综合反映企业生产、技术经营等各项工作经济效果的重要指标。成本计算对于全面完成会计工作的任务具有重要意义。

（1）通过成本计算，可以正确确定产品实际成本，为企业经营管理提供所需的成本、费用数据，对比收支计算盈亏，为进行货币计价、登记会计账簿和编制会计报表提供重要依据。

（2）通过成本计算，可以审核和控制企业发生的各项费用，全面分析各项费用支出的情况及原因，从而进一步挖掘潜力，寻求节约费用、降低成本的途径。

（3）通过成本计算，可以为及时、有效地监督和控制生产经营过程中的各项费用支出，防止与制止各种浪费、损失，争取达到或超过预期的成本目标提供重要的数据资料。

（4）通过成本计算，可以为成本预测，下期成本水平和成本目标的规划，经济效益的提高提供重要的数据资料。

## 二、成本计算的基本要求

企业的生产经营过程，同时也是费用发生、成本形成的过程。成本计算过程实际上就是费用的归集和分配过程。企业规模有大有小，经营性质和项目各不相同，如何组织成本的计算，如何确定成本计算对象，只能依实际情况而定。总的来看，企业成本计算应符合以下基本要求：

（1）加强对费用的审核和控制，严格遵守成本开支范围的相关规定。成本开支范围是根据成本的客观经济内涵、国家的分配方针和企业实行独立核算的要求而规定的，它能使产品成本正确反映企业生产的消耗水平，使各企业的成本开支口径一致。成本开支范围一经规定，要保持相对稳定，但随着国家经济体制的改革、分配方针的改变和财务管理制度的变化，应做相应的修改。

（2）正确划分各种费用的界限。具体包括：正确划分收益性支出与资本性支出；正确划分生产经营支出与营业外支出；正确划分各个月份的费用；正确划分计入产品成本与不计入产品成本；正确划分产品成本与期间费用；正确划分不同产品成本；正确划分完工产品成本与在产品成本等。

（3）正确确定财产物资的计价和价值结转方法。

（4）做好各项基础工作。具体包括：定额的制定和修订；材料物资的计量、收发、领退与盘点；原始记录；计划价格的制定与修订工作等。

（5）适应生产特点和管理要求，采用适当的成本计算方法。成本计算方法是指按照一定的成本对象归集生产费用，以便计算出各种产品总成本和单位成本的方法。最基本的成本计算方法有品种法、分批法和分步法。成本计算方法的确定在很大程度上取决于企业生产的特点和成本管理的要求。适当的成本计算方法能够真实地反映企业的生产经营状况，为正确核算成本提供客观依据。

**提示**

(1) 品种法是指以产品品种作为成本计算对象，归集生产费用、计算产品成本的一种方法。这种方法适用于大量、大批、单步骤生产的情况下，按产品的品种计算成本。

(2) 分批法是指按照产品批别归集生产费用、计算产品成本的一种方法。这种方法适用于单件、小批、多步骤生产的情况下，按照客户的订单及企业组织的生产批别计算成本。

(3) 分步法是指按照产品的生产步骤归集生产费用、计算产品成本的一种方法。这种方法适用于大量、大批、多步骤生产的情况。

## 三、成本计算的一般程序

### (一) 确定成本计算对象

成本计算对象是指费用的承担者或成本归属的对象。进行成本计算，应首先确定成本计算对象，以便按确定的成本计算对象归集各种费用，计算成本。品种法一般直接以产品品种为成本计算对象；分批法以批次作为成本计算对象；分步法适用的生产情况下，产品生产要分成若干个步骤，每个步骤都产生半成品，并且产品是连续不断地大量生产或大批量生产的，所以分步法以每个步骤的半成品和最终产品为成本的计算对象。

### (二) 确定成本计算期

成本计算期是指每间隔多长时间计算一次成本。一般以 1 个月作为一个成本计算期。

### (三) 合理设置成本项目

成本项目是指对各种费用按其经济用途所做的分类。在计算产品成本时，一般把成本分成直接材料、直接人工和制造费用。

(1) 直接材料是指直接用于产品生产并构成产品实体的原料及主要材料。

(2) 直接人工是指直接参加产品生产的工人工资及按规定计提的职工福利费。

(3) 制造费用是指发生在车间范围内除以上归集于“直接材料”项目和“直接人工”项目外，不能直接计入某个成本计算对象的各项费用。

### (四) 正确归集和分配各种费用

为了正确计算产品成本，对生产经营活动中所发生的各项费用，应按照“谁受益谁承担”的原则，对属于一个成本计算对象的费用，应直接计入该成本对象的成本中；属于几个成本计算对象的费用，则采用一定的分配标准，在受益对象之间进行分配，然后计入各成本计算对象的成本。只有这样才能合理、正确地计算各个成本计算对象应负担的费用。分配标准一旦被选定，不能随意变更，否则违反一贯性原则。

### （五）计算完工产品的总成本和单位成本

计算成本时，必须按规定的成本项目为各个成本计算对象开设有关费用明细账，将发生的各种费用，按其经济用途在各明细账上进行归集和分配；必须按规定的成本计算期与成本项目，分别计算各个成本对象的总成本和单位成本，并编制成本计算单。

## 四、传统供产销过程中的成本计算

### （一）采购成本的计算

企业为了组织正常的生产经营，需要外购原材料、包装物和低值易耗品等存货。外购存货的采购成本一般包括买价、运杂费（包括运输费、装卸费、保险费、包装费和仓储费等）、运输途中的合理损耗、入库前的挑选整理费用、购入材料负担的进口关税和其他费用。

在计算采购成本时，凡是能分清由哪种材料负担的费用，应直接计入该种材料的采购成本，如存货买价；凡是不能明确分清应由哪种材料负担的费用，则应采用合理的分摊标准，一般可按材料的重量或买价进行分摊，计入各种材料的采购成本，如存货运杂费等。核算中使用到的账户主要有“材料采购”“应交税费——应交增值税（进项税额）”“原材料”“应付账款”等。

【例 7－1】红光公司为增值税一般纳税人，增值税税率为 13%，材料的收发按实际价格计价。20××年 7 月 1 日，该公司从长江公司购入甲、乙两种材料。甲材料 100 千克，单价为 300 元，计 30 000 元；乙材料 200 千克，单价为 100 元，计 20 000 元。买价共计 50 000 元，款项尚未支付。编制会计分录如下：

| | | |
|---|---|---|
| 借：在途物资——甲材料 | 30 000 | |
| ——乙材料 | 20 000 | |
| 应交税费——应交增值税（进项税额） | 6 500 | |
| 贷：应付账款——长江公司 | | 56 500 |

【例 7－2】承例 7－1，同日，红光公司以银行存款支付购入甲、乙材料的运杂费 900 元，并按材料的重量在甲、乙材料之间进行分配。

运杂费分配率＝900÷(100＋200)＝3（元/千克）

甲材料应分担的运杂费＝100×3＝300（元）

乙材料应分担的运杂费＝200×3＝600（元）

编制会计分录如下：

| | | |
|---|---|---|
| 借：在途物资——甲材料 | 300 | |
| ——乙材料 | 600 | |
| 贷：银行存款 | | 900 |

【例 7－3】承例 7－1 和例 7－2，20 日，红光公司本月 1 日从长江公司购入的甲、乙两种材料验收入库。

$$\text{甲材料采购总成本}=\text{甲材料买价}+\frac{\text{甲材料应}}{\text{分担的运杂费}}=30\ 000+300=30\ 300\text{（元）}$$

$$\text{甲材料采购单位成本}=\frac{\text{甲材料}}{\text{采购总成本}}\div\text{甲材料重量}=30\ 300\div100=303\text{（元/千克）}$$

$$\text{乙材料采购总成本}=\text{乙材料买价}+\frac{\text{乙材料应}}{\text{分担的运杂费}}=20\ 000+600=20\ 600\text{（元）}$$

$$\text{乙材料采购单位成本}=\frac{\text{乙材料}}{\text{采购总成本}}\div\text{乙材料重量}=20\ 600\div200=103\text{（元/千克）}$$

编制会计分录如下：

| | | |
|---|---|---|
| 借：原材料——甲材料 | 30 300 | |
| 　　　　——乙材料 | 20 600 | |
| 　贷：在途物资——甲材料 | | 30 300 |
| 　　　　　　——乙材料 | | 20 600 |

### （二）生产成本的计算

生产成本的计算过程一般要先确定成本计算对象，再确定成本计算期和产品成本项目，按权责发生制划清费用的受益期限，按成本分配的受益原则划清费用的受益对象，然后按成本计算对象开设并登记生产成本明细账，编制成本计算单。

工业企业生产成本的核算，使用的账户主要有“生产成本”“制造费用”“管理费用”“销售费用”“应付职工薪酬”“库存商品”等。

现以 20××年 8 月份红光公司的生产业务为例来说明生产成本的归集过程。该公司为增值税一般纳税人，生产 A、B 两种产品，耗用甲、乙两种材料。

**1. 直接材料的归集与分配**

对于直接用于某种产品生产的材料费用，应直接计入该产品生产成本明细账中的直接材料费用项目；对于由多种产品共同耗用、共同负担的材料费用，应选择适当的标准在这些产品之间进行分配，按分担的金额计入相应的成本计算对象（生产产品的品种、类别等）；对于为提供生产条件等间接消耗的各种材料费用，应先通过“制造费用”账户进行归集，期末再同其他间接费用一起按照一定的标准分配计入有关产品成本；对于行政管理部门领用的材料费用，应记入“管理费用”账户。

【例 7－4】月末，根据本月“发料凭证汇总表”，本月发出的材料及用途如下：甲材料 20 000 元，其中，生产 A 产品耗用 12 000 元，生产 B 产品耗用 6 000 元，厂部耗用 2 000 元；乙材料 10 000 元，其中，生产 A 产品耗用 5 000 元，生产 B 产品耗用 3 000 元，车间一般耗用 1 000 元，销售部门耗用 1 000 元。

生产 A 产品耗用材料＝12 000＋5 000＝17 000（元）

生产 B 产品耗用材料＝6 000＋3 000＝9 000（元）

编制会计分录如下：

借：生产成本——A产品　17 000
　　　　　　——B产品　9 000
　　管理费用　2 000
　　制造费用　1 000
　　销售费用　1 000
　贷：原材料——甲材料　20 000
　　　　　　——乙材料　10 000

**2. 直接人工的归集与分配**

应由生产产品、提供劳务负担的职工薪酬，计入产品成本或劳务成本。其中，生产工人的职工薪酬应借记“生产成本”账户，贷记“应付职工薪酬”账户；生产车间管理人员的职工薪酬属于间接费用，应借记“制造费用”账户，贷记“应付职工薪酬”账户。应由在建工程、无形资产负担的职工薪酬，计入建造固定资产或无形资产成本。

除上述两种情况之外的其他职工薪酬应计入当期损益。例如，企业行政管理部门人员和专设销售机构销售人员的职工薪酬均属于期间费用，应分别借记“管理费用”“销售费用”等账户，贷记“应付职工薪酬”账户。

【例7-5】月末，根据本月“工资核算汇总表”，本月应发工资总额300 000元。其中，A产品生产工人的工资100 000元，B产品生产工人的工资120 000元，车间管理人员的工资40 000元，厂部管理人员的工资40 000元。编制会计分录如下：

借：生产成本——A产品　100 000
　　　　　　——B产品　120 000
　　制造费用　40 000
　　管理费用　40 000
　贷：应付职工薪酬　300 000

【例7-6】月末，按照实际核销职工福利费如下：A产品直接生产人员14 000元，B产品直接生产人员16 800元，车间管理人员5 600元，厂部办公室人员5 600元。编制会计分录如下：

借：生产成本——A产品　14 000
　　　　　　——B产品　16 800
　　制造费用　5 600
　　管理费用　5 600
　贷：应付职工薪酬　42 000

**3. 制造费用的归集与分配**

制造费用是用来归集和分配在车间范围内为组织和管理产品的生产所发生的不便于直接归入生产成本的各项间接费用，具体包括：车间管理人员的工资和福利费；车间用固定资产的折旧费、修理费；车间的办公费、水电费、厂房租赁费、劳保费及机物料消耗费等。制造费用月末按一定的标准分配后转入各产品的生产成本。

企业发生制造费用时，借记“制造费用”账户，贷记“累计折旧”“银行存款”“应付职工薪酬”等账户；结转或分摊时，借记“生产成本”等账户，贷记“制造费用”账户。

【例 7-7】月末，计提本月固定资产折旧 25 000 元。其中，生产车间固定资产折旧 19 000 元，厂部固定资产折旧 6 000 元。编制会计分录如下：

| | | |
|---|---|---|
| 借：制造费用 | 19 000 | |
| 　　管理费用 | 6 000 | |
| 　贷：累计折旧 | | 25 000 |

【例 7-8】月末，摊销应由生产车间负担的保险费 1 000 元。编制会计分录如下：

| | | |
|---|---|---|
| 借：制造费用 | 1 000 | |
| 　贷：预付账款 | | 1 000 |

【例 7-9】月末，用银行存款支付本月生产车间的水电费 5 000 元。编制会计分录如下：

| | | |
|---|---|---|
| 借：制造费用 | 5 000 | |
| 　贷：银行存款 | | 5 000 |

【例 7-10】承例 7-4 至例 7-9，月末，将本月发生的制造费用 71 600 元按照 A、B 两种产品的生产工人工资比例分配转入生产成本。

分配比率＝71 600÷(100 000＋120 000)＝0.325 45

分配给 A 产品的制造费用＝100 000×0.325 45＝32 545（元）

分配给 B 产品的制造费用＝71 600－32 545＝39 055（元）

注：如果制造费用分配率为近似值，各种产品应负担的制造费用之和与制造费用总额会产生尾差，这时最后一种产品应负担的制造费用额则采用倒挤法计算求得，即将尾差计入最后一种产品。

编制会计分录如下：

| | | |
|---|---|---|
| 借：生产成本——A 产品 | 32 545 | |
| 　　　　　——B 产品 | 39 055 | |
| 　贷：制造费用 | | 71 600 |

【例 7-11】承例 7-4 至例 7-10，月末，假设本月月初和月末均无在产品，本月生产 A、B 两种产品全部完工验收入库，其中，A 产品完工入库 10 件，B 产品完工入库 15 件。计算并结转已完工验收入库产成品的生产成本，A、B 两种产品的总成本和单位成本，填制“生产成本明细分类账”（见表 7-1 和表 7-2）和“产品成本计算表”（见表 7-3），并做出相应的会计处理。

A 产品总成本＝17 000＋100 000＋14 000＋32 545＝163 545（元）

A 产品单位成本＝163 545÷10＝16 354.50（元/件）

B 产品总成本＝9 000＋120 000＋16 800＋39 055＝184 855（元）

B 产品单位成本＝184 855÷15＝12 323.67（元/件）

**表 7－1 A 产品生产成本明细分类账**

产品名称：A 产品　　　　完工质量：10 件

| 20××年 月 | 20××年 日 | 凭单 字 | 凭单 号 | 摘要 | 合计 | 借方 直接材料 | 借方 直接人工 | 借方 制造费用 |
|---|---|---|---|---|---|---|---|---|
| 8 | 1 | 略 | 略 | 月初金额 | 0 | | | |
| | 30 | | | 领用材料 | 17000.00 | 17000.00 | | |
| | 30 | | | 生产工人工资 | 100000.00 | | 100000.00 | |
| | 30 | | | 生产工人福利费 | 14000.00 | | 14000.00 | |
| | 30 | | | 分配制造费用 | 32545.00 | | | 32545.00 |
| | 30 | | | 本月合计 | 163545.00 | 17000.00 | 114000.00 | 32545.00 |
| | 30 | | | 结转完工产品成本 | 163545.00 | 17000.00 | 114000.00 | 32545.00 |

用红字登记

由于不设“贷方”栏，因此用红字登记减少额

**表 7－2 B 产品生产成本明细分类账**

产品名称：B 产品　　　　完工质量：15 件

| 20××年 月 | 20××年 日 | 凭单 字 | 凭单 号 | 摘要 | 合计 | 借方 直接材料 | 借方 直接人工 | 借方 制造费用 |
|---|---|---|---|---|---|---|---|---|
| 8 | 1 | 略 | 略 | 月初金额 | 0 | | | |
| | 30 | | | 领用材料 | 9000.00 | 9000.00 | | |
| | 30 | | | 生产工人工资 | 120000.00 | | 120000.00 | |
| | 30 | | | 生产工人福利费 | 16800.00 | | 16800.00 | |
| | 30 | | | 分配制造费用 | 39055.00 | | | 39055.00 |
| | 30 | | | 本月合计 | 184855.00 | 9000.00 | 136800.00 | 39055.00 |
| | 30 | | | 结转完工产品成本 | 184855.00 | 9000.00 | 136800.00 | 39055.00 |

用红字登记

由于不设“贷方”栏，因此用红字登记减少额

**表 7－3 产品成本计算表**

2019 年 8 月　　　　单位：元

| 成本项目 | A 产品 | | B 产品 | |
|---|---|---|---|---|
| | 总成本（10 件） | 单位成本 | 总成本（15 件） | 单位成本 |
| 直接材料 | 17 000 | 1 700 | 9 000 | 600 |
| 直接人工 | 114 000 | 11 400 | 136 800 | 9 120 |

续表

| 成本项目 | A 产品 | | B 产品 | |
|---|---|---|---|---|
| | 总成本（10 件） | 单位成本 | 总成本（15 件） | 单位成本 |
| 制造费用 | 32 545 | 3 254.5 | 39 055 | 2 603.67 |
| 生产成本 | 163 545 | 16 354.50 | 184 855 | 12 323.67 |

根据以上计算结果编制结转验收完工入库产品的分录如下：

借：库存商品——A 产品　　163 545
　　　　　　——B 产品　　184 855
　贷：生产成本——A 产品　　163 545
　　　　　　　——B 产品　　184 855

### （三）销售成本的计算

销售成本是指已经售出产品的实际成本，主要使用“库存商品”“主营业务成本”等账户进行核算。

【例 7－12】20××年 5 月，江春公司共计销售 A 产品 200 件，单位生产成本 150 元；B 产品 100 件，单位生产成本 100 元。编制会计分录如下：

借：主营业务成本——A 产品　　30 000
　　　　　　　　——B 产品　　10 000
　贷：库存商品——A 产品　　30 000
　　　　　　　——B 产品　　10 000

## 五、数智化对供产销过程成本计算的影响

在数智化背景下，供产销过程中的成本计算变得更加精细和高效。传统的成本计算主要依赖于人工或普通的会计电算化软件进行，而数智化背景下的成本计算则是从会计信息数据库中，按照一定的规则通过人工智能和大数据等技术实现自动化、智能化的成本计算。

首先，数智化背景下供产销过程中的成本计算可以实现自动化。通过将企业的各项成本数据导入到人工智能系统中，系统可以自动进行数据处理和分析，生成成本计算报告。这种方式可以大大减少人工进行成本计算的工作量，提高工作效率。

其次，数智化背景下的成本计算可以实现智能化。人工智能系统可以基于企业的历史数据和行业数据进行智能预测和决策，帮助企业更好地控制成本。例如，系统可以通过分析企业的销售数据，预测未来的销售趋势，从而帮助企业进行合理的库存管理和采购决策，降低库存成本和采购成本。

最后，数智化背景下的成本计算可以实现精细化。通过大数据技术，企业可以收集和分析更多的成本数据，从而更加精确地计算出每一项成本的构成和变化情况。这可以帮助企业更好地了解自己的成本结构和成本变化趋势，从而更好地进行成本控制和成本优化。

总的来说，数智背景下的成本计算具有自动化、智能化和精细化等特点，可以帮助企业更好地进行成本控制和管理。

# 第二节 财产清查

## 一、财产清查概述

企业单位各种财产物资的增减变动和结存情况，通过会计凭证的填制与审核、会计账簿的登记与核对，在会计账簿体系中得到了正确反映，但会计账簿记录的正确性并不足以正确说明各种财产物资的实际结存情况。在具体会计工作中，即使在账证相符、账账相符的情况下，财产物资的账面数与实际结存数仍可能不一致。根据资产管理制度，以及为编制会计报表提供正确可靠核算资料的要求，必须使会计账簿反映的有关财产物资和债权债务的结存数额与实际数额保持一致，做到账实相符。因此，在传统的会计核算体系中必须运用财产清查这一会计核算的专门方法。在数智化背景下的会计循环中，核算过程中不再设置会计账簿，财产清查逐渐被弱化为实际数额与数据库中的信息进行核对。在本书中，我们主要讲述传统的会计核算体系中的财产清查。

### （一）财产清查的概念

财产清查，又称财产检查，是指通过对各种实物资产、货币资金和往来款项进行实地盘点、账项核对或查询，查明其一定时期的实际结存数，并与账存数核对，确定账实是否相符的一种会计核算方法。

造成财产物资的账存数与实存数不相符的原因是多方面的，主要包括：

（1）财产收发时，因计量不准确而发生品种或数量上的差错。

（2）财产保管过程中发生自然损耗或自然升溢。

（3）因管理不善或保管不当，造成财产的腐烂变质、毁损及人为损坏。

（4）因贪污盗窃、营私舞弊等违法行为而造成财产的短缺或损失。

（5）账簿记录存在重记、漏记、错记或出现计算上的错误。

（6）因自然灾害而造成存货非常损失。

（7）由于凭证传递的时间差，形成未达账项，造成双方账务不符等。

因此，企业应定期或不定期地进行全面或局部的财产清查，分析账实不符的原因，进而建立健全各项规章制度，加强管理，确保企业财产物资的安全与完整。

### （二）财产清查的作用

财产清查既是会计核算的一种方法，又是单位内部实施会计控制和会计监督的一种活动，其作用主要表现在以下方面：

（1）确保会计记录的正确性，保证会计核算资料的真实性和可靠性。通过财产清查，可以查明财产物资有无短缺或盈余及发生盈亏的原因，确定财产物资的实有数，并通过账项的调整达到账实相符，进而保证会计核算资料的真实性，为编制会计报表奠定基础。

（2）监督财产使用的合理性，挖掘物资潜力。通过财产清查，可以查明财产物资的使用情况，发现有无超储积压或储备不足及不配套等现象，以便及时采取措施，对储备不足的设法补足，对呆滞积压和不配套的及时处理，充分挖掘财产物资潜力，提高资产使用效率。

（3）强化财产管理的内部控制制度，确保财产安全与完整。通过财产清查，可以发现财产管理工作中存在的各种问题，如收发手续不健全、保管措施不得力和控制手续不严密等，从而采取对策加以改进，健全内部控制制度，确保财产的安全与完整。

（4）健全财产管理的岗位责任制，促使保管人员总结经验、吸取教训，不断学习先进的管理技术，进而提高业务素质，确保财经纪律和结算纪律的执行。

**提示**

人生如同财产清查，也同样需要经常定期进行清查、反省。朱熹《朱子语类》第40卷言："曾子一日三省，则随事用力。"春秋时期，孔子的弟子曾参勤奋好学，深得孔子的喜爱，同学问他为什么进步那么快。曾参说："我每天都要多次问自己：替别人办事是否尽力？与朋友交往有没有不诚实的地方？先生教的学生是否学好？如果发现做得不妥就立即改正。"作为学生，人生需要不断反思，照镜子，正衣冠，及时纠偏。

### （三）财产清查的分类

按照不同标准，财产清查可以有以下几种分类。

**1. 按清查的对象和范围分类**

按清查的对象和范围不同，财产清查可分为全面清查和局部清查。

（1）全面清查是指对一个单位的全部财产物资，包括企业所拥有的、代管的和租入的实物资产、货币资金及债权债务等，进行的全面、彻底的盘点与核对。全面清查的清查范围广、投入人力多、耗费时间长、工作量大，一般只适用于下列几种情况：1）年终编制决算会计报表前，为保证决算报表的真实性时；2）企业撤销、合并与外商合资或改变隶属关系时；3）企业更换主要负责人时；4）企业发行债券，进行股份制改造和开展全面资产评估，以及清产核资时；5）发生重大经济违法时。

（2）局部清查是根据管理需要，对一个单位的部分实物资产或债权债务进行盘点或核对。局部清查范围小、内容少、时间短、涉及人员少、专业性强，其清查对象主要是流动性较强、易发生损耗及比较贵重的财产，如货币资金、存货等流动性较大的财产。实际工作中，局部清查比较常见，一般适用于下列几种情况：1）对流动性较大的财产物资（如原材料、包装物、低值易耗品和库存商品等），由保管人员轮流盘点或重点清查；2）对贵重物资，应进行经常性盘点，每月至少自行盘点一次；3）对库存现金，应由出纳人员于每日营业终了时进行实地盘点；4）对企业与银行之间的账项，每月至少核对一次；5）对企业与有关单位的债权和债务，应有计划、有重点地轮流清查，每年至少核对两次。

**2. 按清查的时间分类**

按清查的时间不同，财产清查可分为定期清查和不定期清查。

（1）定期清查是指根据事先计划安排的时间，对一个单位的全部或部分财产进行的清查。定期清查一般在日末、月末、季末、半年末和年末结账时进行。根据实际情况和管理的需要，定期清查可以是全面清查，如年终决算前的清查，也可以是局部清查，如月末结账前对现金、银行存款及一些贵重物资的清查。

（2）不定期清查是指事先并未规定清查时间，而是根据实际需要所进行的临时性清查。不定期清查可以是全面清查，也可以是局部清查，应根据实际需要来确定清查的对象和范围。不定期清查通常在下列情况下进行：1）自然灾害发生后；2）更换财产物资经管人员（出纳员和仓库保管员）时；3）单位合并、迁移、改制和改变隶属关系时；4）财政、审计和税务等部门进行会计检查时；5）按规定开展临时性资产评估和清产核资工作时。

**3. 按清查的执行单位分类**

按清查的执行单位不同，财产清查可分为内部清查和外部清查。

（1）内部清查是指由企业自行组织清算工作小组进行的财产清查。大多数财产清查属于内部清查。

（2）外部清查是指由有关部门根据国家的规定对单位进行的财产清查。例如，注册会计师对企业验资、查账，审计机关、税务机关和司法机关等对企业所进行的财产清查。

## 二、财产清查的制度和方法

### （一）财产清查的盘存制度

会计核算中，确定各种财产物资期末结存数额的盘存制度有永续盘存制和实地盘存制。

**1. 永续盘存制**

永续盘存制，又称账面盘存制，是指对于各种财产物资的增减变化，平时要根据会计凭证在会计账簿上逐日逐笔予以连续登记，并随时结算出账面结存数额的一种方法。

采用这种盘存制度时，应按品种、规格设置财产物资明细账、卡片账，并在财产物资明细账、卡片账中登记收入、发出、结存的数量和金额。

在永续盘存制下，企业须定期或不定期地实地盘点库存商品，这样可以及时地掌握每种库存商品的收入、发出和结存的数量和金额，随时了解资产变动情况，并可以从数量和金额两方面进行控制，加强对资产的管理。

永续盘存制的计算公式为：

账面期末余额＝账面期初余额＋本期增加额－本期减少额

采用永续盘存制计算的期末结存数与资产的实存数并不一定相符，因此，仍需定期对各种资产进行实地盘点，将财产物资明细账、卡片账的结存数量与实存数量进行核对，确定账实是否相符。当发现库存溢余或短缺时，应及时查明原因并进行纠正。此外，还可以随时将财产物资明细账、卡片账上的结存数，与预定的最高库存限额和最低库存限额进行比较，以取得库存积压或不足的资料，进而及时组织库存商品的购销或处理，以加速资金周转。永续盘存制登记账簿的工作量较大，需要耗用较多的人力和费用。

**2. 实地盘存制**

实地盘存制，又称以存计销制或盘存计销制，是指对于各种财产物资的增减变化，平时在账簿上只登记其增加数，而不登记其减少数，期末通过实地盘点确定财产物资的结存数后，倒挤出本期减少数并登记入账的一种方法。可用公式表示如下：

本期资产减少数＝期初账面结存数＋本期增加数－期末资产结存数

采用实地盘存制，核算工作较简便，然而因其手续不够严密，易因浪费、盗窃、挪用及自然损耗等引发资产短缺情况，这些短缺往往被当作正常的减少数额入账，进而影响资产减少数额计算的准确性，使企业难以通过会计记录对资产实施日常控制。

与实地盘存制相比，永续盘存制在控制和保护财产物资安全方面具有明显的优越性。所以在实际工作中，除少数库存品外，一般都采用永续盘存制。

【例 7-13】20××年 5 月，某企业甲材料期初结存 100 千克，共计 400 元；同月 10 日、20 日，该企业分别购进甲材料 300 千克、200 千克，价值 1 200 元、800 元；同月 8 日、22 日，该企业分别领用甲材料 50 千克、200 千克，单价 4 元。期末实际盘点结存数 400 千克，单价 4 元。

（1）在永续盘存制下，甲材料明细分类账如表 7-4 所示。

账面期末余额＝账面期初余额＋本期增加额－本期减少额

＝400＋(1 200＋800)－(200＋800)＝1 400（元）

**表 7-4 甲材料明细分类账**

最高储存量______　　　　总第　　页

最低储存量______　　　　分第　　页

明细科目：　类别：　名称：甲材料　计量单位：千克　规格：　编号：

| 20××年 | | 凭证 | | 摘要 | 借方 | | | | | | | | | | | 贷方 | | | | | | | | | | | 余额 | | | | | | | | | | |
|---|---|---|---|---|---|---|---|---|---|---|---|---|---|---|---|---|---|---|---|---|---|---|---|---|---|---|---|---|---|---|---|---|---|---|---|---|---|
| 月 | 日 | 字 | 号 | | 数量 | 单价 | 百 | 十 | 万 | 千 | 百 | 十 | 元 | 角 | 分 | 数量 | 单价 | 百 | 十 | 万 | 千 | 百 | 十 | 元 | 角 | 分 | 数量 | 单价 | 百 | 十 | 万 | 千 | 百 | 十 | 元 | 角 | 分 |
| 5 | 1 | 略 | 略 | 期初结存 | | | | | | | | | | | | | | | | | | | | | | | 100 | 4 | | | | | 4 | 0 | 0 | 0 | 0 |
| | 8 | | | 领用材料 | | | | | | | | | | | | 50 | 4 | | | | | 2 | 0 | 0 | 0 | 0 | 50 | 4 | | | | | 2 | 0 | 0 | 0 | 0 |
| | 10 | | | 购进材料 | 300 | 4 | | | | 1 | 2 | 0 | 0 | 0 | 0 | | | | | | | | | | | | 350 | 4 | | | | 1 | 4 | 0 | 0 | 0 | 0 |
| | 20 | | | 购进材料 | 200 | 4 | | | | | 8 | 0 | 0 | 0 | 0 | | | | | | | | | | | | 550 | 4 | | | | 2 | 2 | 0 | 0 | 0 | 0 |
| | 22 | | | 领用材料 | | | | | | | | | | | | 200 | 4 | | | | | 8 | 0 | 0 | 0 | 0 | 350 | 4 | | | | 1 | 4 | 0 | 0 | 0 | 0 |
| | 31 | | | 合计 | 500 | 4 | | | | 2 | 0 | 0 | 0 | 0 | 0 | 250 | 4 | | | | 1 | 0 | 0 | 0 | 0 | 0 | 350 | 4 | | | | 1 | 4 | 0 | 0 | 0 | 0 |

（2）在实地盘存制下，甲材料明细分类账如表 7－5 所示。

本期资产减少额＝期初账面结存金额＋本期增加金额－期末资产结存金额

＝400＋(1 200＋800)－1 600＝800（元）

**表 7－5　甲材料明细分类账**

最高储存量______　　　　　　　　　　　　　　　　　　　　　　总第　　页

最低储存量______　　　　　　　　　　　　　　　　　　　　　　分第　　页

明细科目：　　　类别：　　　名称：甲材料　　　计量单位：千克　　　规格：　　　编号：

| 2019 年 | | 凭证 | | 摘要 | 借方 | | | | | | | | | | | 贷方 | | | | | | | | | | | 余额 | | | | | | | | | | |
|---|---|---|---|---|---|---|---|---|---|---|---|---|---|---|---|---|---|---|---|---|---|---|---|---|---|---|---|---|---|---|---|---|---|---|---|---|---|
| 月 | 日 | 字 | 号 | | 数量 | 单价 | 百 | 十 | 万 | 千 | 百 | 十 | 元 | 角 | 分 | 数量 | 单价 | 百 | 十 | 万 | 千 | 百 | 十 | 元 | 角 | 分 | 数量 | 单价 | 百 | 十 | 万 | 千 | 百 | 十 | 元 | 角 | 分 |
| 5 | 1 | 略 | 略 | 期初结存 | | | | | | | | | | | | | | | | | | | | | | | 100 | 4 | | | | | 4 | 0 | 0 | 0 | 0 |
| | 10 | | | 购进材料 | 300 | 4 | | | | 1 | 2 | 0 | 0 | 0 | 0 | | | | | | | | | | | | | | | | | | | | | | |
| | 20 | | | 购进材料 | 200 | 4 | | | | | 8 | 0 | 0 | 0 | 0 | | | | | | | | | | | | | | | | | | | | | | |
| | 31 | | | 合计 | 500 | 4 | | | | 2 | 0 | 0 | 0 | 0 | 0 | 200 | 4 | | | | | 8 | 0 | 0 | 0 | 0 | 400 | 4 | | | | 1 | 6 | 0 | 0 | 0 | 0 |

**提示**

永续盘存制和实地盘存制的对比如表 7－6 所示。

**表 7－6　永续盘存制和实地盘存制比较表**

| 项目 | 永续盘存制 | 实地盘存制 |
|---|---|---|
| 账面记录 | 在会计账簿上既记录增加，又记录减少，并随时结出账面余额 | 在会计账簿上只记录增加，不记录减少，无法结出账面余额 |
| 明细账设置 | 必须按财产物资品种设置明细账 | 可以按财产物资品种设置，也可以按大类设置 |
| 销售成本确定方法 | （1）期初结存成本＋本期购进成本－期末账面成本<br>（2）本期销售数量×单价 | 期初结存成本＋本期购进成本－期末盘点数量×单价 |
| 销售成本确定时间 | 可以在销售当时确定，也可以定期确定 | 只能在期末实地盘点时确定 |
| 库存成本确定时间 | 随时 | 实地盘点时 |
| 优点 | 能够加强财产物资管理，便于随时从数量和金额两方面控制 | 简化财产物资明细核算的工作量 |
| 缺点 | 财产物资明细核算工作量较大 | 不利于加强财产物资的管理 |
| 适用范围 | 除特殊情况外一般都采用 | 品种多、价值低、交易频繁的商品；活鲜商品等 |
| 销售成本和财务成果的准确性 | 准确 | 不太准确 |

## （二）财产清查的准备工作

企业在进行财产物资清查前，要进行必要的准备工作，主要包括以下几个方面：

（1）成立由财会部门、资产管理和使用部门的业务领导、专业人员及有关职工代表组成的清查小组，由其负责组织领导和实施该项工作。

（2）制订具体的清查计划，安排合理的工作进度，配备足够的清查人员，并做好清查人员的动员工作。

（3）财产管理部门、财务部门要做好业务准备工作，应将清查日前所有的资产账簿登记齐全，并结出账面余额，做到账账相符，以便确定账实之间的差异。同时，将使用和保管的各项资产，按其自然属性予以整理，有序排列，整齐堆放，并利用标签注明资产的品种、规格和结存的数量，以方便盘点核对。

（4）准备好盘点清册和计量工具，校正度量器，以保证盘点结果的准确可靠。准备好“财产物资盘存单”“财产物资清查盈亏明细表”“现金盘点报告表”“银行存款余额调节表”“往来款项调查报告单”，以备将盘点结果填入准备好的各种表格，作为调整账面记录的原始凭证和对账记录。

（5）在清查过程中，要做好清查质量的监督工作；清查完毕后，应将清查结果及处理意见上报有关部门审批处理。

### （三）实物资产清查的具体方法

数智化固定资产管理

实物资产清查方法是通过实地盘点存货，确定存货的实有数量，并与账面资料核对，从而确定存货实存数与账面数是否相符的一种专门方法。由于种种原因，企业日常账簿记录账面额与实际结存额会发生差异。为确保会计核算资料的客观、真实和准确，保证存货的安全与完整，企业一方面要建立健全岗位责任制，加强监督和管理，另一方面必须建立清查制度，对存货进行深入、细致的清查、核对工作。

实物资产的清查主要是对有形财产物资的清查，包括固定资产、原材料、在产品、产成品、低值易耗品及库存商品等。由于实物资产的形态、体积、重量和存放方式等不同，企业所采用的清查方法也不同，主要采用实地盘点法和技术推算法。

**1. 实地盘点法**

实地盘点法是指清查人员到财产物资存放地，通过点数、过磅和量尺等方式，逐一清点数量或用计量器具确认财产物资的实有数量的一种清查方法。这种方法清查彻底、数字准确，且易于操作，适用范围较广，但工作量大。大部分实物资产均可采用这种方法。

**提示**

为了保护固定资产的安全与完整，企业必须对固定资产进行定期清查、盘点，每年至少进行一次实地盘点，以掌握固定资产的实有数量，查明有无丢失、毁损或未列入账的固定资产，保证账实相符。在清查时，若发现固定资产毁损和盘盈、盘亏，则应查明原因，由责任部门写出书面情况，主管部门签署意见，待批复后，再做相应的账务处理。

**2. 技术推算法**

技术推算法是指对于那些不能点数或不便于计算的财产物资，通过技术推算（如量方、计尺等）测定财产物资实有数量的一种清查方法。这种方法适用于大堆存放、物体笨重、价值低廉、不便逐一盘点的实物资产，如放置在露天的沙石、煤堆等。技术推算法的盘点数量不够精确，但工作量小。它是实地盘点法的一种补充方法。

对实物资产进行盘点时，实物保管人员必须在场，并与清查人员一起参与盘点，以明确经济责任。盘点时，有关人员要认真核实，及时记录，对清查中发现的因异常情况（如腐烂、破损和过期失效等）而致使不能使用或销售的实物资产，应详细注明并提出处理意见。盘点结果应由有关人员如实填制盘存单（见表 7-7），并由盘点人和实物保管人签字或盖章。盘存单是用来记录实物盘点结果，反映实物资产实存数额的原始凭证。

**表 7-7　盘存单**

单位名称：　　　　盘点日期：　　　　编号：
财产类别：　　　　存放地点：　　　　金额单位：

| 编号 | 名称 | 规格或型号 | 计量单位 | 数量 | 单价 | 金额 | 备注 |
|---|---|---|---|---|---|---|---|
| | | | | | | | |
| | | | | | | | |

为了查明各种实物资产的实存数与账存数是否一致，应根据盘存单和会计账簿记录，编制实存账存对比表（见表 7-8），以便确定各种账实不符资产的具体盈亏数额。“实存账存对比表”是用来反映实物资产实存数与账存数的差异，并作为调整账簿记录的原始凭证。

**表 7-8　实存账存对比表**

单位名称：　　　　年　月　日　　　　编号：

<table>
<tr><th rowspan="3">编号</th><th rowspan="3">类别及名称</th><th rowspan="3">规格或型号</th><th rowspan="3">计量单位</th><th rowspan="3">单价</th><th colspan="2">账存</th><th colspan="2">实存</th><th colspan="4">对比结果</th><th rowspan="3">备注</th></tr>
<tr><th rowspan="2">数量</th><th rowspan="2">金额</th><th rowspan="2">数量</th><th rowspan="2">金额</th><th colspan="2">盘盈</th><th colspan="2">盘亏</th></tr>
<tr><th>数量</th><th>金额</th><th>数量</th><th>金额</th></tr>
<tr><td></td><td></td><td></td><td></td><td></td><td></td><td></td><td></td><td></td><td></td><td></td><td></td><td></td><td></td></tr>
<tr><td></td><td></td><td></td><td></td><td></td><td></td><td></td><td></td><td></td><td></td><td></td><td></td><td></td><td></td></tr>
</table>

实存账存对比表，又称盘点盈亏报告单，清查人员应以该表为基础核准各种资产的盈亏情况，分析账实不符的性质并查明原因，划清经济责任，按规定程序报请有关部门领导予以审批处理，并针对清查中发现的资产管理方面存在的问题，提出改进措施，促使各项资产管理制度的健全与完善。

在清查实物资产时，对于委托外单位加工、保管的材料、商品及在途的材料、商品，往来款项等，可采用询证法与有关单位核对查实。

### （四）银行存款清查的方法

在数智化背景下，企业与银行之间的款项结算已基本实现了实时到账，企业可以定期进入网银系统同开户银行进行银行存款账目的核对清查。传统的资金核算方法往往存在未达账项的问题，这是因为传统的核算方法依赖于人工操作，容易出现误差和遗漏。然而，在数智化背景下，实务资金的核算方法基本上不存在未达账项的问题。首先，数智化背景下，实务资金的核算方法采用了先进的技术手段，如物联网、大数据、人工智能等，能够实时监控和追踪资金的流动，确保资金的准确性和完整性。其次，数智化背景下，实务资金的核算方法采用了自动化处理方式，大大减少了人工干预的机会，从而降低了出现未达账项的风险。最后，数智化背景下，实务资金的核算方法采用了先进的数据分析工具，能够对资金流动进行实时分析和处理，及时发现和纠正可能出现的错误，确保资金核算的准确性。在数智化背景下，账簿被弱化，账实核对也被弱化，这不仅提高了资金核算的效率和准确性，也为企业的财务管理提供了更加可靠和准确的数据支持。

### （五）往来款项的清查

对应收款项和应付款项等往来账项的清查，主要通过函询的方式与债权债务企业核对账目。企业应将财产清查日截止时的有关结算凭证全部登记入账，在确保本企业应收、应付款项余额正确的基础上，编制一式两联的往来结算款项对账单（见表7-9），送交对方企业进行核对。对方企业核对后，应将核对结果在对账单上注明，加盖公章后退回清查企业。若发现未达账项，可采用相应的调节方法予以调整，使其相符。对于清查过程中有争议或确实无法收回或不需支付的款项，应编制往来款项清查表（见表7-10），及时采取措施加以处理，以便减少坏账损失，避免呆滞款项长期挂账。按规定，为个人垫付的各种款项，也应定期列示清单与本人核对，并督促其及时归还。

**表7-9 往来结算款项对账单**

单位： 地址： 编号：

| 会计科目名称 | 截止日期 | 经济事项摘要 | 账面余额 |
|---|---|---|---|
| | | | |
| | | | |
| | | | |

**表7-10 往来款项清查表**

总分类账户名称： 年 月 日

| 明细分类账户 | | 清查结果 | | 核对不符原因 | | | 备注 |
|---|---|---|---|---|---|---|---|
| 名称 | 账面余额 | 核对相符金额 | 核对不符金额 | 未达账项金额 | 有争议款项金额 | 其他 | |
| | | | | | | | |
| | | | | | | | |

清查人员签章 记账人员签章

## 三、财产清查结果的处理

财产清查具有加强财产物资管理和会计核算的双重功效，财务人员应按照规定的处理程序对财产物资清查结果进行账务处理。

### （一）财产清查结果处理的程序

首先，分析财产物资盘盈、盘亏和毁损的原因，根据经济责任制，确认责任者责任，提出处理意见，报请主管部门处理；其次，将确属滞销、积压的物资进行处理，并对长期不能兑现的债权债务进行清理，调整账簿记录，做到账实相符；再次，总结经验教训，弥补管理漏洞，建立健全各项管理制度，提高企业管理水平。

### （二）财产清查结果的账务处理

为了保证账实相符，提供真实、正确的会计资料，对财产清查结果中各种财产物资的差异，凡需要调账的，会计上必须按规定进行账务处理，设置“待处理财产损溢”账户，并根据财产的种类设置“待处理流动资产损溢”和“待处理固定资产损溢”两个明细账户。

“待处理财产损溢”是为处理盘盈、盘亏财产而设置的临时账户，用来核算企业在财产清查过程中发生的各种财产物资盘盈、盘亏或毁损及其处理情况。其借方登记发生的盘亏和盘盈报批后的转销；贷方登记发生的盘盈和盘亏报批后的转销。如为借方余额，表示尚待批准处理的净损失；如为贷方余额，表示尚待批准处理的净盈余。“待处理财产损溢”T 形账户的借贷方发生额与余额所反映的经济内容如图 7-1 所示。

| 借　　　　　　　　待处理财产损溢 | 贷 |
| --- | --- |
| ①发生的待处理财产物资盘亏和毁损净值<br>②结转已批准处理的财产物资盘盈数 | ①发生的待处理财产物资盘盈净值<br>②结转已批准处理的财产物资盘亏和毁损数 |
| 余额：尚待批准处理的财产物资盘亏和毁损数 | 余额：尚待批准处理的财产物资盘盈数 |

**图 7-1 “待处理财产损溢”账户的内容**

盘盈、盘亏的财产经股东大会、董事会、经理（厂长）会议或类似机构批准，由企业自行按有关规定处理后，转出“待处理财产损溢”账户，将盘盈财产冲减企业“管理费用”或记入“营业外收入”，将盘亏财产记入“营业外支出”或其他账户。

根据现行会计准则的规定，对待处理财产损溢应及时报批处理，并在期末结账前处理完毕。如果在期末结账前尚未经批准的，应在对外提供财务会计报告时处理完毕。所以，“待处理财产损溢”账户在期末没有余额。

**1. 固定资产清查结果的账务处理**

企业对固定资产应当定期或至少每年实地盘点一次。对盘盈、盘亏或毁损的固定资产，应当查明原因，写出书面报告，并根据企业的管理权限，经股东大会、董事会、经理（厂长）会议或类似机构批准后，在期末结账前处理完毕。

盘盈的固定资产属于重要的前期差错，企业应当采用追溯重述法[①]通过“以前年度损

① 追溯重述法是指在发现前期差错时，视同该项前期差错从未发生过，从而对财务报表相关项目进行更正的方法。

益调整”账户予以更正，即借记“固定资产”账户，贷记“累计折旧”“以前年度损益调整”账户。期末，将调整的对净损益的影响金额转入“利润分配——未分配利润”账户。即借记“以前年度损益调整”账户，贷记“利润分配——未分配利润”账户。

如果固定资产清查的结果为盘亏，则应同时记资产的减少和“待处理财产损溢”盘亏的增加，借记“待处理财产损溢——待处理固定资产损溢”“累计折旧”账户，贷记“固定资产”账户。待查明原因，报请批准，减去过失人或保险公司等赔款和残料价值的余额，计入当期营业外支出。具体做法是将“待处理财产损溢”账户余额从贷方转出，转入相应的账户中去，借记“营业外支出”“其他应收款”等账户，贷记“待处理财产损溢——待处理固定资产损溢”账户。

【例 7-14】企业年末财产清查时发现盘亏车床一部，原值 50 000 元，已提折旧 16 000 元。

盘亏时，编制的会计分录如下：

借：待处理财产损溢——待处理固定资产损溢　　34 000
　　累计折旧　　16 000
　贷：固定资产　　50 000

报批后，向保险公司索赔 10 000 元，编制的会计分录如下：

借：营业外支出　　24 000
　　其他应收款——保险公司　　10 000
　贷：待处理财产损溢——待处理固定资产损溢　　34 000

**2. 存货清查结果的账务处理**

对于盘盈、盘亏或毁损的存货，经股东大会、董事会、厂长（经理）会议或类似机构批准后，应在期末结账前处理完毕。如在期末结账前尚未经批准的，应先行处理，并在报表附注中说明。

期末存货清查结果盘盈时，借记“原材料”等账户，贷记“待处理财产损溢——待处理流动资产损溢”账户。批准后，盘盈的存货处理，一般记入“管理费用”账户贷方，以减少企业管理费用，即借记“待处理财产损溢——待处理流动资产损溢”账户，贷记“管理费用”账户。按照《企业会计准则第 28 号——会计政策、会计估计变更和差错更正》的规定，若存货盘盈属于前期差错造成的，则应采用追溯重述法或未来适用法①进行差错更正。

期末存货清查结果盘亏时，按盘亏存货的账面价值、已提存货跌价准备，借记“待处理财产损溢——待处理流动资产损溢”“存货跌价准备”账户；按盘亏存货的账面余额，贷记“原材料”“库存商品”“应交税费——应交增值税（进项税额转出）”等账户。批准后，根据其不同的原因进行处理：

（1）属于自然损耗产生的定额内损耗，记入“管理费用”账户。

① 未来适用法是指将变更后的会计政策应用于变更日及以后发生的交易或者事项，或者在会计估计变更当期和未来期间确认会计估计变更影响数的方法。

（2）属于计量收发差错和管理不善等原因造成的存货短缺或毁损，应按扣除残料价值、可以收回的保险赔偿和过失人的赔偿后的余额，记入“管理费用”账户。

（3）属于自然灾害或意外事故造成的存货毁损，应按扣除残料价值和可以收回的保险赔偿后的余额，记入“营业外支出”账户。

采用计划成本核算的企业，在存货盘盈盘亏账务处理时还应同时结转材料成本差异。

【例 7－15】企业年末财产清查时发现库存甲材料因计量器具不准盈余 50 千克，单价 60 元。

盘盈时，编制的会计分录如下：

| | | |
|---|---|---|
| 借：原材料——甲材料 | 3 000 | |
| 贷：待处理财产损溢——待处理流动资产损溢 | | 3 000 |

报批后，编制的会计分录如下：

| | | |
|---|---|---|
| 借：待处理财产损溢——待处理流动资产损溢 | 3 000 | |
| 贷：管理费用 | | 3 000 |

【例 7－16】企业期末财产清查时发现库存乙材料盘亏 1 000 千克，单价 5 元。其中，因计量器具不准短缺 200 千克、定额内自然损耗 300 千克、保管员造成 100 千克丢失、火灾造成毁损 400 千克，××保险公司赔偿火灾损失 1 000 元。乙材料购进时增值税税率为 13%。

盘亏时，编制的会计分录如下：

| | | |
|---|---|---|
| 借：待处理财产损溢——待处理流动资产损溢 | 5 650 | |
| 贷：原材料 | | 5 000 |
| 应交税费——应交增值税（进项税额转出） | | 650 |

报批后，编制的会计分录如下：

保管员损失金额（含税）$=100\times5\times1.13=565$（元）

计量短缺金额和定额内自然损耗金额（含税）$=200\times5\times1.13+300\times5\times1.13=2\ 825$（元）

火灾毁损金额（含税）$=400\times5\times1.13-1\ 000=1\ 260$（元）

| | | |
|---|---|---|
| 借：其他应收款——保管员 | 565 | |
| ××保险公司 | 1 000 | |
| 管理费用 | 2 825 | |
| 营业外支出 | 1 260 | |
| 贷：待处理财产损溢——待处理流动资产损溢 | | 5 650 |

**3. 往来款项清查结果的账务处理**

在财产清查中查明确实无法收回的应收账款和无法支付的应付账款，不通过“待处理财产损溢”账户进行核算，而是在原来账面记录的基础上，按规定程序报经批准后直接转账冲销。对无法收回的应收账款，即坏账损失，在提取坏账准备的企业，冲减坏账准备；对无法支付的应付账款，经批准后，直接转作营业外收入。

【例 7－17】红光公司所欠甲公司的货款 2 500 元确认无法收回，按规定作坏账损失处理。编制的会计分录如下：

计提坏账准备时：

借：信用减值损失　　2 500

　贷：坏账准备　　2 500

确认坏账损失时：

借：坏账准备　　2 500

　贷：应收账款——红光公司　　2 500

【例 7－18】某企业长期无法支付长江公司的应付账款 3 500 元，经查实对方单位已经解散，经批准作销账处理。编制的会计分录如下：

借：应付账款——长江公司　　3 500

　贷：营业外收入　　3 500

## 本章复习思维导图

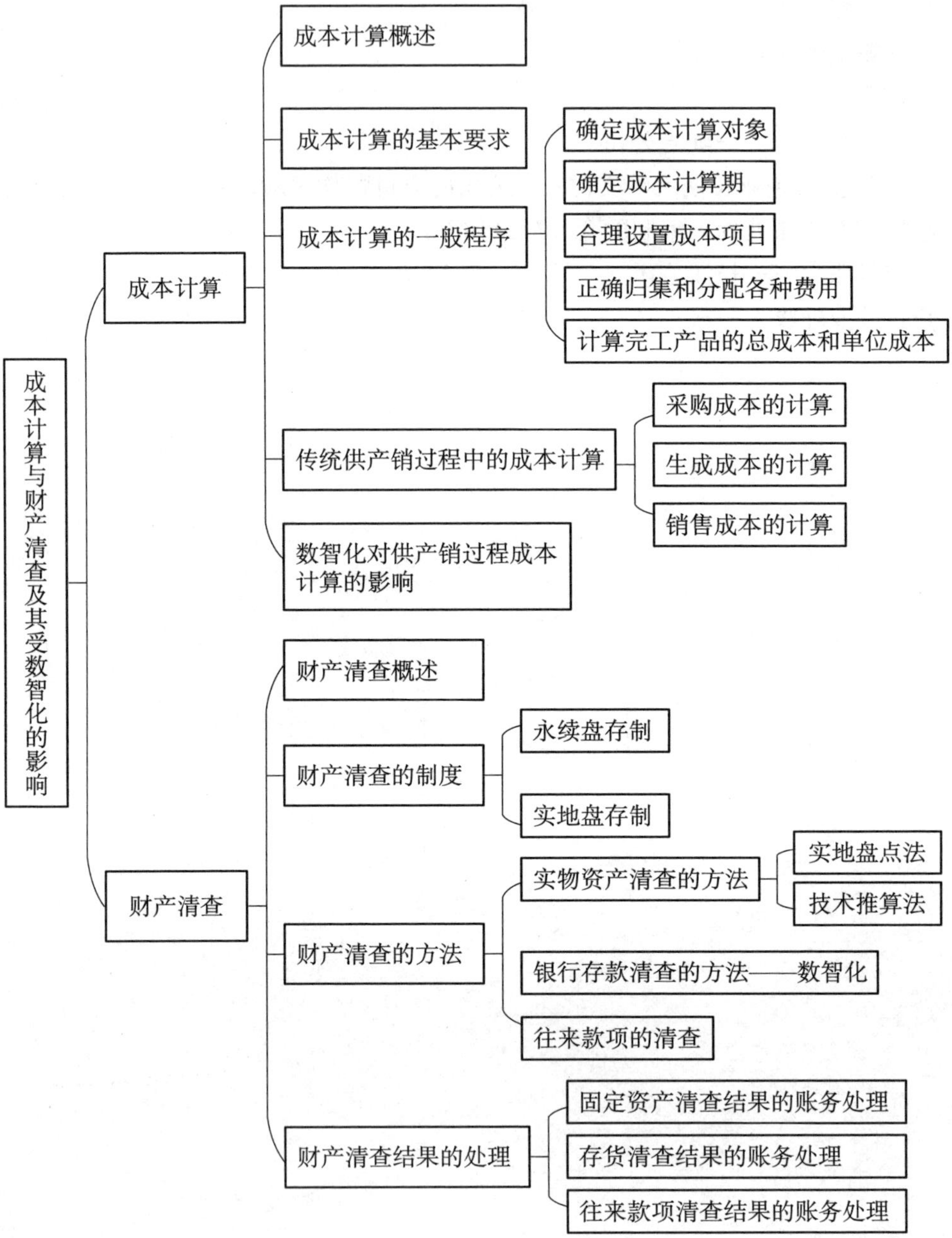


## 讨论与思考

1. 成本与费用有什么区别？
2. 成本计算的一般程序是怎样的？
3. 如何计算采购成本、生产成本和销售成本？试思考数智化对成本计算的影响。

4. 什么是财产清查？为什么要进行财产清查？
5. 财产清查的种类有哪些？
6. 什么是实地盘存制和永续盘存制？其主要区别是什么？
7. “待处理财产损溢”账户的结构是怎样的？
8. “待处理财产损溢”账户的用途是什么？
9. 如何根据财产清查的结果进行账务处理？

## 案例分析

Y企业清查人员在年底盘点时盘亏一台设备，原值为20万元，已计提折旧5万元，净值为15万元。经查，此设备系王副经理借给其朋友使用，且未办理任何手续。Y企业派人向借方追索，但借方声称，该设备已被人偷走。当问及王副经理的处理意见时，他建议按正常报废处理。

**试分析：**(1) 盘亏的设备按正常报废处理是否符合会计准则的要求？

(2) 企业应怎样正确处理盘亏的固定资产？

## 客观题

### 一、单选题

1. 下列选项中，不属于材料采购成本构成项目的是（　　）。

A. 材料的买价　　B. 外地运杂费

C. 运输途中的合理损耗　　D. 采购机构经费

2. 下列选项中，属于工业企业期间费用的是（　　）。

A. 制造费用　　B. 直接工资费　　C. 管理费用　　D. 直接材料费

3. 产品制造成本的成本项目中不包括（　　）。

A. 直接材料　　B. 直接人工　　C. 制造费用　　D. 管理费用

4. 决定商品价格，同时影响商品竞争能力的基本条件是（　　）。

A. 商品的外观　　B. 商品的数量

C. 商品的成本　　D. 商品的生产周期

5. 在企业经营过程中，当可以直接确定的某种费用是为某项经营活动而产生时，称这种费用为该成本计算对象的（　　）。

A. 生产费用　　B. 直接费用　　C. 间接费用　　D. 期间费用

6. 财产清查是通过实地盘点、查证核对来查明（　　）是否相符的一种方法。

A. 账证　　B. 账账　　C. 账实　　D. 账表

7. 财产清查按清查的对象和范围可分为（　　）。

A. 全面清查和局部清查　　B. 定期清查和不定期清查

C. 内部清查和外部清查　　D. 货币资金清查和非货币资金清查

8. 在永续盘存制下，平时（　　）。
A. 对各项财产物资增加和减少数，都不在账簿中登记
B. 只在账簿中登记财产物资的减少数，不登记财产物资的增加数
C. 只在账簿中登记财产物资的增加数，不登记财产物资的减少数
D. 对各项财产物资的增加和减少数，都要根据会计凭证在账簿中登记
9. 在实地盘存制下，平时（　　）。
A. 只在账簿中登记财产物资的减少数，不登记财产物资的增加数
B. 只在账簿中登记财产物资的增加数，不登记财产物资的减少数
C. 对各项财产物资的增加和减少数，都要根据会计凭证登记入账
D. 通过财产清查据以确定财产物资增加和减少数，并编制记账凭证入账
10. 对结算往来款项的清查，一般采取的方法是（　　）。
A. 实地盘点法　　B. 编制往来款项调节表
C. 询证核对法　　D. 突击清查法

## 二、多选题

1. 实地盘点法一般适用于（　　）的清查。
A. 各项实务财产物资　　B. 现金
C. 银行存款　　D. 应收账款
2. “待处理财产损溢”账户的贷方登记（　　）。
A. 批准前待处理财产物资盘盈数
B. 批准前待处理财产物资盘亏及毁损数
C. 结转已批准处理财产物资的盘盈数
D. 结转已批准处理财产物资的盘亏及毁损数
E. 本期的营业外支出数
3. 定期清查一般是在（　　）。
A. 年度终了时　　B. 季度终了时
C. 月末结账时　　D. 单位撤销时
4. 财产清查按清查范围可分为（　　）。
A. 全面清查　　B. 定期清查
C. 局部清查　　D. 不定期清查
E. 实地盘点
5. 工业企业全面清查的对象一般包括（　　）。
A. 现金、银行存款和银行借款等货币资金
B. 所有的固定资产、材料、在产品、产成品及其他物资
C. 各项在途材料、在途商品和在途物资
D. 各项债权、债务及预算缴拨款项
E. 委托加工或保管的材料、商品及物资

6. 不定期清查主要是在（　　）进行。

A. 更换财产、现金的保管人员时　　B. 发生自然灾害和意外损失时

C. 进行临时性清产核资时　　D. 年末

E. 以存计耗制下，月末计算营业成本时

7. 财产物资的盘存制度有（　　）。

A. 永续盘存制　　B. 账外盘存制

C. 实地盘存制　　D. 技术推算盘点

8. 下列关于永续盘存制的说法中，表述正确的有（　　）。

A. 可随时结出账面结存数

B. 要求财产物资的进出都有严密的手续

C. 片面强调会计凭证资料，难以避免账实不符的情况发生

D. 不必进行财产清查

E. 账面结存数的计算比较准确

9. 使各项财产的账面数额与实际数额发生差异的原因主要有（　　）。

A. 在财产物资的保管过程中发生损耗

B. 由于制度不严密而发生的错收、错付

C. 由于计量检验不准确，造成多收多付或少收少付，以及由于管理不善造成毁损和短缺等

D. 财产物资的变质毁损等

10. 清查财产物资的常用方法有（　　）。

A. 全面清查　　B. 局部清查

C. 实地盘点　　D. 余额调节

E. 技术推算盘点

11. 下列属于材料采购成本项目的是（　　）。

A. 买价　　B. 采购人员差旅费

C. 采购机构办公经费　　D. 采购费用

12. 构成生产成本的三大成本项目是（　　）。

A. 直接材料　　B. 直接人工　　C. 制造费用　　D. 管理费用

## 三、判断题

1. 对于财产清查结果的处理一般分两步，即审批前先调整账面的记录，审批后转入有关账户。（　　）

2. “待处理财产损溢”账户是利润类账户。（　　）

3. 财产清查的范围是存放在本企业的各项财产物资。（　　）

4. 自然灾害造成的毁损，扣除保险公司赔款和残值后，计入管理费用。（　　）

5. 永续盘存制要求平时只根据会计凭证在账簿中登记财产物资的增加数，不登记减少数。（　　）

6. 永续盘存制的不足之处在于账簿中记录的财产物资的增、减变动及结存情况都是根据有关会计凭证登记的，可能发生账实不符。 ( )

7. 成本与费用是同一概念，核算范围相同。 ( )

## 实训题

### 实训一

1. 实训目的：练习采购成本的计算。

2. 实训资料：20××年5月，浩宇公司发生如下采购业务：

(1) 4日，购进原煤20吨，单价200元；购进生铁50吨，单价1 500元；购进钢材30吨，单价20 000元，增值税税率为13%，货款尚未支付。

(2) 4日，销货方代垫运杂费共计8 000元（运杂费按材料重量进行分配）。

(3) 17日，原煤、生铁、钢材运到企业并验收入库。

3. 实训要求：(1) 计算原煤、生铁、钢材的采购成本。

(2) 根据上述经济业务编制相关会计分录。

### 实训二

1. 实训目的：练习财产清查结果的会计处理。

2. 实训资料：某企业在期末财产清查中发现盘亏一台机床，价值18 000元，已提折旧10 000元；盘亏原材料100千克，单价150元，增值税税率为13%。经过核查，发现盘亏机床损失由企业负担；盘亏原材料损失由保管员负担1 000元，保险公司赔偿2 500元，其余损失是由于收发计量原因造成的。经过批准予以转销处理。

3. 实训要求：根据上述经济业务编制相关会计分录。

# 第八章 财务与管理会计报告

## 职业能力目标

### 本章知识点

- 财务会计报告概述
- 资产负债表报（重点）
- 利润表（重点）
- 现金流量表
- 所有者权益变动表
- 管理会计报表
- 会计报表附注

### 学习目标

- 了解财务会计报告的概念、作用、报送、汇总和审批
- 了解财务会计报告与会计账簿间的关系
- 掌握财务会计报告的构成及编制基础
- 掌握资产负债表的构成及编制方法
- 掌握利润表的构成及编制方法
- 了解管理会计报告的编制

财务与管理会计报告是提供会计信息的一种重要手段，它总括、综合地反映企业的经济活动过程和结果。如果企业不按要求认真编制财务与管理会计报告，或故意调整相关项目的金额，势必会给投资人传达错误信息，致使其做出错误的决策。本章我们将主要介绍企业财务与管理会计报告的概念、构成、种类、编制要求及主要会计报表的编制方法等相关内容。

# 第一节　财务会计报告概述

## 一、财务会计报告的概念、作用与构成

### （一）财务会计报告的概念

财务会计报告是指企业对外提供的反映企业某一特定日期财务状况和某一会计期间经营成果、现金流量等会计信息的书面文件。

在传统的日常会计核算中，企业所发生的各项经济业务都已按照一定的会计程序，在有关的账簿中全面、连续、分类、汇总地进行了记录和计算，特定日期的财务状况和一定时期内的经营成果，已经在日常会计记录中得到反映。但日常核算资料数量太多，且较为分散，不能集中、概括地反映企业的财务状况与经营成果，导致企业管理者、投资人、债权人和财政、税务等部门及其他与企业利益相关者，不能直接利用这些较为分散的会计记录来分析、评价企业的财务状况与经营成果，并据以做出正确的决策。为此，就有必要定期将日常会计核算资料加以分类调整、汇总，按照一定的形式编制财务会计报告，总括、综合地反映企业的经济活动过程和结果，为有关方面进行管理和决策提供有用的会计信息。

### （二）财务会计报告的作用

企业编制财务会计报告，对于改善企业外部有关方面的经济决策环境、加强企业内部的经营管理具有重要作用。

**1. 有利于投资人和债权人进行投资决策和信贷决策**

企业的各种经济资源主要来源于投资人和债权人，其在做出投资和贷款决策之前，必须利用企业编制的财务会计报告了解企业的资金运营情况、偿债能力、盈利能力和经营前景，以保证投资者能获取收益，债权人能及时完整收回贷款。

**2. 有利于政府管理部门进行宏观调控**

财务会计报告是国家宏观管理部门了解国民经济运行情况，实施宏观调控的重要信息来源。财政部门可以通过财务会计报告考核企业会计制度的执行情况，特别是国有资产的保值增值情况；税务部门可以通过财务会计报告检查企业税款计算是否正确，是否及时足额上缴税款；银行部门可以通过财务会计报告检查分析企业贷款的使用情况及外币收支管

理情况；企业主管部门可以通过财务会计报告检查企业对国家有关财经法规政策的执行情况等。

**3. 有利于加强企业内部经营管理**

企业经营管理人员可以通过财务会计报告提供的资料，分析检查企业财务成本计划的完成情况，了解企业现有的经营状况和财务成果等，从而揭示经营管理上存在的问题，发现管理工作中的薄弱环节，以便采取有效措施加以改进。企业管理人员还可以利用财务会计报告提供的数据预测企业的发展前景，进而做出科学的决策。

### （三）财务会计报告的构成

《企业财务会计报告条例》规定，财务会计报告分为年度、半年度、季度和月度财务会计报告。月度、季度财务会计报告是指月度和季度终了提供的财务会计报告；半年度财务会计报告是指在每个会计年度的前 6 个月结束后对外提供的财务会计报告；年度财务会计报告是指在年度终了对外提供的财务会计报告。其中，半年度、季度和月度财务会计报告统称为中期财务会计报告。

通常情况下，企业年度财务会计报告的会计期间是指公历每年的 1 月 1 日至 12 月 31 日；半年度财务会计报告的会计期间是指公历每年的 1 月 1 日至 6 月 30 日；或 7 月 1 日至 12 月 31 日；季度财务会计报告的会计期间是指公历每一季度；月度财务会计报告的会计期间是指公历每月 1 日至最后一日。

企业对外提供的财务会计报告的内容、会计报表种类和格式等，可以根据企业会计准则与新时代会计信息使用者的新需求自行规定。

年度、半年度财务会计报告应包括：会计报表、会计报表附注和财务情况说明书。季度、月度财务会计报告通常仅指会计报表。

会计报表包括资产负债表、利润表、现金流量表及相关附表。小企业编制的会计报表可以不包括现金流量表。

会计报表附注是指对在会计报表中列示项目所做的进一步说明，以及对未能在报表中列示项目的说明等。

## 二、财务会计报告的种类

为了便于编制和运用财务会计报表，有必要对其进行适当的分类，以了解其不同的功能。这里以季度、月度财务会计报告即会计报表为例，介绍会计报表常见分类。

### （一）按反映的经济内容分类

按所反映的经济内容的不同，会计报表可以分为反映财务状况的会计报表和反映经营成果的会计报表。

（1）反映财务状况的会计报表是指反映资产、负债和所有者权益等情况的会计报表，主要有资产负债表、现金流量表及资产负债表附表。

（2）反映经营成果的会计报表是指反映收入、费用和利润等情况的会计报表，主要有利润表及利润表的附表。

### （二）按编制时间分类

按所编制时间的不同，会计报表可以分为月度报表、季度报表、半年报表和年度报表。

（1）月度报表是指反映企业一个月的财务状况和经营成果，在月末编制的会计报表。我国现行会计报表中，资产负债表、利润表和应交增值税明细表都属于月度报表。（2）季度报表是指反映企业一个季度的财务状况和经营成果，在季末编制的会计报表，如主要产品单位成本表。（3）半年报表是指每半年末编制的会计报表，如资产负债表。（4）年度报表是指每年年末编制的会计报表。我国现行会计报表中，所有会计报表均需要年报。

随着数智化的普及，会计报表可以根据需要即时生成。

### （三）按编制单位分类

按编制单位的不同，会计报表可以分为单位会计报表和汇总会计报表。

（1）单位会计报表是指独立核算的基层单位编制的，用于反映会计主体财务状况和经营成果的会计报表。（2）汇总会计报表是指由上级主管部门根据所属基层单位的会计报表连同本单位的会计报表汇总编制的综合性会计报表。

### （四）按反映的资金运动状态分类

按所反映的资金运动状态的不同，会计报表可以分为静态会计报表和动态会计报表。

（1）静态会计报表是指反映企业资金运动处于某一相对静止状态的会计报表。一般情况下，反映企业特定日期财务状况的报表为静态会计报表，如资产负债表等。（2）动态会计报表是指反映企业资金处于运动状态的会计报表。一般情况下，反映企业一定时期经营状况和现金流动情况的报表为动态会计报表，如利润表、现金流量表等。

### （五）按报送对象分类

按报送对象的不同，会计报表可以分为对外会计报表和对内会计报表。

（1）对外会计报表是指企业定期向外部利害关系人提供的会计报表。它通常有统一的格式和规定的指标体系，如资产负债表、利润表、现金流量表等。（2）对内会计报表是指企业为了满足内部经营管理需要而编制的不对外公布的会计报表。其格式和指标体系由企业自行确定，如各种管理报表等。

## 三、财务会计报告的质量特征和编制要求

### （一）财务会计报告的质量特征

虽然各个国家对企业对外提供的财务会计报告有其自身的特殊要求，但财务会计报告的质量特性却是相同的。财务会计报告的质量特性是确保其提供的信息对使用者有

用，主要性质包括可理解性、相关性、可靠性和可比性。企业不得编制和对外提供虚假的或隐瞒重要事实的财务会计报告；企业负责人对本企业财务会计报告的真实性、完整性负责。

### （二）财务会计报告的编制要求

财务会计报告的基本目标就是向财务会计报告使用者提供有用的会计信息资料。为实现该目标，保证财务会计报告的质量，财务人员应当根据登记完整、核对无误的会计账簿记录和其他资料编制财务会计报告，做到数字真实、内容完整、计算准确、编报及时。

**1. 数字真实**

在国家宏观经济管理、投资者决策和企业内部管理等经济管理活动中，只有真实的财务会计报告信息才能满足各方需要。真实性是对会计核算工作和会计信息的基本质量要求。在会计核算过程中，应当对实际发生的经济业务，按取得的真实、合法的会计凭证，审核无误后，登记入账，进行成本计算。通过财产清查，做到账证相符、账账相符和账实相符，最后编制财务会计报告。

数字真实要求企业按期结账，不得为赶制财务会计报告而提前结账；要以审核无误的会计账簿记录为依据，不得以估计数或预计数代替实际数，更不允许弄虚作假伪造数据。财务会计报告所列数字应该是有客观根据的，没有任何偏见，不受外界影响。

**2. 内容完整**

由于财务会计报告使用者对财务会计报告信息的需要是多方面的，因此只有提供内容完整的会计信息资料，全面反映企业生产经营状况，才能满足不同使用者的不同需求。编制财务会计报告时，应遵循统一规定的种类、格式和内容。各会计期间应当编报的各种会计报表，必须编报齐全，不得漏报；应当填报的指标和项目，无论是表内数据，还是补充资料，必须全部汇总，不得少列漏列，更不能任意取舍；应当汇总编制所属各单位的会计报表，必须全部汇总，不得漏编漏报。另外，对于在会计报表中难以表达的会计事项，应通过文字、附表等方式加以说明，以免报表使用者产生误解。

**3. 计算准确**

财务会计报告以会计账簿记录为编制依据，但它并不是会计账簿数据资料的简单相加和汇总。会计人员应根据有关资料正确分析、编制财务会计报告，避免出现计算错误。编制财务会计报告后，应对账表数据进行复核，不同会计报表相关指标的数据应当衔接，保证主表之间、主表与附表之间的有关数字彼此相符。

**4. 编报及时**

在传统的会计报表编制过程中，财务会计报告必须按规定的期限和程序，及时编制并报送，目的是便于报表使用者及时了解企业的财务状况和经营成果，便于上级主管部门及时进行汇总。否则，如果经济环境发生变化，这些信息也就失去了应有的价值，无助于经济决策。因此，企业应当及时进行经济核算，及时编报财务会计报告，不得提前或延后。在数智化背景下，企业可以实时生成会计报表，有助于更高效达成编报及时的要求。

### 四、财务会计报告的报送、审核与汇总

#### （一）财务会计报告的报送

（1）财务会计报告报送前，应复核其内容是否齐全。
（2）财务会计报告审核后，应编页加封、装订成册并加盖公章。
（3）股份有限公司、外资企业的财务会计报告需经注册会计师审计鉴证。
（4）财务会计报告需报送至上级主管、财政、开户银行及董事会等有关部门。
（5）财务会计报告报送时间为：月报 6 天内；季报 15 天内；半年报 60 天内；年报 4 个月内。

#### （二）财务会计报告的审核

（1）审核财务会计报告的种类、份数是否按规定填制。
（2）审核财务会计报告项目指标的填制是否齐全、真实，金额是否相符，项目之间钩稽关系是否衔接一致。
（3）审核有关人员是否在财务会计报告中签章。
（4）审核财务会计报告是否对重大变异项目进行说明。

#### （三）财务会计报告的汇总

（1）汇总财务会计报告应以所属基层独立核算企业为编报范围。
（2）汇总财务会计报告一般以资产负债表、利润表和现金流量表为主。
（3）汇编财务会计报告时，上级部门与所属企业之间的往来应相互抵销。

## 第二节　资产负债表

### 一、资产负债表的概念与作用

#### （一）资产负债表的概念

资产负债表是反映企业在某一特定日期（月末、季末、半年末或年末）财务状况的报表，属于静态报表。财务状况是指一个企业的资产、负债、所有者权益及其相互关系。资产负债表应列示企业在特定日期的资产、负债、所有者权益及其相互关系的信息，它是企业按月编制的主要会计报表。

#### （二）资产负债表的作用

（1）可以了解企业掌握的经济资源及其分布与结构情况。资产负债表反映了企业某一特定日期的资产总额，包括流动资产、固定资产、长期投资、无形资产、其他资产及各资

产内部的构成情况，它是分析企业生产经营能力、偿债能力的重要资料。

（2）可以了解企业的资金来源构成及偿债能力。资金来源构成，又称资本结构，是指企业权益总额中负债与所有者权益、负债中流动负债与长期负债、股东权益中投入资本与留存收益等的相对比例。负债与所有者权益的比例越大，说明企业的长期偿债能力越小，债权人所冒的风险就越大。另外，将企业的流动资产与流动负债相比，还可以计算企业的流动比率，帮助分析企业的短期偿债能力。

（3）可以了解企业未来财务状况的发展趋势。企业可以通过比较、分析若干历史时期的资产负债表项目，了解企业财务状况的变动情况，预测企业未来财务状况的发展趋势，从而为报表使用者进行决策提供相关信息。

## 二、资产负债表的格式

资产负债表的格式一般有账户式与报告式两种。

### （一）账户式

账户式资产负债表（见表 8－1）依据“资产＝负债＋所有者权益”这一平衡等式设计，采用 T 形账户结构，将报表分为左右两栏，资产项目列于左边，负债和所有者权益项目列于右边，左右两边合计金额相等。

**表 8－1　账户式资产负债表**

会企 01 表

编制单位：　　　　　　年　　月　　日　　　　　　单位：元

| 资产 | 期末余额 | 上年年末余额 | 负债和所有者权益（或股东权益） | 期末余额 | 上年年末余额 |
|---|---|---|---|---|---|
| 流动资产： | | | 流动负债： | | |
| 货币资金 | | | 短期借款 | | |
| 交易性金融资产 | | | 交易性金融负债 | | |
| 衍生金融资产 | | | 衍生金融负债 | | |
| 应收票据 | | | 应付票据 | | |
| 应收账款 | | | 应付账款 | | |
| 应收款项融资 | | | 预收款项 | | |
| 其他应收款 | | | 合同负债 | | |
| 存货 | | | 应付职工薪酬 | | |
| 合同资产 | | | 应交税费 | | |
| 持有待售资产 | | | 其他应付款 | | |
| 一年内到期的非流动资产 | | | 持有待售负债 | | |
| 其他流动资产 | | | 一年内到期的非流动负债 | | |
| 流动资产合计 | | | 其他流动负债 | | |

续表

| 资产 | 期末余额 | 上年年末余额 | 负债和所有者权益（或股东权益） | 期末余额 | 上年年末余额 |
|---|---|---|---|---|---|
| 非流动资产： | | | 流动负债合计 | | |
| 债权投资 | | | 非流动负债： | | |
| 其他债权投资 | | | 长期借款 | | |
| 长期应收款 | | | 应付债券 | | |
| 长期股权投资 | | | 其中：优先股 | | |
| 其他权益工具投资 | | | 永续债 | | |
| 投资性房地产 | | | 租赁负债 | | |
| 固定资产 | | | 长期应付款 | | |
| 在建工程 | | | 预计负债 | | |
| 生产性生物资产 | | | 递延收益 | | |
| 油气资产 | | | 递延所得税负债 | | |
| 无形资产 | | | 其他非流动负债 | | |
| 开发支出 | | | 非流动负债合计 | | |
| 商誉 | | | 负债合计 | | |
| 长期待摊费用 | | | 所有者权益（或股东权益）： | | |
| 递延所得税资产 | | | 实收资本（或股本） | | |
| 其他非流动资产 | | | 其他权益工具 | | |
| 非流动资产合计 | | | 其中：优先股 | | |
| | | | 永续债 | | |
| | | | 资本公积 | | |
| | | | 减：库存股 | | |
| | | | 其他综合收益 | | |
| | | | 专项储备 | | |
| | | | 盈余公积 | | |
| | | | 未分配利润 | | |
| | | | 所有者权益（或股东权益）合计 | | |
| 资产总计 | | | 负债和所有者权益（或股东权益）总计 | | |

账户式资产负债表的最大优点是资产和权益之间的恒等关系一目了然；其缺点是编制比较资产负债表时，做旁注不太方便。我国企业填报的资产负债表采用账户式。

### （二）报告式

报告式资产负债表（见表 8－2）把资产负债表的项目自上而下排列，遵循“资产＝负债＋所有者权益”这一平衡等式，首先列示资产项目，其次列示负债项目，最后列示所有者权益项目。

表 8－2　报告式资产负债表

会企 01 表

编制单位：　　　　　　　　　　　　年　　月　　日　　　　　　　　　　　单位：元

| 项目 | 金额 |
|---|---|
| 资产：<br>各明细项目<br>资产合计 | |
| 负债：<br>各明细项目<br>负债合计 | |
| 所有者权益：<br>各明细项目<br>所有者权益合计<br>负债及所有者权益合计 | |

报告式资产负债表的优点是：有利于编制比较资产负债表，能为旁注内容预留出更充裕的空间；其缺点是：资产与负债及所有者权益之间的恒等关系不像账户式资产负债表那样直观清晰、一目了然，故我国会计实务中一般不采用报告式。

资产负债表中，资产要按流动性大小排序，即流动性强、变现容易的资产项目排在前面，流动性差、不易变现的资产项目排在后面，具体分为流动资产和非流动资产两大类。负债也按流动性排序，即要求还款时间短的项目排在前面，要求还款时间长的项目排在后面，具体分为流动负债和非流动负债两大类。所有者权益则按实收资本、资本公积、盈余公积和未分配利润等项目列示。

## 三、资产负债表中的“上年年末余额”和“期末余额”的填列

我国《企业财务会计报告条例》规定，年度、半年度会计报表至少应当反映两个年度或相关两个期间的比较数据。也就是说，企业需要提供比较资产负债表，所以，资产负债表各项目需要分为“上年年末余额”和“期末余额”两栏分别填列。

表中“上年年末余额”栏内各项目数字，应根据上年年末资产负债表“期末余额”栏内所列数字填列。如果本年度资产负债表规定的各个项目的名称和内容同上年不一致，应对上年年末资产负债表各项目的名称和数字按照本年度的规定进行调整，按调整后的数字填入本年度资产负债表的“上年年末余额”栏内。

“期末余额”是指某一会计期末的数字，即月末、季末、半年末或年末的数字。资产负债表各项目“期末余额”栏内的数字，可以通过总账及所属的明细账期末余额直接或分析计算填列，具体可通过以下几种方式取得：

（1）根据有关总账科目余额直接填列，如“短期借款”“实收资本”“盈余公积”等项目。

（2）根据明细账科目余额计算填列，如“货币资金”项目，应根据“库存现金”“银

行存款”“其他货币资金”科目的期末余额的合计数填列。

（3）根据有关科目余额减去其备抵科目余额后的净额填列，如“长期股权投资”项目是用“长期股权投资”科目的期末余额，减去“长期股权投资减值准备”科目余额后的金额填列。

（4）根据总账科目和明细账科目余额分析计算填列，如“长期借款”项目，需要根据“长期借款”总账科目期末余额，扣除“长期借款”总账科目所属明细账中反映的，将于1年内到期的长期借款部分，分析计算填列。

（5）根据有关明细科目余额分析计算填列，如“应收账款”项目，需要根据“应收账款”科目的期末余额，减去“坏账准备”科目中相关坏账准备期末余额后的金额分析填列。

**提示**

在大数据数智化信息背景下，会计报表可以根据以上编制的基本理论，利用一定的数智化软件平台，通过实时更新的会计数据库，按照既定的规则实时生成。

## 四、资产负债表的编制举例

20××年12月31日，中大公司有关总账账户及明细账户余额表，如表8-3所示。

**表8-3 中大公司有关总账账户及明细账户余额表**

编制单位：中大公司　　20××年12月31日　　单位：元

| 账户名称 | 账户余额 | 账户名称 | 账户余额 |
|---|---|---|---|
| 库存现金 | 20 000 | 短期借款 | 1 320 000 |
| 银行存款 | 400 000 | 应付账款 | 200 000 |
| 交易性金融资产 | 300 000 | ——A企业 | 140 000 |
| 应收账款 | 460 000 | ——B企业 | 100 000（借方） |
| ——甲企业 | 200 000 | ——C企业 | 160 000 |
| ——乙企业 | 40 000（贷方） | 预收账款 | 20 000 |
| ——丙企业 | 300 000 | ——D企业 | 80 000 |
| 预付账款 | 134 000 | ——E企业 | 60 000（借方） |
| ——预付的待摊费用 | 40 000 | 其他应付款 | 220 000 |
| ——丁企业 | 100 000 | 其中：预先提取的费用 | 60 000 |
| ——子企业 | 6 000（贷方） | 应付职工薪酬 | 650 000 |
| 其他应收款 | 140 000 | 应交税费 | 1 200 000 |
| 原材料 | 540 000 | 应付股利 | 400 000 |
| 生产成本 | 160 000 | 长期借款 | 1 240 000 |
| 库存商品 | 400 000 | 实收资本 | 8 000 000 |

续表

| 账户名称 | 账户余额 | 账户名称 | 账户余额 |
|---|---|---|---|
| 长期股权投资 | 4 500 000 | 盈余公积 | 1 500 000 |
| 固定资产 | 15 000 000 | 利润分配——未分配利润 | 7 784 000 |
| 累计折旧 | 1 200 000（贷方） | | |
| 无形资产 | 1 600 000 | | |
| 长期待摊费用 | 80 000 | | |

根据上述资料，编制该公司20××年12月31日简易资产负债表（见表8-4）。

**表8-4　资产负债表**

会企01表

编制单位：中大公司　　　　20××年12月31日　　　　单位：元

| 资产 | 期末余额 | 上年年末余额 | 负债和所有者权益（或股东权益） | 期末余额 | 上年年末余额 |
|---|---|---|---|---|---|
| 流动资产： | | | 流动负债： | | |
| 货币资金 | 420 000 | | 短期借款 | 1 320 000 | |
| 交易性金融资产 | 300 000 | | 交易性金融负债 | | |
| 衍生金融资产 | | | 衍生金融负债 | | |
| 应收票据 | | | 应付票据 | | |
| 应收账款 | 560 000 | | 应付账款 | 306 000 | |
| 应收款项融资 | | | 预收款项 | 120 000 | |
| 预付款项 | 240 000 | | 合同负债 | | |
| 其他应收款 | 140 000 | | 应付职工薪酬 | 650 000 | |
| 存货 | 1 100 000 | | 应交税费 | 1 200 000 | |
| 合同资产 | | | 其他应付款 | 620 000 | |
| 持有待售资产 | | | 持有待售负债 | | |
| 一年内到期的非流动资产 | | | 一年内到期的非流动负债 | | |
| 其他流动资产 | 2 760 000 | | 其他流动负债 | | |
| 流动资产合计 | | | 流动负债合计 | 4 216 000 | |
| 非流动资产： | | | 非流动负债： | | |
| 债权投资 | | | 长期借款 | 1 240 000 | |
| 其他债权投资 | | | 应付债券 | | |
| 长期应收款 | | | 其中：优先股 | | |
| 长期股权投资 | 4 500 000 | | 永续债 | | |
| 其他权益工具投资 | | | 租赁负债 | | |
| 其他非流动金融资产 | | | 长期应付款 | | |
| 投资性房地产 | | | 预计负债 | | |
| 固定资产 | 13 800 000 | | 递延收益 | | |
| 在建工程 | | | 递延所得税负债 | | |

续表

| 资产 | 期末余额 | 上年年末余额 | 负债和所有者权益（或股东权益） | 期末余额 | 上年年末余额 |
|---|---|---|---|---|---|
| 生产性生物资产 | | | 其他非流动负债 | | |
| 油气资产 | | | 非流动负债合计 | 1 240 000 | |
| 使用权资产 | | | 负债合计 | 5 456 000 | |
| 无形资产 | 1 600 000 | | 所有者权益（或股东权益）： | | |
| 开发支出 | | | 实收资本（或股本） | 8 000 000 | |
| 商誉 | | | 其他权益工具 | | |
| 长期待摊费用 | 80 000 | | 其中：优先股 | | |
| 递延所得税资产 | | | 永续债 | | |
| 其他非流动资产 | | | 资本公积 | | |
| 非流动资产合计 | 19 980 000 | | 减：库存股 | | |
| | | | 其他综合收益 | | |
| | | | 专项储备 | | |
| | | | 盈余公积 | 1 500 000 | |
| | | | 未分配利润 | 7 784 000 | |
| | | | 所有者权益（或股东权益）合计 | 17 284 000 | |
| 资产总计 | 22 740 000 | | 负债和所有者权益（或股东权益）总计 | 22 740 000 | |

**提示**

在自动化浪潮下，财务软件能够自动生成资产负债表，提供高效、精确且安全的服务。这类软件的应用不仅简化了财务管理流程，更助力企业提升决策质量和市场竞争力。随着技术的持续迭代，不难预见，未来将会出现更多功能强大、操作便捷的财务管理工具，为企业打造更加智能化的财务解决方案。

## 五、数据资产入表

### （一）数据资产入表的定义、目的及意义

**1. 定义**

数据资产入表是指将企业的数据资产以货币化的形式表现在财务报表中。

**2. 目的**

数据资产入表的目的是更准确地反映企业的经济状况和价值创造能力。它使得数据资产的价值得以量化，从而提高投资者和市场对企业价值的认识和评估。此外，数据资产入

表还有助于优化资源配置，激发数据创新活力，培育数据产业生态，形成新的税基和财政收入来源。

**3. 意义**

（1）提升会计信息质量和真实性：数据资产入表可以提升市场以及数字经济类企业的会计信息质量和真实性。

（2）提升企业财务报表的质量：数据资产入表可以提升企业财务报表的盈利能力和质量，进一步提升企业的估值和资本力。

（3）预示更多有利政策的出台：数据资产入表政策的实施预示着未来更多对数据要素有利的政策的出台，其前景值得期待。

### （二）数据资产入表的理论基础与实践路径

**1. 理论基础**

数据资产入表的理论基础主要包括以下几个方面：

（1）数据资产的定义：数据资产是指企业通过合法方式获取、加工、存储、使用和交易的数据资源，具有可识别、可控制、可流通和可产生经济利益的特征。

（2）数据资产的特征：数据资产具有非实体性、无消耗性、可加工性、多样性、依托性、价值易变性、多次衍生性和可共享性等特点。

（3）数据资产的分类：数据资产可以根据不同的维度进行分类，例如按数据的来源、形成方式、持有目的和使用方式进行分类。

（4）数据资产的价值：数据资产的价值体现在其使用价值、交易价值和社会价值等方面。

**2. 实践路径**

数据资产入表的实践路径主要包括以下几个方面：

（1）数据资产的确认：确认数据资产是否符合资产的定义和确认条件，即是否具有经济利益的流入潜力，并且该经济利益的流入是可以可靠计量的。

（2）数据资产的计量：对数据资产进行计量，确定其在财务报表中的价值。这可能涉及历史成本法、公允价值法等多种计量方法。

（3）数据资产的记录：将数据资产的价值记录在财务报表中，通常是在资产负债表的一个项目上。

（4）数据资产的披露：在财务报表附注中披露与数据资产相关的信息，如数据资产的性质、计量方法、主要假设等。

### （三）数据资产入表的操作方法

**1. 资产确认的基本条件**

根据《企业数据资源相关会计处理暂行规定》，数据资产入表可按以下步骤操作：

**《企业数据资源相关会计处理暂行规定》**

（1）确认数据资产：先判断数据资产应归类为无形资产还是存货，从操作难度和确权等因素考虑，通常作为无形资产更易落地。同时，要对数据资产进行分类分级，从业务、数据管理等角度对数据分类，按重要性和影响程度划分数据等级。

（2）数据合规确权：企业需证明自己拥有或控制相关数据，可通过合同、授权等方式，确保数据获取、使用合规，明确数据权属，为入表提供合法依据。

（3）确定计量方法：可采用成本法、收益法、市场法等。成本法以数据资产的获取或开发成本作为入账价值；收益法根据数据资产预期未来收益折现确定价值；市场法则依据市场上类似数据资产的交易价格来估值。

（4）制定会计政策：明确数据资产的初始确认和后续计量方法。初始确认时，根据成本构成借记“无形资产——数据资产”等科目。后续计量需考虑摊销、减值及终止确认等情况，如根据数据时效性采用合适方法摊销，发生减值时借记“资产减值损失”科目等。

（5）完成报表列报：将符合条件的数据资产按照确定的计量金额，在资产负债表中相应项目列示，同时在财务报表附注中披露数据资产相关信息，包括分类、计量方法、摊销政策等，以便报表使用者了解。

**2. 评估与计量**

数据资产的处理方法在很大程度上类似于知识产权的处理方式。从方法论和实践操作的角度来看，对于数据资产的评估并没有什么实质性的障碍，完全可以进行操作。中国评估协会在 2019 年发布了《数据资产评估专家指引》，并在 2023 年发出了《数据资产评估指导意见》的征求意见稿。《企业数据资源相关会计处理暂行规定》已于 2024 年 1 月 1 日起施行，资产评估行业的相关指导意见也会快速落地。

**3. 国际准则与数据资产入表**

目前，我国并没有为数据资产设置专门的一级科目或制定专门的准则，这与国际实践在实质上是一致的，只是我们对数据资产的定义更加明确。例如，无形资产和存货在我国都没有采用公允价值计量的路径，而在国际准则下，无形资产和存货都可以采用公允价值计量。如果我国的准则能够与国际准则接轨，那么数据资产的入账将为公司带来显著的价值增长。

数据资产入表是一个复杂但重要的过程，它不仅有助于更准确地反映企业的经济状况和价值创造能力，还能提升会计信息质量和真实性，预示着未来更多有利政策的出台。随着相关指导意见的快速落地和技术的进步，数据资产入表将成为企业数字化转型的重要一步，为企业带来新的发展机遇。

# 第三节　利润表

## 一、利润表概述

### （一）利润表的概念

利润表，又称收益表或损益表，是指反映企业在一定会计期间经营成果的会计报表，属于动态报表。由于利润是企业经营业绩的综合体现，又是进行利润分配的主要依据，因此，利润表是企业必须按月对外报告的主要报表之一。

### （二）利润的性质

利润是衡量企业经营业绩的主要指标，它的确认、计量是否正确，直接影响到各个利益集团的切身利益。因此，认真、及时、准确地确认与计量利润，就显得格外重要。目前对会计利润概念的认识有两种主要观点，即收入费用观和资产负债观。

收入费用观认为，利润是企业收入与费用相配比的结果，即将特定时期内相关联的收入与费用进行配比，若收入大于费用为利润，若收入小于费用为亏损。

资产负债观认为，利润是企业在某一特定时期内的净资产数额，即企业在投入资本得到保全的前提下，其资源的净增加额。

按照以往国际惯例，会计实务主要采用收入费用观，并按货币保全确定利润，即会计利润是指本期已实现收入与相关历史成本之间的差额。但是，随着人们对会计信息本质认识的深化，收入费用观正逐步被资产负债观所取代，这一转变既是会计理论发展的必然结果，也顺应了市场经济对财务信息质量的更高要求。

### （三）利润表的作用

#### 1. 利润表是连接两期资产负债表的纽带

利润表是反映企业一定会计期间经营成果的动态报表。企业一定会计期间的经营成果以特定时点的资产负债表为起点，经过该期间的经营活动而形成新的时点的资产负债表，而利润表是连接两期资产负债表的纽带。

#### 2. 有助于评价和预测企业的经营成果和盈利能力

利润表可以从总体上反映企业在一定期间内取得的全部收入和发生的全部费用、损失等，有助于评价企业利润或亏损的构成情况。通过对不同时期利润表收入、费用和利润增减变化情况的分析，可以预测企业在未来一定时期的盈利能力。

#### 3. 有助于分析和预测企业的偿债能力

反映偿债能力的因素不仅仅取决于资产的流动性和资本结构，最根本的来源仍然是获利能力。通过分析利润表，能够了解企业的盈利能力，进而反映企业的投资报酬率和偿付能力，同时可用于评估投资者和债权人面临的风险程度。在获利能力下降时，企业内部管理部门也可以做出合理的信贷决策，缩减信贷规模，以降低财务风险。

#### 4. 有助于考核管理人员的经营业绩

通过利润表，可以分析企业一定时期的经营过程和结果，衡量企业的经营效益和管理水平，进而评价管理人员的功过得失，作为奖惩的依据，促使管理人员尽职尽责，不断提高经营管理水平。

## 二、利润表的内容与格式

### （一）利润表的内容

一般情况下，利润表主要反映以下几方面的内容：

（1）收入。收入按照重要程度列示，主要包括营业收入、其他收益、投资净收益、公允价值变动净收益、资产处置净收益和营业外收入。

（2）费用。费用按照性质列示，并与相关收入相配比，主要包括营业成本、税金及附加、销售费用、管理费用、财务费用、信用减值损失、资产减值损失、研发费用、营业外支出和所得税费用等。

（3）利润。单步式利润表下，收入总额扣除费用总额计算出净利润，多步式利润表按照形成过程列示，依次是营业利润、利润总额、净利润、其他综合收益的税后净额、综合收益总额和每股收益。

"营业利润""利润总额""净利润""综合收益"的计算公式分别如下：

营业利润＝营业收入－营业成本－税金及附加－销售费用－管理费用－财务费用
－信用减值损失－资产减值损失＋其他收益＋投资收益（－投资损失）
＋公允价值变动收益（－公允价值变动损失）
＋资产处置收益（－资产处置损失）

利润总额＝营业利润＋营业外收入－营业外支出

净利润＝利润总额－所得税费用

综合收益＝净利润＋其他综合收益的税后净额

根据《企业会计准则》的规定，以未在损益中确认的各项利得和损失扣除所得税影响后的净额为基础，计算其他综合收益的税后净额；以净利润（或净亏损）和其他综合收益的税后净额为基础，计算综合收益总额；以净利润（或净亏损）为基础，计算每股收益。

### （二）利润表的格式

利润表一般有表首、正表两个部分。其中，表首概括地说明报表名称、编制单位、编制日期、报表编号、货币名称和计量单位等；正表反映形成经营成果的各个项目和计算过程。利润表正表的格式一般有两种，即单步式和多步式。

（1）单步式利润表（见表 8－5）将当期所有的收入列在一起，然后将所有的费用列在一起，两者相减，得出当期净利润。

**表 8－5 利润表（单步式）**

编制单位：××公司　　××××年×月　　单位：元

| 项目 | 金额 |
|---|---|
| 一、收入 | |
| 主营业务收入 | |
| 其他业务收入 | |
| 其他收益 | |
| 投资净收益 | |
| 公允价值变动净收益 | |
| 资产处置净收益 | |
| 营业外收入 | |

续表

| 项目 | 金额 |
|---|---|
| 收入小计 | |
| 二、费用、支出 | |
| 主营业务成本 | |
| 税金及附加 | |
| 销售费用 | |
| 管理费用 | |
| 信用减值损失 | |
| 资产减值损失 | |
| 研发费用 | |
| 财务费用 | |
| 营业外支出 | |
| 其他业务成本 | |
| 所得税费用 | |
| 费用、支出小计 | |
| 三、净利润 | |

(2) 多步式利润表（见表 8－6）通过对当期的收入、费用、支出项目按性质加以归类，按利润形成的主要环节列示一些中间性利润指标，如营业利润、利润总额和净利润，分步计算当期损益。在我国，利润表一般采用多步式。

**表 8－6　利润表（多步式）**

会企 02 表

编制单位：××公司　　××××年×月　　单位：元

| 项目 | 本期金额 | 上期金额 |
|---|---|---|
| 一、营业收入 | | |
| 减：营业成本 | | |
| 税金及附加 | | |
| 销售费用 | | |
| 管理费用 | | |
| 研发费用 | | |
| 财务费用 | | |
| 其中：利息费用 | | |
| 利息收入 | | |
| 加：其他收益（损失以"—"号填列） | | |
| 投资收益（损失以"—"号填列） | | |
| 其中：对联营企业和合营企业的投资收益 | | |
| 以摊余成本计量的金融资产终止确认收益（损失以"—"号填列） | | |
| 净敞口套期收益（损失以"—"号填列） | | |
| 公允价值变动收益（损失以"—"号填列） | | |

续表

| 项目 | 本期金额 | 上期金额 |
| --- | --- | --- |
| 信用减值损失（损失以“－”号填列） | | |
| 资产减值损失（损失以“－”号填列） | | |
| 资产处置收益（损失以“－”号填列） | | |
| 二、营业利润（亏损以“－”号填列） | | |
| 加：营业外收入 | | |
| 减：营业外支出 | | |
| 三、利润总额（亏损总额以“－”号填列） | | |
| 减：所得税费用 | | |
| 四、净利润（净亏损以“－”填列） | | |
| （一）持续经营净利润（净亏损以“－”号填列） | | |
| （二）终止经营净利润（净亏损以“－”号填列） | | |
| 五、其他综合收益的税后净额 | | |
| （一）不能重分类进损益的其他综合收益 | | |
| 1. 重新计算设定受益计划变动额 | | |
| 2. 权益法下不能转损益的其他综合收益 | | |
| …… | | |
| （二）将重分类进损益的其他综合收益 | | |
| 1. 权益法下可转损益的其他综合收益 | | |
| 2. 其他债券投资公允价值变动 | | |
| 3. 金融资产重分类计入其他综合收益的金额 | | |
| 4. 其他债权投资信用减值准备 | | |
| 5. 现金流量套期储备 | | |
| 6. 外币财务报表折算差额 | | |
| …… | | |
| 六、综合收益总额 | | |
| 七、每股收益 | | |
| （一）基本每股收益 | | |
| （二）稀释每股收益 | | |

## 三、利润表中的“本期金额”和“上期金额”的填列

我国《企业财务会计报告条例》规定，年度、半年度会计报表至少应当反映两个年度或相关两个期间的比较数据。也就是说，企业需要提供比较利润表。所以，利润表各项目需要分为“本期金额”和“上期金额”两栏分别填列。

利润表中“本期金额”栏反映各项目的本期实际发生数，应按照相关账户的本期累计发生额填列。

利润表中“上期金额”栏内的数字，应根据上年同期利润表的“本期金额”栏内所列

的数字填列。如果上年度利润表的项目名称和内容与本年度利润表不一致，则应对上年度利润表各项目的名称和数字按照本年度的规定进行调整，再填入利润表的“上期金额”栏。

## 四、利润表编制举例

20××年 12 月份，中大公司的有关收入、费用类账户的发生额资料如表 8-7 所示。

**表 8-7　收入、费用类账户的发生额**

编制单位：中大公司　　20××年 12 月　　单位：元

| 收入类账户 | 发生额 | 费用类账户 | 发生额 |
|---|---|---|---|
| 主营业务收入 | 2 000 000 | 主营业务成本 | 1 200 000 |
| 投资收益 | 160 000 | 税金及附加 | 80 000 |
| 营业外收入 | 50 000 | 销售费用 | 100 000 |
| 其他业务收入 | 200 000 | 管理费用 | 150 000 |
| | | 财务费用 | 120 000 |
| | | 其他业务成本 | 140 000 |
| | | 营业外支出 | 20 000 |
| | | 所得税费用 | 150 000 |

截至 20××年 11 月，中大公司利润表中有关数据如表 8-8 所示。

**表 8-8　利润表**

编制单位：中大公司　　20××年 11 月　　单位：元

| 项目 | 本月数（略） | 本年累计数 |
|---|---|---|
| 一、营业收入 | | 22 000 000 |
| 　减：营业成本 | | 9 500 000 |
| 　　税金及附加 | | 1 500 000 |
| 　　销售费用 | | 1 200 000 |
| 　　管理费用 | | 1 600 000 |
| 　　研发费用 | | 0 |
| 　　财务费用 | | 900 000 |
| 　加：其他收益 | | 0 |
| 　　投资收益 | | 1 300 000 |
| 　　公允价值变动收益 | | 0 |
| 　　资产处置损益 | | 0 |
| 二、营业利润（亏损以“—”号表示） | | 8 600 000 |
| 　加：营业外收入 | | 500 000 |
| 　减：营业外支出 | | 300 000 |
| 三、利润总额（亏损以“—”号表示） | | 8 800 000 |
| 　减：所得税费用 | | 2 200 000 |
| 四、净利润（亏损以“—”号表示） | | 6 600 000 |

注：为简化起见，有些项目未列入该表。

根据上述20××年11月份利润表及12月份有关资料，编制中大公司20××年12月份利润表（见表8-9）。

**表8-9 利润表**

编制单位：中大公司　　　　20××年12月　　　　单位：元

| 项目 | 本月数 | 本年累计数 |
|---|---|---|
| 一、营业收入 | 2 200 000 | 24 200 000 |
| 减：营业成本 | 1 340 000 | 10 840 000 |
| 税金及附加 | 80 000 | 1 580 000 |
| 销售费用 | 100 000 | 1 300 000 |
| 管理费用 | 150 000 | 1 750 000 |
| 研发费用 | 0 | 0 |
| 财务费用 | 120 000 | 1 020 000 |
| 加：其他收益 | 0 | 0 |
| 投资收益 | 160 000 | 1 460 000 |
| 公允价值变动收益 | 0 | 0 |
| 二、营业利润（亏损以"—"号表示） | 570 000 | 9 170 000 |
| 加：营业外收入 | 50 000 | 550 000 |
| 减：营业外支出 | 20 000 | 320 000 |
| 三、利润总额（亏损以"—"号表示） | 600 000 | 9 400 000 |
| 减：所得税费用 | 150 000 | 2 350 000 |
| 四、净利润（亏损以"—"号表示） | 450 000 | 7 050 000 |

注：为简化起见，有些项目未列入该表。

**提示**

在数智化转型的时代背景下，利润表的生成类似资产负债表，也是按照既定的循环规则从会计数据库中实时生成的。

# 第四节　现金流量表

## 一、现金流量表的概念与作用

### （一）现金流量表的概念

现金流量表是指反映企业在一定会计期间现金和现金等价物流入和流出情况的报表。它汇总说明企业报告期内经营活动、投资活动及筹资活动的动态变化情况。

### （二）现金流量表的作用

**1. 可以说明企业一定期间内现金流入和流出的原因**

现金流量表将现金流量划分为经营活动、投资活动和筹资活动所产生的现金流量，并按现金流入和现金流出项目分别反映，从而说明现金从哪里来，流到哪里去。这些信息是资产负债表和利润表所不能提供的。

**2. 可以说明企业的偿债能力和支付股利能力**

评价企业是否具有偿债能力和支付股利能力，最直接有效的方法是分析现金流量表。企业利润表中反映的获利情况虽然在一定程度上表明企业具有一定的现金支付能力，但由于会计核算采用的权责发生制、配比原则等含有估计因素，使得利润表中反映的经营成果不能真正反映企业的偿债或支付能力。而现金流量表以现金的收支为基础，消除了由于会计核算采用估计等方法所导致的获利能力与实际支付能力之间的偏差，有助于使用者了解现金流量的构成，进而分析企业偿债和支付股利的能力。

**3. 可以分析企业未来获取现金的能力**

如果现金流量表中各部分现金流量结构合理，现金流入和流出无重大异常波动，那么一般来说企业的财务状况基本良好。现金流量表中的经营活动产生的现金流量，反映了企业通过日常经营活动创造现金流量的能力，便于使用者分析一定期间内产生的净利润与经营活动产生的现金流量的差异；投资活动产生的现金流量，代表企业运用资金获得现金流量的能力；筹资活动产生的现金流量，代表企业筹资获得现金流量的能力。因此，通过现金流量表及其他财务信息，可以分析企业未来获取或支付现金的能力。

**4. 可以分析企业投资和理财活动对经营成果和财务状况的影响**

现金流量表提供一定时期现金流入和流出的动态财务信息，表明企业在报告期内由经营活动、投资活动和筹资活动获得的现金额。企业获得的现金是如何运用的，能够说明资产、负债和净资产变动的原因，对资产负债表和利润表起到补充说明的作用。另外，在市场经济条件下，企业投资的目的就是要收回现金，如果企业投资以后，不能取得相应的现金回报，就会对企业的财务状况产生不良影响。而通过现金流量表，就可以判断其经营周转是否顺畅。

**5. 可以提供不涉及现金的投资和筹资活动信息**

现金流量表除了反映企业与现金有关的投资和筹资活动方面的信息外，还可以通过附注方式提供不涉及现金的投资和筹资活动信息，使会计报表使用者能够全面了解和分析企业的投资和筹资情况，进而制定合理的投资和信贷决策。

## 二、现金流量表的编制基础

现金流量表以现金及现金等价物为编制基础。这里的现金是指库存现金和可以随时用于支付的存款等，其具体内容包括以下几项：

（1）库存现金：企业持有的可以随时用于支付的现金限额，与会计核算中“库存现金”科目所包括的内容一致。

（2）银行存款：企业存在金融企业随时可以用于支付的存款，与会计核算中“银行存款”科目所包括的内容基本一致。二者的区别在于：如果存在金融企业的款项中有不能随时用于支付的存款（如不能随时支取的定期存款），则不作为现金流量表中的现金，但提前通知金融企业便可支取的定期存款，则包括在现金流量表的现金范围之内。

（3）其他货币资金：企业存在金融企业有特定用途的资金，即与会计核算中“其他货币资金”科目所包括的内容一致，如外埠存款、银行汇票存款、银行本票存款和信用证保证金存款等。

（4）现金等价物：企业持有的期限短、流动性强且易于转换为已知金额的现金、价值变动风险很小的短期投资，与会计核算中“交易性金融资产”科目所包括的内容基本一致。期限短一般是指从购买日起 3 个月内到期。现金等价物通常包括 3 个月内到期的短期债券投资。权益性投资变现的金额通常不确定，因而不属于现金等价物。现金等价物虽然不是现金，但其支付能力与现金的差别不大，可以视为现金。

## 三、现金流量的分类

现金流量表按企业经营业务发生的性质，将企业一定期间内产生的现金流量划分为以下三类。

### （一）经营活动产生的现金流量

经营活动是指企业投资活动和筹资活动以外的所有交易和事项，包括销售商品或提供劳务、经营性租赁、购买货物、接受劳务、制造产品、广告宣传和缴纳税款等。

通常情况下，经营活动产生的现金流入项目主要包括：销售商品、提供劳务收到的现金，收到的税费返还，收到的其他与经营活动有关的现金。经营活动产生的现金流出项目主要包括：购买商品、接受劳务支付的现金，支付给职工以及为职工支付的现金，支付的各项税费，支付的其他与经营活动有关的现金。

### （二）投资活动产生的现金流量

投资活动是指企业长期资产的购建和不包括在现金等价物范围内的投资及其处置活动。

通常情况下，投资活动产生的现金流入项目主要包括：收回投资收到的现金，取得投资收益收到的现金，处置固定资产、无形资产和其他长期资产所收回的现金净额，收到其他与投资活动有关的现金。投资活动产生的现金流出项目主要包括：购建固定资产、无形资产和其他长期资产所支付的现金，投资支付的现金，支付其他与投资活动有关的现金。

### （三）筹资活动所产生的现金流量

筹资活动是指导致企业资本及债务规模和构成发生变化的活动。

通常情况下，筹资活动产生的现金流入项目主要包括：吸收投资收到的现金，取得借款收到的现金，收到其他与筹资活动有关的现金。筹资活动产生的现金流出项目主要包括：偿还债务支付的现金，分配股利、利润或偿还利息所支付的现金，支付的其他与筹资活动有关的现金。

需要注意的是，对于企业日常活动之外特殊的、不经常发生的特殊项目，如自然灾害损失、保险赔款和捐赠等，企业应当将其归并到相关类别中单独反映。

## 四、现金流量表的格式

现金流量表（见表 8－10）分为两部分，第一部分为表首，第二部分为正表。表首概括地说明报表名称、编制单位、编制日期、报表编号和计量单位等。正表反映现金流量表的各个项目内容包括：经营活动产生的现金流量，投资活动产生的现金流量，筹资活动产生的现金流量，汇率变动对现金及现金等价物的影响，现金及现金等价物净增加额，期末现金及现金等价物余额。

**表 8－10 现金流量表**

会企 03 表

编制单位：　　　　年　　月　　　　单位：元

| 项目 | 本期金额 | 上期金额 |
|---|---|---|
| 一、经营活动产生的现金流量 | | |
| 销售商品、提供劳务收到的现金 | | |
| 收到的税费返还 | | |
| 收到其他与经营活动有关的现金 | | |
| 经营活动现金流入小计 | | |
| 购买商品、接受劳务支付的现金 | | |
| 支付给职工以及为职工支付的现金 | | |
| 支付的各项税费 | | |
| 支付其他与经营活动有关的现金 | | |
| 经营活动现金流出小计 | | |
| 经营活动产生的现金流量净额 | | |
| 二、投资活动产生的现金流量 | | |
| 收回投资收到的现金 | | |
| 取得投资收益收到的现金 | | |
| 处置固定资产、无形资产和其他长期资产收回的现金净额 | | |
| 处置子公司及其他营业单位收到的现金净额 | | |
| 收到其他与投资活动有关的现金 | | |
| 投资活动现金流入小计 | | |
| 购建固定资产、无形资产和其他长期资产支付的现金 | | |
| 投资支付的现金 | | |
| 取得子公司及其他营业单位支付的现金净额 | | |
| 支付其他与投资活动有关的现金 | | |

续表

| 项目 | 本期金额 | 上期金额 |
|---|---|---|
| 投资活动现金流出小计 | | |
| 投资活动产生的现金流量净额 | | |
| 三、筹资活动产生的现金流量 | | |
| 吸收投资收到的现金 | | |
| 取得借款收到的现金 | | |
| 收到其他与筹资活动有关的现金 | | |
| 筹资活动现金流入小计 | | |
| 偿还债务支付的现金 | | |
| 分配股利、利润或偿付利息支付的现金 | | |
| 支付其他与筹资活动有关的现金 | | |
| 筹资活动现金流出小计 | | |
| 筹资活动产生的现金流量净额 | | |
| 四、汇率变动对现金及现金等价物的影响 | | |
| 五、现金及现金等价物净增加额 | | |
| 加：期初现金及现金等价物余额 | | |
| 六、期末现金及现金等价物余额 | | |

## 五、经营活动产生的现金流量的列报方法

经营活动产生的现金流量的列报方法主要有直接法和间接法。我国现金流量表准则要求企业采用直接法编制现金流量表，同时也要求在附注中披露净利润调节为经营活动现金流量的信息。因此，我国企业编制现金流量表，既要使用直接法，又要使用间接法。《国际会计准则第 7 号现金流量表》鼓励企业采用直接法报告经营活动现金流量，因为采用直接法提供的信息有助于信息使用者评估主体未来现金流量，而间接法却不具备这一优点。

### （一）直接法

直接法是指通过现金收入和现金支出的主要类别列示经营活动产生的现金流量。例如，销售商品、提供劳务收到的现金，购买商品、接受劳务支付的现金等，就是按现金收入和现金支出的来源直接反映的。在直接法下，一般是以利润表中的营业收入为起算点，调整与经营活动有关的项目的增减变动，然后计算出经营活动产生的现金流量。

### （二）间接法

间接法是指以净利润为起算点，调整不涉及现金的收入、费用和营业外收支等有关项目，据此计算出经营活动产生的现金流量。

利润表中反映的净利润是按权责发生制确定的，其中有些收入、费用项目并没有实际发生现金流入和现金流出，因此，要调整不影响现金流量的收入和支出。通过这些项目的

调整，可以将净利润调整为经营活动的现金流量。

**提示**

传统的现金流量表生成方式往往依赖于人工操作，费时费力且容易出错。尤其是在企业规模较大、业务复杂的情况下，手工编制现金流量表的工作量巨大，而且难以确保数据的准确性。在数智化时代，现金流量表是按照既定的循环规则从会计数据库中实时生成的。

# 第五节 所有者权益（或股东权益）变动表

## 一、所有者权益（或股东权益）变动表的概念

所有者权益（或股东权益）变动表是指反映企业年末所有者权益（或股东权益）增减变动情况的报表。通过该报表，可以了解企业某一会计年度所有者权益（或股东权益）的实收资本（或股本）、资本公积、盈余公积和未分配利润等项目的增加、减少及余额情况，分析其变动原因并预测未来的变动趋势。

## 二、所有者权益（或股东权益）变动表的列示项目

按照《企业会计准则第 30 号——财务报表列报》的规定，所有者权益（或股东权益）变动表至少应当单独列示下列信息的项目：

（1）综合收益总额，在合并所有者权益变动表中还应当单独列示归属于母公司所有者的综合收益总额和归属于少数股东的综合收益总额。

（2）会计政策变更和前期差错更正的累积影响金额。

（3）所有者投入资本和向所有者分配利润等。

（4）按照规定提取的盈余公积。

（5）所有者权益各组成部分的期初和期末余额及其调节情况。

**提示**

“输血性”变化——通过股东入资实现所有者权益增加。此类情况下，资产规模虽有增长，但由于增长方向的前景难以预料，其盈利前景也存在变数。

“盈利性”变化——依托企业自身盈利实现所有者权益增加。如果盈利质量较高，往往意味着企业具备较好的可持续发展前景。

# 第六节 管理会计报告

## 一、管理会计报告的概念

根据《管理会计基本指引》的规定，管理会计报告是管理会计活动成果的重要表现形式，旨在为报告使用者提供满足管理需要的信息。

## 二、管理会计报告的构成

管理会计报告是一种特殊的报告，它不同于财务会计报告，主要是服务于企业内部的管理需求。管理会计报告的构成主要包括以下内容。

### （一）管理会计报告的对象和服务目的

管理会计报告的对象主要是企业内部的管理者、投资者、债务人以及政府机构。管理会计报告的目的在于提供满足企业价值管理需要或非营利组织目标管理需要的对内报告，其最终目标是提高企业的经济效益，具体目标包括为管理和决策提供信息和参与企业的经营管理。

### （二）管理会计报告的内容

管理会计报告是为企业内部管理决策服务的专门报告，其核心是基于财务和非财务信息的分析、预测、规划等内容，目的是支持管理层进行经营管理、决策控制。它既能反映企业过去的财务情况，也能反映未来的财务发展趋势。管理会计的职能包括预测、决策、规划（预算）、控制和评价。质量成本及其分类、质量成本报告和质量绩效报告是管理会计报告体系中的一部分，涉及企业内部责任中心的业绩报告类型和用途。综上所述，管理会计报告的构成是多元化的，旨在为企业提供必要的财务和非财务信息，以支持企业的内部管理和决策过程。这些信息有助于管理者了解公司的实际情况，制定未来发展战略，同时也为投资者、债权人和政府机构提供了了解企业财务状况的途径。

**提示**

在数智化转型的时代背景下，管理会计报告的生成同财务会计报表一样，仍然是按照既定的循环规则从会计数据库中实时生成的。

# 第七节 会计报表附注

## 一、会计报表附注的概念

会计报表附注是指对在资产负债表、利润表、现金流量表和所有者权益（或股东权益）变动表等报表中列示项目的文字描述或明细资料，以及对未能在这些报表中列示项目的说明等。它是企业财务会计报告不可缺少的组成部分。

## 二、会计报表附注的主要作用

企业日常发生的经济业务复杂多样，每个企业已经按一定程序和方法将其定期编制成资产负债表、利润表、现金流量表和所有者权益（或股东权益）变动表等报表。为了便于报表使用者理解，一些在报表中被高度浓缩的项目需要进一步分解、解释或补充，增加报表附注内容就显得格外重要。

### （一）有利于报表使用者抓住报表的重要信息

会计报表中的数量信息已比较全面，且内容繁多，报表用户可能抓不住重点，对其中重要信息的了解可能不够全面详细。会计报表附注可以将表中的重要数据进一步予以分解、说明，有助于报表使用者了解需要注意的重要信息，并在决策中加以考虑。

### （二）有助于增强报表信息的可比性

《企业会计准则》规定，企业可以根据本行业特点及所处的经济环境选择能最恰当、公允地反映财务状况和经营成果的会计原则、程序和方法。这样就导致不同行业或同一行业各企业所提供的会计信息存在较大的差异。尽管企业对不同时期发生的相同或相似的交易或事项采用了一致的会计政策，但并非绝对不能改变。改变会计政策、方法必然会影响信息的可比性，因此，在财务会计报告中增加适当的注释来说明企业所采用的会计政策、方法及其变更，有助于提高会计报表的可比性。

### （三）有助于提高报表信息的可理解性

由于企业会计报表使用者的知识结构有差异，信息需求及其侧重点不尽相同，仅靠会计报表不能满足所有报表使用者的需求。因此，对报表中的有关数据进行解释，将抽象的数据分解成若干具体项目，并说明产生各项目的会计方法，必然有助于报表使用者理解财务会计报告中的信息。

## 三、会计报表附注的形式

在会计实务中，会计报表附注可以采用旁注、附表和底注等形式。

### （一）旁注

旁注是指在会计报表的有关项目旁直接用括号加注说明。旁注是最简单的报表注释方法，如果报表上有关项目的名称或金额受到限制或需简要补充时，可以直接用括号加注说明。为了保持报表项目的简明扼要、清晰明了，旁注只适用于个别只需简单补充信息的项目。

### （二）附表

附表是指为了保持会计报表的简明易懂而另行编制的一些反映其构成项目及年度内的增减来源与数额的表格。附表反映的内容，有些已直接包括在脚注之内，有些则附在报表和脚注之后，作为财务会计报告的一个单独组成部分。

### （三）底注

底注，又称脚注，是指在会计报表后面用一定文字和数字所做的补充说明。一般而言，每一种报表都可以有一定的底注，其篇幅大小随各种报表的复杂程度而定。底注的主要作用是揭示那些不便于列入报表正文的有关信息。但是，底注作为财务会计报告的组成部分，仅是对报表正文的补充，它不能取代或更正报表正文的正常分类、计价和描述。

## 四、会计报表附注的披露内容

按照《企业会计准则第 30 号——财务报表列报》的规定，附注应当披露财务报表的编制基础，相关信息应当与资产负债表、利润表、现金流量表和所有者权益（或股东权益）变动表等报表中列示的项目相互参照。

会计报表附注一般应当按照下列顺序披露：

（1）企业的基本情况。

（2）财务报表的编制基础。

（3）遵循《企业会计准则》的说明。

（4）重要会计政策和会计估计。重要会计政策的说明，包括财务报表项目的计量基础和会计政策的确定依据等。重要会计估计的说明，包括下一会计期间内很可能导致资产、负债账面价值重大调整的会计估计的确定依据等。

（5）会计政策和会计估计变更，以及差错更正的说明。

（6）报表重要项目的说明。企业应当按照资产负债表、利润表、现金流量表和所有者权益（或股东权益）变动表及其项目列示的顺序，对报表重要项目的说明采用文字和数字描述相结合的方式进行披露。企业在附注中应当披露费用按照性质分类的利润表补充资料。按性质分类的费用通常包括：耗用的原材料、职工薪酬费用、折旧费用和摊销费用等。

（7）其他披露信息。主要包括或有和承诺事项、资产负债表日后非调整事项、关联方关系及其交易等需要说明的事项，有助于财务报表使用者评价企业管理资本的目标、政策及程序的信息。

## 本章复习思维导图

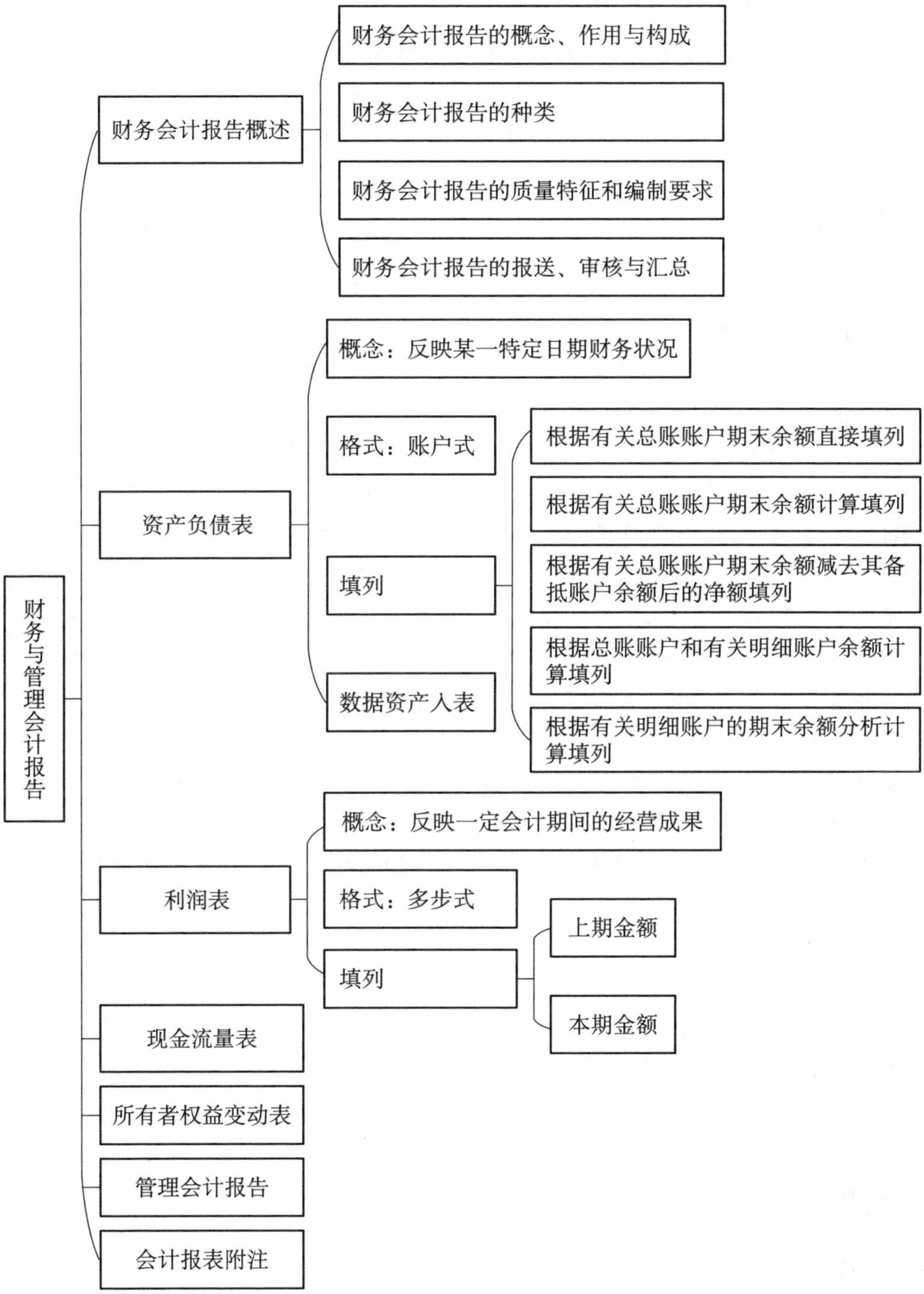
财务与管理会计报告
财务会计报告概述
财务会计报告的概念、作用与构成
财务会计报告的种类
财务会计报告的质量特征和编制要求
财务会计报告的报送、审核与汇总
资产负债表
概念：反映某一特定日期财务状况
格式：账户式
填列
根据有关总账账户期末余额直接填列
根据有关总账账户期末余额计算填列
根据有关总账账户期末余额减去其备抵账户余额后的净额填列
根据总账账户和有关明细账户余额计算填列
根据有关明细账户的期末余额分析计算填列
数据资产入表
利润表
概念：反映一定会计期间的经营成果
格式：多步式
填列
上期金额
本期金额
现金流量表
所有者权益变动表
管理会计报告
会计报表附注

## 讨论与思考

1. 财务会计报告的构成是怎样的？有哪些种类？
2. 什么是资产负债表？它有什么作用？其内容和格式是怎样的？
3. 什么是利润表？它有什么作用？其内容和格式是怎样的？
4. 什么是现金流量表？它有什么作用？其编制基础是什么？
5. 管理会计报告的内容应该包括哪些？

## 案例分析

金通灵案：2025 年 7 月 17 日，金通灵发布公告称收到检察机关起诉书。被告单位金通灵及相关 6 人应以欺诈发行股票罪、违规披露重要信息罪追究刑事责任。检察机关认为，金通灵连续六年向股东和社会公众提供记载虚假财务数据的年度报告，其间有四年将亏损披露为盈利，造成投资者经济损失，情节特别严重。

锦州港案：锦州港因 2020 年至 2023 年连续 4 年财务造假，触及重大违法退市标准，2025 年 7 月 25 日将终止上市。7 月 4 日，该公司副总裁涉嫌违规披露重要信息罪被逮捕。

*ST 苏吴案：2025 年 7 月 13 日，江苏吴中医药发展股份有限公司（*ST 苏吴）收到中国证监会下发的《行政处罚事先告知书》。公司通过与多家关联公司开展无商业实质的贸易业务，2020 年至 2023 年度报告分别虚增营业收入 4.95 亿元、4.685 亿元、4.31 亿元、3.77 亿元，还存在未如实披露实际控制人、未按规定披露关联方非经营性占用资金等问题。中国证监会拟对其责令改正，给予警告，并处以 1 000 万元罚款，对相关责任人也给予相应处罚。

诺泰生物案：2025 年 7 月 18 日，诺泰生物发布公告称收到中国证监会下发的《行政处罚事先告知书》。经查，诺泰生物 2021 年通过虚构业务虚增营业收入 3 000 万元，虚增利润总额 2 595.16 万元，占当期披露利润总额的 20.64%，且其公开发行文件编造重大虚假内容。证监会拟对诺泰生物处以 4 740 万元罚款，对相关责任人处以 150 万元至 1 300 万元不等的罚款。

**试分析：**

（1）会计报表的编制依据是什么？

（2）会计信息的质量要求是什么？

（3）结合以上案例，谈一谈会计报表造假的危害有哪些。

## 客观题

### 一、单选题

1. 按照经济业务内容分类，损益表属于（　　）。

A. 财务状况报表　　　　B. 财务成果报表

C. 费用成本报表　　D. 对外报表

2. 企业对外投资占被投资企业资本总额50%以上的情况下，应该编制（　　）。

A. 合并会计报表　　B. 汇总会计报表

C. 单位会计报表　　D. 个别会计报表

3. 在填列资产负债表各项目时，（　　）。

A. 都可以按账户的余额直接填列

B. 必须对账户发生额进行分析才能填列

C. 多数项目可以直接根据账户余额填列，少数项目需要根据账户余额分析计算后填列

D. 多数项目可以直接根据账户余额填列，少数项目需要根据账户发生额分析计算后才能填列

4. “累计折旧”账户余额在贷方，在资产负债表中应该列在（　　）项目内反映。

A. 负债　　B. 资产

C. 所有者权益　　D. 费用

5. 资产负债表的下列项目中需要根据几个总账账户汇总填列的是（　　）。

A. “固定资产”　　B. “货币资金”　　C. “累计折旧”　　D. “应交税费”

## 二、多选题

1. 通过资产负债表可以了解到（　　）。

A. 企业所掌握的经济资源及其构成　　B. 企业资金的来源渠道及构成

C. 企业短期偿债能力　　D. 企业的财务成果及其形成过程

2. 下列选项中，属于反映企业财务成果的对外报表的是（　　）。

A. 资产负债表　　B. 损益表　　C. 现金流量表　　D. 利润分配表

3. 按照对象分类，下列报表属于对内报表的有（　　）。

A. 损益表　　B. 利润分配表

C. 制造费用表　　D. 产品生产成本表

E. 期间费用表

4. 会计报表按照编制主体的不同，可分为（　　）。

A. 个别会计报表　　B. 合并会计报表

C. 汇总会计报表　　D. 单位会计报表

5. 资产负债表包括的会计要素有（　　）。

A. 资产　　B. 负债

C. 费用　　D. 收入

E. 所有者权益

## 三、判断题

1. 我国资产负债表采用账户式结构，损益表采用多步式结构。　　（　　）

2. 我国资产负债表内有关资产的排列顺序依次是流动资产、长期投资、固定资产、

无形资产和其他长期资产。 （ ）

3. 资产负债率是指资产总额和负债总额的比率。 （ ）

4. 资产负债表左侧反映资产项目，右侧反映负债项目，左右两侧的金额应相等。（ ）

5. 在资产负债表的项目中，“应收账款”项目应根据“应收账款”账户所属的明细账户的借方余额合计填列，如果“预付账款”账户所属明细账户有借方余额的，也应包括在本项目内。 （ ）

6. 数据资产入表的目的是更准确地反映企业的经济状况和价值创造能力。 （ ）

## 实训题

### 实训一

1. 实训目的：练习计算资产负债表中的相关项目。

2. 实训资料：20××年12月31日，天锋厂有关总账账户及明细账余额表，如表8-11所示。

**表8-11 天锋厂有关总账账户及明细账户余额表**

编制单位：天锋厂　　20××年12月31日　　单位：元

| 账户名称 | 账户余额 | 账户名称 | 账户余额 |
|---|---|---|---|
| 原材料 | 213 460（借方） | 应付账款 | 60 000（贷方） |
| 生产成本 | 63.750（借方） | ——建新厂 | 90 000（贷方） |
| 库存商品 | 37 260（借方） | ——中盛厂 | 10 000（借方） |
| 应收账款 | 45 000（借方） | ——金山厂 | 20 000（借方） |
| ——光华厂 | 30 000（贷方） | | |
| ——大田厂 | 95 000（借方） | | |
| ——民兴厂 | 20 000（贷方） | | |

3. 实训要求：根据以上资料，计算20××年12月31日天锋厂资产负债表中下列项目：

（1）存货＝

（2）应收账款＝

（3）预付款项＝

（4）应付账款＝

（5）预收款项＝

### 实训二

1. 实训目的：练习计算资产负债表中的“应收”“应付”“预收”“预付”项目。

2. 实训资料：

预付甲单位账款期末借方余额　　A. “应收票据”

应收乙单位账款期末贷方余额　　　　　B. “应收账款”
预收丙单位账款期末借方余额　　　　　C. “应付票据”
应付丁单位账款期末贷方余额　　　　　D. “应付账款”
应收子单位商业汇票期末借方余额　　　E. “预收款项”
应付丑单位账款期末借方余额　　　　　F. “预付款项”

3. 实训要求：用直线将上述项目连接起来，确定资产负债表中“应收票据”“应收账款”“应付票据”“应付账款”“预收款项”“预付款项”项目的填列依据。

### 实训三

1. 实训目的：练习计算利润表中的相关项目。

2. 实训资料：20××年6月末，某企业相关账户余额资料如表8-12所示。

**表8-12　收入、费用类账户的发生额**

编制单位：　　　　　　20××年6月　　　　　　单位：元

| 收入类账户 | 发生额 | 费用类账户 | 发生额 |
|---|---|---|---|
| 主营业务收入 | 5 800 000 | 主营业务成本 | 3 600 000 |
| 投资收益 | 350 000（贷方） | 税金及附加 | 320 000 |
| 营业外收入 | 40 000 | 销售费用 | 650 000 |
| 其他业务收入 | 500 000 | 管理费用 | 850 000 |
| | | 财务费用 | 400 000 |
| | | 其他业务成本 | 300 000 |
| | | 营业外支出 | 50 000 |
| | | 所得税费用 | 150 000 |

3. 实训要求：根据上述账户余额资料试编制20××年6月该企业的利润表（见表8-13）。

**表8-13　利润表**

编制单位：　　　　　　20××年6月　　　　　　单位：元

| 项目 | 本月金额 |
|---|---|
| 一、营业收入 | |
| 减：营业成本 | |
| 税金及附加 | |
| 销售费用 | |
| 管理费用 | |
| 研发费用 | |
| 财务费用 | |
| 加：其他收益 | |
| 投资收益 | |
| 公允价值变动收益（损失以“—”号表示） | |
| 资产减值损失（损失以“—”号表示） | |

续表

| 项目 | 本月金额 |
|---|---|
| 资产处置收益（损失以“—”号表示） | |
| 二、营业利润（亏损以“—”号表示） | |
| 加：营业外收入 | |
| 减：营业外支出 | |
| 三、利润总额（亏损总额以“—”号表示） | |
| 减：所得税费用 | |
| 四、净利润（净亏损以“—”号表示） | |

注：为简化起见，有些项目未列入该表。

### 实训四

1. 实训目的：练习编制利润表。

2. 实训资料：20××年5月，某企业发生如下经济业务：

(1) 销售产品一批，售价500 000元，货款尚未收到。

(2) 预收购货单位购货款200 000元，存入银行。

(3) 本月应收出租包装物租金800元。

(4) 以银行存款支付广告费10 000元，厂部管理部门费用30 000元。

(5) 以银行存款支付本月短期借款利息500元。

(6) 本月应提固定资产折旧40 000元，其中，25%的折旧费用应由行政管理部门负担，其余均由生产车间负担。

(7) 有一笔应付账款4 000元，已确实无法支付，经批准处理。

(8) 账列设备一台盘亏，账面原价4 000元，已提折旧1 600元，已批准处理。

(9) 月末结转已销售产品成本为250 000元。

(10) 月末计算出应缴纳的消费税为6 000元。

(11) 月末，结转以上各经济业务的损益类账户。

(12) 假设利润总额与应纳税所得额一致，按25%的所得税税率计算并结转所得税。

3. 实训要求：

(1) 根据上述经济业务编制相关会计分录。

(2) 编制该企业5月份的利润表（见表8-14）。

**表8-14 利润表**

编制单位：　　　　20××年5月　　　　单位：元

| 项目 | 本月金额 |
|---|---|
| 一、营业收入 | |
| 减：营业成本 | |
| 税金及附加 | |
| 销售费用 | |

续表

| 项目 | 本月金额 |
|---|---|
| 管理费用 | |
| 研发费用 | |
| 财务费用 | |
| 加：其他收益 | |
| 投资收益 | |
| 公允价值变动收益（损失以“—”号表示） | |
| 资产减值损失（损失以“—”号表示） | |
| 资产处置收益（损失以“—”号表示） | |
| 二、营业利润（亏损以“—”号表示） | |
| 加：营业外收入 | |
| 减：营业外支出 | |
| 三、利润总额（亏损总额以“—”号表示） | |
| 减：所得税费用 | |
| 四、净利润（净亏损以“—”号表示） | |

注：为简化起见，有些项目未列入该表。

# 第九章 会计管理与数字化

## 职业能力目标

### 本章知识点

- 内部会计控制（重点）
- 会计职业道德
- 会计档案

### 学习目标

- 理解并熟悉传统和数字化下的内部会计控制
- 理解会计人员的职责
- 了解会计档案的内容与数字化管理要求

# 第一节　内部会计控制及其数字化

企事业单位内部存在诸如行政控制、人事控制、质量控制和会计控制等多种管理控制。与其他管理控制相比，内部会计控制在控制目标、基本原则和方法等方面都存在着一定的独特性。

## 一、内部会计控制的概念

内部会计控制是指各单位根据国家会计法律、法规、规章和制度的规定，结合本单位经营管理和业务管理的特点和要求而制定的旨在规范单位内部会计管理活动的制度和办法。它是组织的计划，以及主要或直接与保障资产和财务记录的可靠性相关的所有方法和程序。一般来说，内部会计控制的控制手段包括批准和授权系统，保管记录和会计报告的人员与经营或资产保管任务相分离、对资产的实物控制和内部审计等。

## 二、内部会计控制的目标

内部会计控制目标是设计和实施内部会计控制的根本指南。内部会计控制必须围绕着所要实现的目标来制定，这样才能找到企业管理、经营活动中与最终控制结果相关的因素。内部会计控制的目标主要包括保证会计信息的可靠性，保证企业资产的安全性，保障有关法律法规、制度的贯彻执行（合法性）三个方面。

### （一）保证企业会计信息的可靠性

可靠性是会计信息质量的核心，它包括真实性和完整性两个方面。真实性是指会计系统所反映的信息与实际经济业务完全相符，不存在有意或无意的错报；完整性是指会计信息包括了截至某时点或发生于某时期内的所有经济业务，不存在有意或无意的漏报。

当前，会计信息失真的问题普遍存在，对社会经济的发展造成了不良影响，降低了社会公众对会计职业的信任度。加强内部会计控制，能够有效地保障会计信息的可靠性。内部会计控制可以使岗位、部门和权力之间相互制衡，并通过制定科学的控制程序和方法，保证会计信息系统内信息的透明传递及数据之间的核对，能够避免或减少会计信息系统内的错弊。鉴于会计信息的重要程度高，企业应该把保证会计信息的可靠性作为内部会计控制的首要目标。

### （二）保证企业资产的安全性

资产是企业进行经营活动所必备的物质条件，因此，堵塞管理漏洞、消除安全隐患，防止并及时发现、纠正错误及舞弊行为，以保障企业资产的安全性，是内部会计控制的基本目标。

企业的各项资产都具有一定的价值和变现能力，如果不对相关部门或人员加强监督，就很可能发生盗窃、挪用或贪污等行为，造成资产的损失和浪费。内部会计控制为保护资产的安全与完整提供了环境条件：一方面，通过资产运用流程的管理和资产接触的控制、制衡措施，实现了资产的直接保护，又称“硬保护”；另一方面，科学、有效的内部控制有助于约束员工的行为，能培养其较高的道德修养和自制力，从而降低资产损失的风险，又称“软保护”。

### （三）保障有关法律法规、制度的贯彻执行

国家机关制定的有关法律法规、经济政策是为了指导和规范企业经营活动，在保证国家利益的情况下促进企业更好更快地发展。企业管理部门必须贯彻执行有关法律法规的规定，确保企业的生产经营活动符合国家的要求。内部会计控制的设计也要遵守《会计法》《公司法》等法律法规，达到合法性目标。

企业为了协调部门、人员之间的关系，制定了各种内部规章管理制度，相关人员只有按照制度的要求进行活动才能保证行为的有效性。内部规章管理制度是企业重要的基础制度，涉及企业会计信息系统之外的各个方面。可以说，内部会计控制质量是企业内部规章管理制度执行效率的体现。因此，推动企业制定科学合理的内部规章管理制度并确保其有效实施，应作为企业内部会计控制的目标。

## 三、内部会计控制的基本原则

根据社会主义市场经济发展的需要，以及建立现代企业制度、转换企业经营机制的基本目标，企业在建立内部会计控制制度的过程中，应当遵循以下基本原则。

### （一）合规、合法性原则

企业在建立、维护和修订其内部会计控制时，一定要遵循党和国家的各项方针政策，符合有关法律法规的要求。这是企业构建内部会计控制体系的基本前提。

### （二）有效性原则

内部会计控制应当约束企业内部涉及会计工作的所有人员，任何个人都不得拥有超越内部会计控制的权力。企业负责人应当对本企业内部会计控制的建立、健全及有效实施负责。

### （三）全面性与重要性相结合原则

内部会计控制应当涵盖企业内部涉及会计工作的各项经济业务及相关岗位，并将业务处理过程中的关键控制点落实到决策、执行、监督和反馈等各个环节。

### （四）不相容职务相分离原则

内部会计控制应当保证企业内部机构、岗位的合理设置及其职责、权限的合理划分，

坚持不相容职务相分离，确保不同机构和岗位之间权责分明、相互制约、相互监督。

### （五）成本效益原则

在内部会计控制中贯彻成本效益原则，就是要求企业必须运用科学化的经营管理方法，降低企业成本，提高经济效益，力争以最小的控制或管理成本获取最大的经济效益。

### （六）动态性原则

企业应随着外部环境的变化、单位业务职能的调整和管理要求的提高，不断修订和完善其内部会计控制，以确保内部控制的有效性。

## 四、传统内部会计控制的建立与实施

内部会计控制是一个复杂的系统，它涉及一个单位的各个部门、各个层次、各个环节，涉及单位人、财、物的流动，涉及权、责、利的分配与安排。因此，建立内部会计控制必须遵循适当的步骤与方法。

### （一）建立内部会计控制的基本步骤

**1. 调查单位内部和外部环境**

内部会计控制是内部环境和外部环境相互作用的产物。在建立内部会计控制时，首先，必须对单位的经营性质、经营过程、经营规模、经营方式、组织体系、机构设置、人员、资金、物资、设备、技术、信息沟通、管理过程、管理方式及单位经营管理的状况等诸多方面进行深入调查；其次，必须对单位的外部环境包括政治、经济、文化、人口、环境和技术等进行广泛而深入的调查研究。这样制定出的内部会计控制才能有效地规避企业内、外部风险，实现内部会计控制的目标。

**2. 根据系统论要求划分单位内部结构**

单位是多个部门协同构成的有机整体，合理设计单位的组织架构是保障单位有效运转的重要前提。根据系统论的观点，任何一个大系统都是由诸多子系统、子步骤构成的。一般而言，单位内部结构可划分为行政领导系统、构成要素系统、经营系统和管理系统等子系统。上述系统的组成部分和内容又划分为若干所属的孙系统。例如，行政领导系统可分为董事会、管理层和职能部门等；构成要素系统可分为人、财、物资、技术和信息沟通等；经营系统可分为销售、采购、生产和储存运输等；管理系统可分为会计、统计、审计、电子监控和电脑管理等。

**3. 分析、辨认内部结构控制系统中的关键环节**

首先，分析所划分的单位内部结构控制系统，将系统运行过程中的关键环节确定下来，作为内部控制要点，同时针对每一个关键环节控制要点设计有效的方法和操作规范。其次，把各个环节按照发生的先后顺序或其他逻辑关系等进行编排，使其成为一个有机整体。在确定控制要点和编排关键环节时，应注意以下两个方面：各控制要点要全面，不能遗漏或重叠，如有遗漏必须重补；各个环节不宜分得太细，太细显得烦琐，不利于建立和执行。

**4. 形成书面内部会计控制制度**

在确定程序、方法和操作规范后，把内部会计控制的各项原则贯彻到各个有关控制系统的程序、方法和规范中去，用书面文字形式分别在有关的控制制度中予以说明。这样，就能够形成一整套严密的内部控制制度管理体系。必须注意的是，内部会计控制的文字说明要简洁明了、条理清楚、通俗易懂，以便员工记住、掌握和执行。

**5. 检查与评价内部会计控制**

检查与评价内部会计控制是指对内部控制设计与执行的恰当性和有效性进行测评。内部会计控制的检查是保证执行效果的重要手段，其评价是内部控制循环不可缺少的重要环节，也是内部会计控制持续改进的一个重要信息反馈渠道。

内部会计控制的检查和评价包括日常监督和定期评价。日常监督主要是检查控制制度是否得到有效遵循，执行中是否会出现问题，出现这类问题的原因，估计可能或已经产生的后果，需要采取的措施等，它贯穿于控制执行的全过程。定期评价主要是对控制制度的设计、执行和监督进行全面的了解、测试、分析和评价，对控制系统的合理性、有效性发表意见，并提出评价报告，它是对控制的再控制。

内部会计控制的检查和评价可以聘请外部机构或人员进行，也可通过内部审计机构进行。企业应重视对内部会计控制的研究，在充分调查研究的基础上，将现行制度与理想模式进行比较，找出差异与薄弱环节，对其中的缺陷进行深入细致的分析，测查缺陷可能造成的影响，进而提出改进缺陷的措施与备选方案。

**6. 持续改进内部会计控制**

企业内外环境是不断发展变化的，内部会计控制系统只有始终保持持续的改进，才能使企业的内部控制和风险保持某种平衡状态。

在评价和改进两个环节上，评价属于手段，改进才是目的。通过测试和评价内部会计控制，才能及时发现它的缺陷和薄弱环节，并及时改进，这样内部会计控制才能起到切实的防御风险的作用。否则，内部会计控制过程是不完整的。内部会计控制应该是“设计—执行—评价—改进—再设计—再执行—再评价—再改进”这样一个不断循序渐进的过程。每经过一次这样的循环，企业内部会计控制就会得到相应的改善和提高。

### （二）实施内部会计控制的方法

《会计法》明确提出各单位应当建立、健全本单位内部会计监督制度，并提出了会计工作中职务分离、重大事项决策与执行程序、财产清查和定期内部审计等规定。这些要求和规定从其实质内容来讲，就是要加强各单位的内部会计控制。其目的在于建立和完善符合现代管理要求的内部治理结构，形成科学的决策机制、执行机制和监督机制，确保单位经营管理目标的实现；建立行之有效的风险控制系统，强化风险管理，确保单位各项业务活动的顺利进行，堵塞漏洞，消除隐患，防止并及时发现和纠正各种欺诈、舞弊行为，保护单位财产的安全、完整；规范单位会计行为，保证会计资料真实、完整，提高会计信息质量，确保国家有关法律法规和单位内部规章制度的贯彻执行。而要实现上述目标，则需要采用各种切实有效的内部会计控制方法。实施内部会计控制的常见方法有以下几种。

**1. 组织规划控制**

组织规划控制是指对单位组织机构的设置、职务分工的合理性和有效性所进行的控制。企业组织结构有两个层面：一是法人的治理结构问题，涉及董事会、监事会和经理的设置及相关关系；二是内部管理结构问题，涉及供应、生产、销售、技术、人事和财务等部门设置及其相关关系。职务分工主要解决不相容职务[①]分离问题。企业内部不相容职务主要有：授权批准职务、业务经办职务、财产保管职务、会计记录职务和审核监督职务。

一般来说，上述5种职务之间应实行如下分离：授权批准职务与业务经办职务分离；业务经办职务与审核监督职务分离；业务经办职务与会计记录职务分离；财产保管职务与会计记录职务分离；业务经办职务与财产保管职务分离。

**2. 授权批准控制**

授权批准控制是指单位在处理经济业务时必须经过授权批准，以便有效地开展经营活动并对其加以控制。授权批准按其形式可分为一般授权和特殊授权。一般授权是指对办理常规业务时权力、责任和条件的规定，其授权时效性一般较长；而特殊授权是对办理例外业务时权力、责任和条件的规定，其时效性一般较短。授权批准体系包括以下内容：

（1）授权批准的范围。通常，企业的所有经营活动都应纳入其范围。

（2）授权批准的层次。应根据经济活动的重要性和金额的大小，确定不同的授权批准层次，从而保证各管理层有权亦有责。

（3）授权批准的责任。应当明确被授权者在履行其权力时应对哪些方面负责，避免发生责任不清、出现问题互相推诿的情况。

（4）授权批准的程序。应规定每一类经济业务的审批程序，以便按程序办理审批，避免发生越级审批、违规审批的情况。

单位内部各级管理层必须在授权范围内行使相应职权，经办人员也必须在授权范围内办理经济业务。

**3. 会计系统控制**

会计系统控制要求单位必须依据《会计法》和国家统一的会计制度等法规，制定适合本单位的会计核算制度、会计凭证、会计账簿和财务会计报告的处理程序，实行会计人员岗位责任制，建立严密的会计控制系统。

**4. 预算控制**

全面预算是指单位为达到既定目标编制的经营、资本或资金、财务等年度收支总体计划。从某种意义上讲，全面预算也是对单位经济业务规划的授权批准。全面预算控制应抓好以下环节：（1）预算体系的建立，包括预算项目、标准和程序；（2）预算的编制和审定；（3）预算指标的下达及相关责任人或部门的落实；（4）预算执行的授权；（5）预算执

---

① 不相容职务是指那些由一人或一个部门担任，则可能发生且可掩盖其错误或弊端的两项或两项以上应予分离独立的企业职务。

行过程的监控；(6) 预算差异的分析与调整；(7) 预算业绩的考核。

**5. 财产保全控制**

财产保全控制是指为确保财产的安全完整而采取的控制措施。主要包括以下几个方面：

(1) 限制直接接触。单位要严格限制无关人员对实物资产的直接接触，只有经过授权批准的人员才能够接触资产。限制直接接触的资产主要包括现金、有价证券和其他易变现的资产。

(2) 定期盘点。单位要建立资产盘点制度，对盘点中出现的差异进行调查，对盘亏资产应分析原因、查明责任。

(3) 记录保护。单位应妥善保管各种文件资料（尤其是资产、财务和会计等资料），避免记录受损、被盗或被毁。对某些重要资料，应留有后备记录，以便在遭受意外损失或毁坏时重新恢复，这在当前计算机处理条件下尤为重要。

(4) 财产保险。单位应对资产投保，限制实物受损成本，保护实物安全。

**6. 风险控制**

风险控制是指风险管理者采取各种措施和方法，消灭或减少风险事件发生的各种可能性，或减少风险事件发生时造成的损失。风险控制要求单位树立风险意识，针对各个风险控制点，建立有效的风险管理系统，通过风险预警、风险识别、风险评估和风险报告等，对财务风险和经营风险进行全面防范和控制。

**7. 内部报告控制**

内部报告控制是指以编制各种内部报告为手段所进行的控制。通常情况下，企业对外编制的资产负债表和利润表并不能完全真实地反映企业的实际情况，这种或多或少修饰过的对外报告在管理中很难满足企业管理层的需要。于是，企业通过编制一系列内部报告，使管理层及时掌握企业的动态，就显得非常必要。

为了满足内部管理的时效性和针对性，单位应当建立内部管理报告控制体系，明确报告主体、报告客体、报告程序和报告方法等，全面反映经济活动，及时提供业务活动中的重要信息。内部报告控制体系的建立应反映业务动态及相关部门的经管责任，符合例外管理的要求；报告形式和内容应简明易懂，统筹规划，并避免重复。

**8. 管理信息系统控制**

管理信息系统是一个以人为主导，利用计算机硬件、软件、网络通信设备以及其他办公设备，进行信息的收集、传输、加工、储存、更新、拓展和维护的系统。管理信息系统控制包括两方面内容：一方面是要加强对电子信息系统本身的控制，包括系统组织和管理控制，系统开发和维护控制，文件资料控制，系统设备、数据、程序和网络安全的控制及日常应用的控制；另一方面，要运用电子信息技术手段建立控制系统，减少和消除内部人为控制的影响，确保内部控制的有效实施。

**9. 内部审计控制**

内部审计控制是指由单位内部审计部门所进行的控制。内部审计控制是内部控制的一个组成部分。其主要作用是对单位内部的各种经济活动、管理制度是否合规、合理及有效进行独立的评价，以确定既定的政策和程序是否贯彻、建立的标准是否遵循、资源的利用是否合理有效，以及单位的目标是否达成等。从这个意义上说，内部审计控制是对其他内部控制所进行的再控制。

内部审计部门是评价单位内部经济活动和管理制度是否合规、合理和有效的独立机构。内部审计部门在单位应保持相对独立性，应独立于其他经营管理部门，最好受董事会或下属的审计委员会领导。

**10. 员工素质控制**

员工素质控制是指采用一定的方法和手段对员工的思想品德、业务能力和工作技能的控制，保证组织各级人员具有与其所负责的工作相适应的素质，从而保证业务活动处理的质量。员工素质的高低对内部控制成效具有重要影响。

员工素质控制的目的在于保证员工具有忠诚、正直、勤奋、有效的工作能力，具体内容包括以下几个方面：（1）建立严格的招聘程序；（2）制定员工工作规范；（3）定期对员工进行培训；（4）定期对员工进行考核，奖惩分明，并加强奖惩力度；（5）对重要岗位应建立职业信用保险机制；（6）可以定期或不定期进行工作岗位轮换，以便及时发现存在的错弊，抑制不法分子的犯罪动机。

## 五、数字化技术在内部控制中的应用

数智化与内部控制相互作用、相互影响。数智化转型推动了内部控制系统的自动化、智能化；内部控制系统为数智化技术的应用提供了一个更为安全、可靠的环境，促进其有效实施。

数字化技术在内部控制中的应用主要体现在以下方面。

### （一）自动化会计处理

**1. 交易自动化**

交易自动化（Robotic Process Automation，RPA）不仅可以自动化简单的交易记录和对账，还可以应用于更复杂的会计流程，如自动进行多币种交易转换、自动调整汇率波动对财务报表的影响等。

**2. 费用报销自动化**

通过集成光学字符识别（Optical Character Recognition，OCR）技术，系统可以自动识别发票上的关键信息，如金额、日期、购买方等，并与企业预定的费用政策进行比对，确保所有报销都符合规定。

### （二）电子账务和电子发票

**1. 电子发票管理**

通过集成电子发票管理系统，企业可以实现发票的自动匹配、审批和支付，从而简化了应付账款流程，并减少了因纸质发票丢失或损坏导致的风险。此外，企业还可以利用电子发票管理系统实现发票的集中管理和实时查询。

**2. 电子支付**

除了自动处理付款，电子支付系统还可以提供支付状态的实时更新，帮助企业更好地管理现金流。此外，企业还可以利用电子支付系统实现多币种支付和实时汇率转换，降低汇兑风险。

### （三）数据分析与报告

**1. 实时财务报告**

通过实时财务报告，管理层可以快速做出基于数据的决策，提高企业的响应速度和灵活性。此外，企业还可以利用实时财务报告进行市场分析和竞争情报收集。

**2. 财务数据分析**

利用高级数据分析工具，如数据可视化仪表板，会计人员可以更直观地识别财务趋势和模式，为预算编制和战略规划提供支持。此外，企业还可以利用数据分析工具进行财务预测和预测分析。

### （四）预算编制与监控

**1. 预算自动化**

预算软件可以与实际财务数据实时同步，自动调整预算假设，确保预算的准确性和相关性。此外，企业还可以利用预算软件进行预算分析和预算优化。

**2. 预算执行监控**

通过预算监控工具，企业可以实时跟踪预算执行情况，及时发现偏差并采取措施。此外，企业还可以利用预算监控工具进行预算预警和预算控制。

### （五）内部控制和合规性

**1. 内部控制自动化**

自动化工具可以确保内部控制措施的持续执行，减少人为疏忽，提高控制效果。此外，企业还可以利用自动化工具进行内部控制审计和内部控制优化。

**2. 合规性检查**

自动化合规性检查可以帮助企业快速识别和纠正不符合会计准则和法规的行为，降低合规风险。此外，企业还可以利用合规性检查工具进行合规性审计和合规性优化。

### （六）审计轨迹和透明度

**1. 审计轨迹记录**

数字化系统为审计提供了详尽的操作记录，使得审计工作更加高效和可靠。此外，企业还可以利用审计轨迹记录进行审计分析和审计优化。

**2. 透明度提升**

通过共享平台，企业可以增强内部各部门之间的信息共享，提高整体运营的透明度。

此外，企业还可以利用透明度提升工具进行信息共享和信息优化。

### （七）风险管理

**1. 风险评估自动化**

利用机器学习算法，企业可以更准确地预测和评估财务风险，制定相应的风险缓解策略。此外，企业还可以利用风险评估自动化工具进行风险管理和风险优化。

**2. 风险监控**

通过持续的风险监控，企业可以及时发现并应对潜在的风险事件，降低风险对财务状况的影响。此外，企业还可以利用风险监控工具进行风险预警和风险控制。

### （八）云会计软件和移动会计应用

**1. 云会计软件**

云服务提供了数据备份、灾难恢复和高级安全功能，确保了财务数据的完整性和安全性。此外，企业还可以利用云会计软件进行数据分析和数据优化。

**2. 移动会计应用**

移动会计应用使会计人员即使在远离办公室的情况下也能保持工作效率，实现了真正的随时随地工作。此外，企业还可以利用移动会计应用进行远程工作和远程协作。

通过这些技术的深入应用，会计内部控制不仅提升了日常操作的效率和准确性，还为企业的长期发展和风险管理提供了强有力的支持。此外，这些技术的应用还可以帮助企业实现更高效的财务管理、更准确的风险评估和更可靠的合规性检查。

# 第二节　会计职业道德

道德是由社会的经济基础决定的，用以调整人们之间，以及个人活动和社会之间关系的行为规范及准则的总和。职业道德则是调整一定职业活动关系的执业行为准则和规范，是道德在职业实践活动中的具体体现，是从业人员在职业活动中应该遵循的行为准则。

## 一、会计职业道德的概念

会计职业道德是指会计职业活动中应当遵循的、体现会计职业特征的、调整会计职业关系的职业行为准则和规范。会计职业道德是会计法律制度的重要补充，对规范会计人员的职业行为、提高会计人员素质、保证会计目标的实现具有重要作用。

会计行业肩负着为社会提供会计信息和鉴证服务的重任，其工作质量的好坏直接影响着广大经营者、投资者和千千万万社会公众的利益，进而影响整个社会经济的运行和发展。随着市场经济的发展和经济全球化进程的加快，会计改革不断深入，会计专业性和技术性日渐加强，会计人员在工作中面临的利益诱惑和道德冲突越来越多。因而，讲究会计诚信、加强会计职业道德建设已成为当前一项必要且紧迫的任务。

## 二、会计职业道德的内容

我国会计职业道德的内容可以概括为八项：爱岗敬业、诚实守信、廉洁自律、客观公正、坚持准则、提高技能、参与管理、强化服务。

（1）爱岗敬业。要求会计人员正确认识会计职业，树立爱岗敬业的精神，安心工作，忠于职守，尽职尽责，切实对单位、对社会公众、对国家负责。

（2）诚实守信。要求会计人员保守秘密，不搞虚假，不为利益所诱惑。

（3）廉洁自律。要求会计人员树立正确的人生观和价值观，公私分明、不贪不占；遵纪守法、清正廉洁，自觉抵制行业不正之风。

（4）客观公正。要求会计人员端正态度，依法办事，实事求是，不偏不倚，保持应有的独立性。

（5）坚持准则。要求会计人员熟悉国家法律、法规和国家统一的会计制度，并始终坚持按照法律、法规和国家统一的会计制度的要求，进行会计核算，实施会计监督。

（6）提高技能。要求会计人员增强提高专业技能的自觉性和紧迫感，努力提高业务水平。

（7）参与管理。要求会计人员在做好本职工作的同时，全面熟悉本单位经营活动和业务流程，主动提出合理化建议，协助领导决策，积极参与管理。

（8）强化服务。要求会计人员树立服务意识，提高服务质量，努力维护和提升会计职业的良好社会形象。

## 三、会计职业道德教育

### （一）会计职业道德教育的概念

会计职业道德教育的深化与融合

会计职业道德教育是指为了促使会计人员正确履行会计职能，而对其施行有目的、有计划、有组织、有系统的道德教育活动。它包括对潜在的会计人员的会计职业道德教育、对从事会计职业的人员进行的岗前会计职业道德教育和对会计人员的继续教育 3 个方面的内容。会计职业道德教育是提高跨级从业人员职业道德水平的重要手段和途径，也是公民教育的一个重要组成部分。

### （二）会计职业道德教育的形式

会计职业道德教育的形式有接受教育和自我教育两种。

接受教育是指通过学校或培训单位对会计人员进行以职业责任、职业义务为核心内容的正面灌输，以规范其职业行为，维护国家和社会公众利益的教育。其具体途径包括会计学历教育和会计从业人员继续教育。

自我教育是一种内在教育，指会计人员通过自我学习实现自身道德修养的提升。

### （三）会计职业道德教育的内容

为帮助会计人员树立会计职业道德观念，遵守会计职业道德规范，应从以下几个方面进行会计职业道德教育。

**1. 会计职业道德观念教育**

会计职业道德观念教育是指通过学习会计职业道德知识，使会计人员树立职业道德观念，了解会计职业道德对社会经济秩序、会计信息质量的影响，以及违反会计职业道德规范将受到的惩戒和处罚。利用各种媒介广泛宣传会计职业道德基本常识，一方面能使广大会计人员充分了解会计职业道德对会计信息质量和社会经济秩序的重要影响；另一方面在社会上营造出遵守会计职业道德光荣、不遵守会计职业道德可耻的氛围。

**2. 会计职业道德规范教育**

会计职业道德规范教育是指针对会计职业道德规范的主要内容进行的深入教育和宣传。这是会计职业道德教育的核心，目的是使会计人员能够充分认识和深刻理解会计职业道德。

**3. 会计职业道德警示教育**

会计职业道德警示教育是指通过对违反会计职业道德的行为和违法会计行为的典型案例的讨论和剖析，使会计人员从中得到启发和警示，提高他们的法律意识、会计职业道德观念和明辨是非的能力。

## 四、会计职业道德的检查与奖惩

### （一）财政部门的监督和检查

加强会计队伍的会计职业道德教育和诚信建设，是财政部门的工作重点之一。财政部门对会计职业道德教育进行监督和检查，主要通过以下三个途径进行：

（1）将会计执法检查与会计职业道德检查相结合。对检查中发现的违反会计职业道德的会计人员，可采取通报批评、责令参加一定学时的继续教育、暂停从业资格和行政处分等惩罚措施。

（2）将会计继续教育与会计职业道德检查相结合。

（3）将会计专业技术资格考评、聘用与会计职业道德检查相结合。经审查，发现有不遵守会计职业道德记录的报考初级、中级资格的人员，考试管理机构应取消其报名资格。会计职业道德的记录也是高级会计师考评的一项重要内容。

### （二）会计行业自律组织的监管

在会计行业自律组织比较健全的情况下，可以由职业团体对会计职业道德的执行情况进行自律性监管。会计行业自律组织应对违反会计职业道德的行为进行惩戒，对自觉遵守会计职业道德的先进单位和个人进行表彰。

## 五、会计职业道德建设的组织与实施

### （一）加强会计职业道德建设的组织和领导

会计职业道德建设的关键是加强会计职业道德建设的组织和领导。财政部门应将会计职业道德建设纳入重要议事日程，积极探索会计职业道德建设的有效途径和实现形式。同时，会计行业组织应建立并完善行业自律机制和会计职业道德惩戒制度，以促进会计职业道德建设。

### （二）加强单位对会计人员的管理

各单位应任用合格的会计人员并开展会计人员职业道德教育。同时，应建立和完善内部控制制度，支持并督促会计人员遵循会计职业道德。

### （三）社会各界齐抓共管

加强会计职业道德建设，仅靠某一个单位、一个部门是无法实现的。社会各界应相互配合、齐抓共管，开展社会舆论监督，在全社会形成遵守会计职业道德的良好氛围。

# 第三节　会计档案与数字化

## 一、会计档案的概念

会计档案是指单位在进行会计核算等过程中接收或形成的，记录和反映单位经济业务事项的，具有保存价值的文字、图表等各种形式的会计资料，包括通过计算机等电子设备形成、传输和存储的电子会计档案。信息技术的应用为会计档案工作带来新的机遇，由原来的纸质会计档案管理发展为电子会计档案管理，依托于档案管理系统，实现会计档案电子化管理模式，从而提高工作效率，优化档案资源配置，减少企业管理成本。电子会计档案智能化管理在会计档案电子化管理模式的基础上，加深信息技术的运用，引进人工智能技术，打造多样化的电子会计档案智能化应用场景，使档案管理员转变工作职能，弱化人工操作介入的工作强度，实现电子会计档案资源在企业集团内部的共享。会计档案是记录和反映经济业务、财务收支状况及其结果的重要史料和证据，是国家档案的重要组成部分。各单位的预算、计划和制度等文件材料属于文书档案，不属于会计档案。

## 二、会计档案的特点

### （一） 传统会计档案的特点

**1. 会计档案专业性强**

会计档案是记录和反映单位经济业务的重要史料和证据，具有极强的专业性。这主要体现在会计档案的形成过程中，需要遵循严格的会计准则和会计制度，确保会计信息的准确性和可靠性。

**2. 会计档案涉及面广、数量多**

凡有经济、财务活动的地方，都有数量不等的会计档案。

**3. 会计档案的共同性突出**

会计工作遍布社会的各个角落，但各个门类会计的基本核算方法是相同的，都会形成会计凭证、会计账簿和会计报表。

**4. 会计档案相互制约、密切联系**

会计核算中，首先产生会计凭证，然后依据会计凭证登记会计账簿，最后根据会计账簿编制会计报表，这些核算资料环环相扣、相互牵制。

**5. 会计档案保管形式特殊**

会计凭证、会计账簿和会计报表都有特定的统一格式和项目，与一般文件不同，因此会计档案的装订、保管也有一定的特殊性。

### （二）数字化会计档案的特点

**1. 电子化**

数字化会计档案以电子形式存在，不再以纸质文档为主。

**2. 可访问性**

数字化会计档案可以通过网络在任何时间、任何地点访问，提高了档案的可用性。

**3. 可搜索性**

数字化会计档案可以通过关键词搜索快速找到所需信息，提高了检索效率。

**4. 安全性**

数字化会计档案可以通过加密、权限控制等技术确保数据的安全性。

**5. 可复制性**

数字化会计档案可以轻松复制和分发，避免了传统档案的磨损和损坏。

**6. 可备份性**

数字化会计档案可以通过云存储等技术进行备份，提高了数据的安全性和可恢复性。

**7. 可分析性**

数字化会计档案可以与数据分析工具结合，进行更深入的财务分析。

数字化会计档案的特点使得会计档案的管理更加高效、安全，同时为企业提供了更加多样化的分析手段。

## 三、建立会计档案的意义

### （一）建立会计档案有利于加强对各单位经济活动的检查和监督，维护国家财经制度的严肃性

各单位所进行的经济活动是否符合国家的财经法令、制度和纪律，必然会通过其会计

核算资料反映出来。建立会计档案，实行会计档案管理，有利于国家经济管理部门对各单位的经济活动进行事后监督和检查。如果其经济活动是违反财经制度，甚至是违反国家有关法令的，就可据此对该单位进行相应的经济处罚，甚至对其有关人员追究法律责任。

### （二）建立会计档案有利于增强会计部门工作人员的责任心

会计人员必须遵守并贯彻执行国家的方针、政策、制度和法律，维护国家利益，廉洁奉公，忠于职守。会计人员在实际工作中是否按照这一要求进行，一方面是通过日常财务的处理来检查，另一方面是通过会计档案反映的情况来检查，这有利于加强会计部门工作人员的责任心。

### （三）建立会计档案有利于与历史资料进行对比和分析

企业会计部门在会计核算和财务分析的过程中，需要将历史资料进行对比和分析，以反映企业财务活动的变化情况，揭示企业经济活动的规律，从而更好地指导企业的生产经营活动，提高企业的经营管理水平。做好企业的会计档案工作，可及时提供所需的历史资料。

### （四）建立会计档案有利于完善会计信息系统，为企业经济决策服务

企业经济决策不仅需要会计部门提供当前企业财务方面的有关信息和资料，还需要历史信息，以便把握企业当前的实际状况和历史变化规律。因此，从完善会计信息系统、为企业经济决策服务的角度看，建立会计档案也是十分必要的。

《会计档案管理办法》

## 四、会计档案的管理

会计档案管理是一项技术性、政策性都很强的工作，各单位必须遵照《会计档案管理办法》的有关规定，建立和健全会计档案的立卷、归档、保管、调阅和销毁等管理制度，切实把会计档案管好。财政部印发的《会计改革与发展“十四五”规划纲要》（财会〔2021〕7 号）明确提出，要推进电子会计凭证入账归档全过程的数字化和无纸化。

### （一）会计档案的归档和移交

各单位每年形成的会计档案，应当由会计机构按照归档要求，负责整理立卷，装订成册，编制会计档案保管清册。当年形成的会计档案，在会计年度终了后，可暂由会计机构保管 1 年，期满之后，应当由会计机构编制移交清册，移交本单位档案机构统一保管；未设立档案机构的，应当在会计机构内部指定专人保管。单位会计管理机构临时保管会计档案最长不超过 3 年。临时保管期间，会计档案的保管应当符合国家档案管理的有关规定，且出纳人员不得兼管会计档案。移交本单位档案机构保管的会计档案，原则上应当保持原卷册的封装。个别需要拆封重新整理的，档案机构应当会同会计机构和经办人员共同拆封

整理，以分清责任。

### （二）会计档案的查阅

各单位应当建立、健全会计档案查阅、复制登记制度，其保存的会计档案不得借出。确因工作需要且根据国家有关规定必须借出的，应当严格按照规定办理相关手续，经本单位负责人批准，在不拆散原卷册的前提下，可以提供查阅和复制件。查阅或复制会计档案的人员，严禁在会计档案上涂画、拆封和抽换。

### （三）会计档案的保管期限

会计档案的保管期限分为永久、定期两类。定期保管期限一般分为 10 年和 30 年。会计档案的保管期限，从会计年度终了后的第一天算起。企业和其他组织会计档案的保管期限如表 10－1 所示。

**表 10－1　企业和其他组织会计档案保管期限**

| 序号 | 档案名称 | 保管期限 | 备注 |
| --- | --- | --- | --- |
| 一 | 会计凭证类 | | |
| 1 | 原始凭证 | 30 年 | |
| 2 | 记账凭证 | 30 年 | |
| 二 | 会计账簿类 | | |
| 3 | 总账 | 30 年 | |
| 4 | 明细账 | 30 年 | |
| 5 | 日记账 | 30 年 | |
| 6 | 固定资产卡片 | | 固定资产报废清理后保管 5 年 |
| 7 | 其他辅助性账簿 | 30 年 | |
| 三 | 财务会计报告类 | | |
| 8 | 月度、季度、半年度财务会计报告 | 10 年 | |
| 9 | 年度财务会计报告 | 永久 | |
| 四 | 其他会计资料 | | |
| 10 | 银行存款余额调节表 | 10 年 | |
| 11 | 银行对账单 | 10 年 | |
| 12 | 纳税申报表 | 10 年 | |
| 13 | 会计档案移交清册 | 30 年 | |
| 14 | 会计档案保管清册 | 永久 | |
| 15 | 会计档案销毁清册 | 永久 | |
| 16 | 会计档案鉴定意见书 | 永久 | |

### （四）会计档案的销毁

保管期满的会计档案，可以按照规定程序予以销毁。

单位可以利用计算机、网络通信等信息技术手段管理会计档案。采用电子计算机进行会计核算的单位，应当保存电子档案，同时打印纸质会计档案。

单位因撤销、解散、破产或其他原因而终止的，在终止和办理注销登记手续之前形成的会计档案，按照国家档案管理的有关规定处置。

### （五）会计档案的数字化管理

会计档案的数字化管理是指利用计算机技术、网络通信技术和其他信息技术手段对会计档案进行电子化管理的过程。在遵循财政部和国家档案局的相关规定的基础上，会计档案的数字化管理应当包括以下几个方面。

**1. 电子档案的生成和收集**

会计机构在进行会计核算时，应将会计凭证、账簿和报表等资料通过电子形式生成。

收集和整理电子会计档案时，应确保数据的完整性和准确性，符合国家档案管理的有关规定。

**2. 电子档案的存储和管理**

企业应建立电子档案管理系统，对电子档案进行统一存储和管理。电子档案管理系统应具备检索、分类、标记、版本控制和权限管理等功能。电子档案应定期备份，并存储在安全的数据存储系统中，如企业级文件服务器或云存储服务。

**3. 电子档案的查阅和利用**

建立电子档案查阅、复制登记制度，确保电子档案的合法使用。查阅或复制电子档案的人员，应严格遵守相关规定，不得在档案上涂画、拆封和抽换。

**4. 电子档案的保管期限和销毁**

电子档案的保管期限应与国家档案管理的有关规定相一致。保管期满的电子档案，应按照规定程序予以销毁，并保留销毁记录。

**5. 电子档案的安全和保密**

采取加密、权限控制等技术手段，确保电子档案的安全性和保密性。定期进行电子档案的安全检查和风险评估，确保档案的安全。

**6. 电子档案的备份和恢复**

定期对电子档案进行备份，并存储在不同的物理位置，以提高数据的安全性和可恢复性。制定电子档案备份和恢复的应急预案，确保在发生数据丢失或损坏时能够及时恢复。

**7. 电子档案的持续改进和优化**

根据审计反馈和内部控制评估结果，不断优化电子档案管理流程。利用数据分析工具，持续改进电子档案管理的效率和效果。

企业可以有效地实施会计档案的数字化管理，提高档案管理的效率和安全性，为企业的战略决策和风险管理提供支持。同时，企业应密切关注国家相关政策和法规的变化，确保会计档案管理的合规性。

## 本章复习思维导图

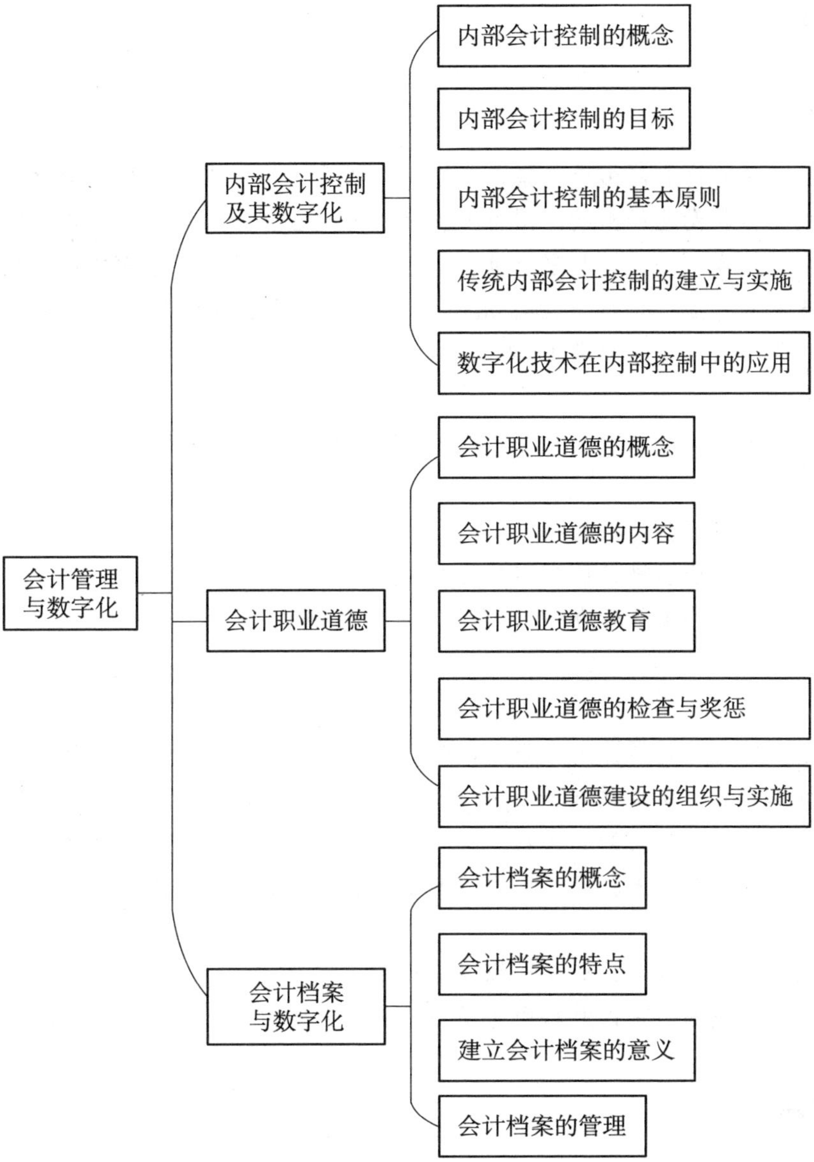


## 讨论与思考

1. 内部会计控制的目标是什么？它们如何帮助企业实现有效的财务管理？

2. 会计职业道德的内容是什么？

3. 会计档案的特点是什么？数字化档案的特点有哪些？它们对会计档案管理的影响是什么？

4. 会计档案管理的意义是什么？数字化管理如何帮助企业更好地实现这些意义？

5. 请探讨数字化技术在内部控制中的应用，以及这些技术如何提高企业的内部控制效率和风险管理能力。

## 案例分析

**案例一：**

乙公司会计主管离职，由李某接任。李某接任后，其女儿具备从事会计工作所需要的专业能力，故安排其女儿任出纳。因财务人员较少，乙企业未设立会计档案机构，李某要求出纳兼管会计档案。一天，监察委员会到乙企业调查上任会计主管的经济问题，会计档案保管人经李某同意后，将部分记账凭证和数本账册借给监察委员会。由于记账凭证太多，李某要求财会人员将保存满 10 年的会计凭证销毁。

**试分析：**

（1）李某的女儿具备从事会计工作所需要的专业能力，李某能否安排其任出纳？为什么？

（2）出纳能否兼管会计档案？

（3）会计档案能否出借给监察委员会？

（4）根据《会计档案管理办法》，会计凭证能否随意销毁？

**案例二：**

晓东电子公司会计赵丽因工作努力，积极钻研业务，并提出合理化建议，多次被公司评为先进会计工作者。赵丽的丈夫在一家私有电子企业任总经理，在其丈夫的多次请求下，赵丽将在工作中接触到的公司新产品研发计划及相关会计资料复印件提供给其丈夫，因此给公司带来一定的损失。公司认为赵丽不宜继续担任会计工作。

**试分析：**

（1）赵丽违反了哪些会计职业道德要求？

（2）哪些单位或部门可以对赵丽违反会计职业道德的行为进行处理？说明理由。

## 客观题

### 一、单选题

1. 下列选项中，不属于内部会计控制目标的是（　　）。

A. 保证企业会计信息的可靠性　　B. 保证企业资产的安全性

C. 保障法律法规及制度的贯彻执行　　D. 保障企业内部运行的稳定性

2. 根据《会计档案管理办法》的规定，单位会计管理机构临时保管会计档案最长不超过（　　）年。

A. 1　　B. 3　　C. 5　　D. 7

3. 企业和其他组织的会计档案中，总账的保管期限为（　　）年。

A. 10　　B. 15　　C. 20　　D. 30

## 二、多选题

1. 下列选项中，属于内部会计控制的基本原则的有（　　）。

A. 合规、合法性原则　　B. 全面性与重要性相结合原则

C. 不相容职务相分离原则　　D. 静态性原则

2. 下列选项中，属于会计职业道德教育的内容的有（　　）。

A. 道德观念教育　　B. 道德规范教育

C. 道德制裁教育　　D. 道德警示教育

3. 会计档案的数字化管理应包括（　　）。

A. 电子档案的生成和收集　　B. 电子档案的存储和管理

C. 电子档案的查阅和利用　　D. 电子档案的保管期限和销毁

E. 电子档案的安全和保密

## 三、判断题

1. 我国会计工作在管理体制上具有统一领导、分级管理的特点。（　　）

2. 会计人员有权要求本单位有关部门、人员认真遵守国家的财经纪律和财务会计制度，但无权参与本单位编制计划、制定定额、签订经济合同等工作。（　　）

3. 临时保管期间，会计档案的保管应当符合国家档案管理的有关规定，且出纳人员可以兼管会计档案。（　　）

4. 电子会计档案智能化管理是在会计档案电子化管理模式的基础上，加深信息技术的运用，引进人工智能技术，打造多样化的电子会计档案智能化应用场景。（　　）

# 实训题

通过查阅资料，了解某知名企业的内部会计控制制度的基本情况，会计岗位的设置情况，以及会计人员的职责与权限划分情况；了解该企业使用何种会计软件，在管理过程中是如何培训会计电算化人员的；了解其会计电算化管理制度的基本框架和基本内容。

# 参考文献


1. 中华人民共和国财政部．企业会计准则：2022年版．上海：立信会计出版社，2022.

2. 张素云．基础会计．上海：上海交通大学出版社，2017.

3. 李瑞芬．会计学原理．4版．大连：东北财经大学出版社，2020.

4. 财政部会计财务评价中心．初级会计实务．北京：经济科学出版社，2024.

5. 徐国民．基础会计．北京：北京理工大学出版社，2020.

6. 晋淑惠．基础会计．北京：电子工业出版社，2020.

7. 杨健．智能会计核算．上海：立信会计出版社，2023.

8. 冯虹．浅析大数据时代电子化凭证的会计风险和防范措施．投资与创业，2021，32（4）：63－65.

9. 郭烛烨．电子会计凭证的应用：现状、问题及对策．财会研究，2024（1）：53－57，80.

10. 苟于泉，谢岩清，郭宏宇，等．电子会计凭证应用研究：以高校财务管理为例．沈阳大学学报：社会科学版，2021，23（4）：410－415.

11. 张志康．会计学原理．5版．大连：东北财经大学出版社，2023.

12. 中国会计学会编写组．会计基础．北京：经济科学出版社，2009.

13. 中国资产评估协会．资产评估专家指引第9号——数据资产评估，2019.

14. 中国资产评估协会．数据资产评估指导意见．2023.

15. 刘任．人工智能时代会计电算化发展存在的问题及对策．辽宁师专学报：自然科学版，2022，24（1）：105－108.

16. 焦玉环．大数据背景下物流企业会计电算化发展路径探索．中国航务周刊，2023（32）：56－58.

17. 辜子芮，王贵．大数据与基础会计．西安：电子科技大学出版社，2023.

18. 毛清．RPA如何驱动企业管理会计转型升级：基于四家企业案例分析的证据．管理会计研究，2020（3）：83－85.

19. 王言．RPA：流程自动化引领数字劳动力革命．北京：机械工业出版社，2020.

20. 郭奕，赵旖旎．财税RPA：财税智能化转型实战．北京：机械工业出版社，2020.

21. 朱龙春，刘会福，等．RPA智能机器人：实施方法和行业解决方案．北京：机械工业出版社，2020.

22. 王爱国．智能会计．北京：人民出版社，2024.